天窓から降り注ぐ光は，祭壇付近で最高潮を迎える．

口絵 1-1（図1.5）*

MIT チャペルの光の効果（本文 7 ページ）

（吉澤望教授（東京理科大学）より提供）

天井ボールトのスリットから入射した光で照らされたボールト面があるとき光り出す．

口絵 1-2（図1.7）　**キンベル美術館の光の効果**（本文 8 ページ）

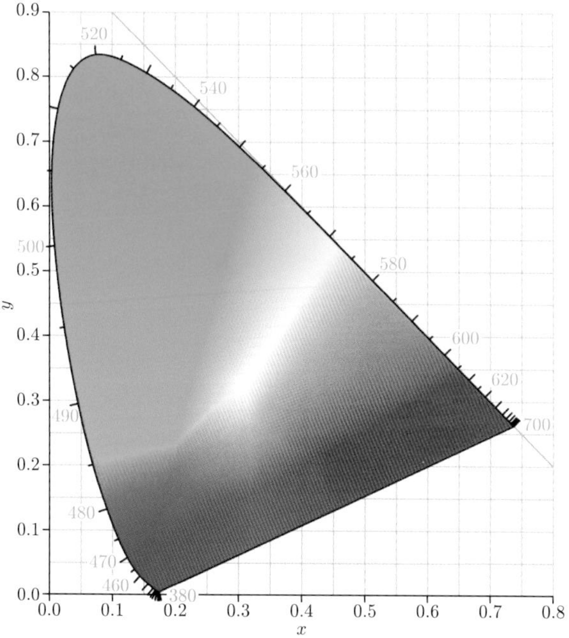

口絵 2-1（図2.18）　$\boldsymbol{xy}$ 色度図（本文 32 ページ）

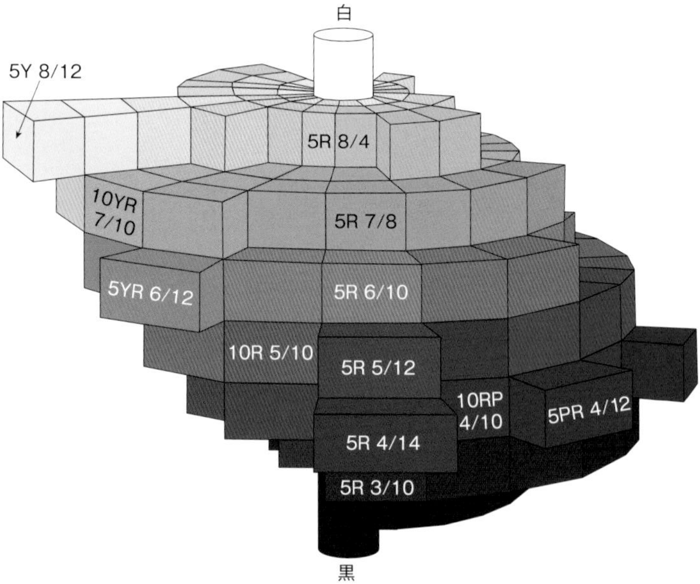

口絵 2-2（図2.25）*　マンセル色立体（本文 40 ページ）
（槇究教授（実践女子大学）提供を改変）

口絵 2-3（図2.43） 輝度コントラスト画像（本文 61 ページ）

実環境のカラー写真

ac（赤−緑コントラスト）画像

bc（黄−青コントラスト）画像

口絵 2-4（図2.49） 実環境の測光色コントラスト画像（本文 61 ページ）

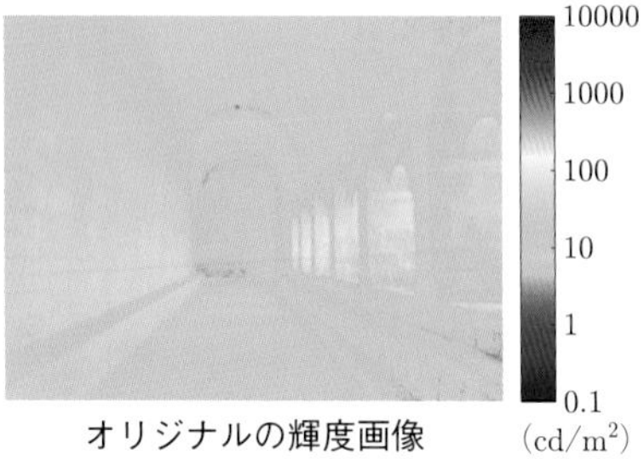

オリジナルの輝度画像

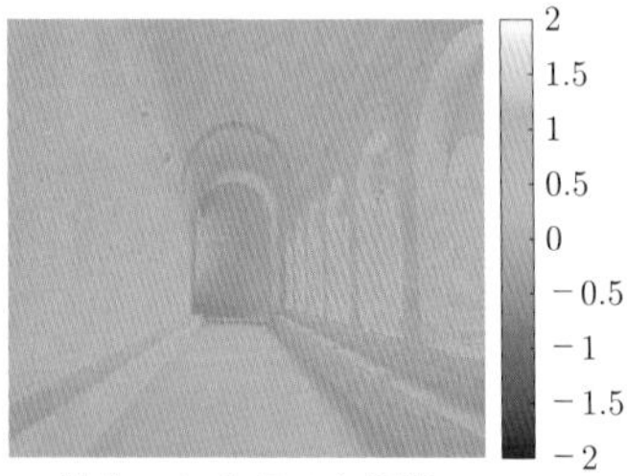

統合コントラスト画像
(輝度比が完全に保存されている)

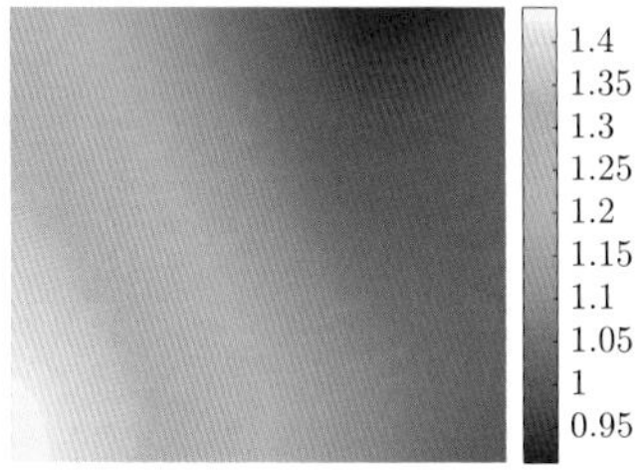

近似画像

口絵 2-5 (図2.60)　輝度画像から抽出された統合コントラスト画像と近似画像
(本文 78 ページ)

(a) 錯視の対数輝度画像

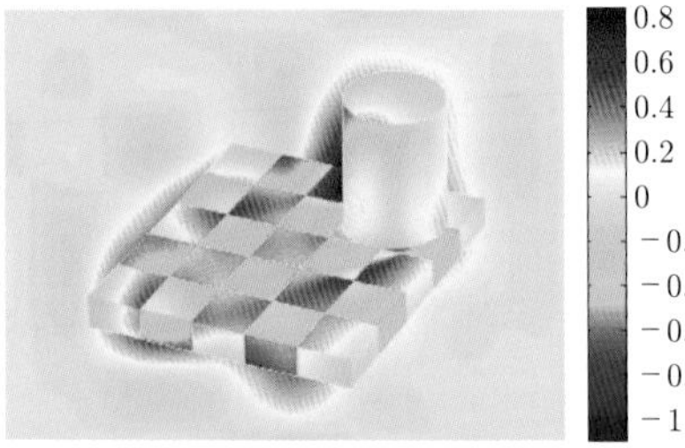

(b) 統合コントラスト画像

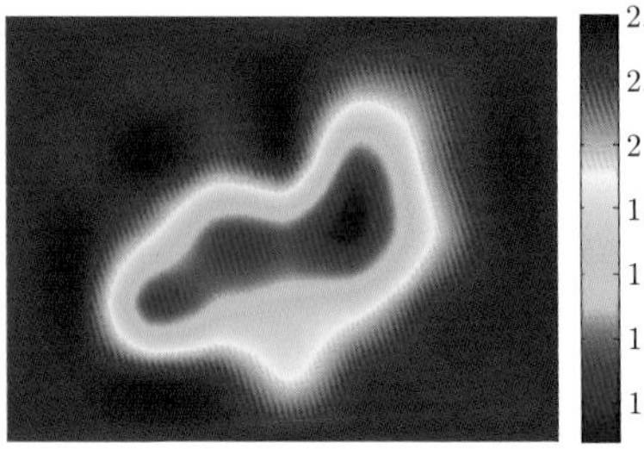

(c) 近似画像

口絵 2-6 (図2.63)　錯視画像から分離した統合コントラスト画像と近似画像
(本文 80 ページ)

左右の領域の中央部分は物理的には同じ色だが，右の方が青みがかって見える.

口絵 6-1（図6.5） 色の同時対比（本文 149 ページ）

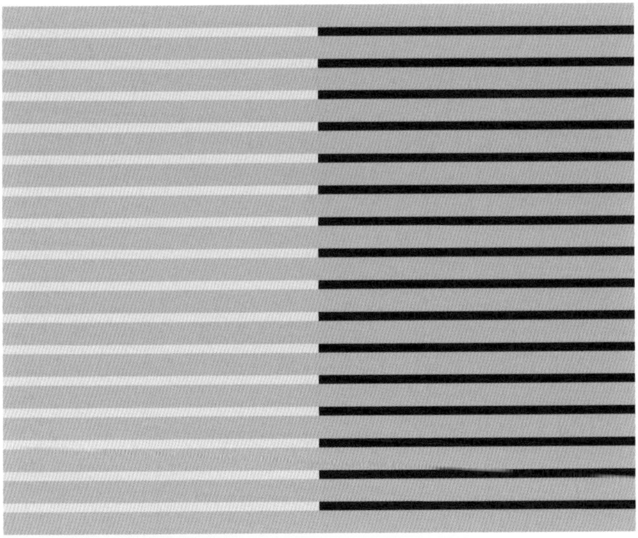

青い縞模様が，左ではやや明るく，右でやや暗く見える.

口絵 6-2（図6.6） 色の同化現象（本文 149 ページ）

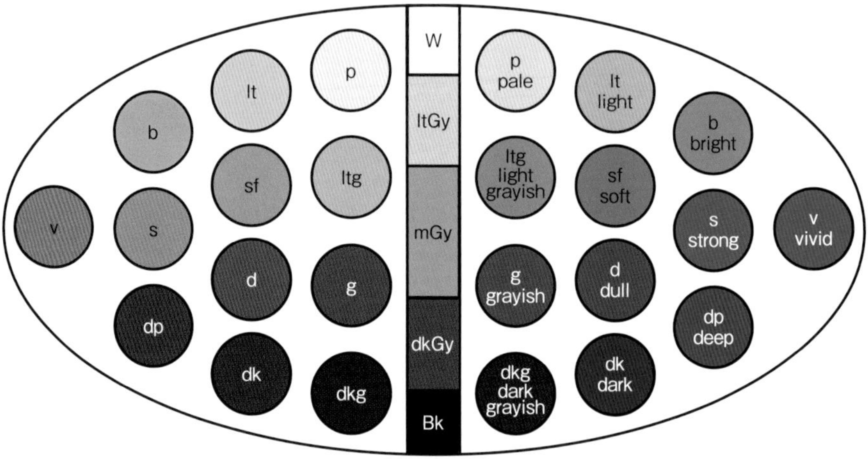

pale	薄い
light	浅い
bright	明るい
vivid	冴えた・鮮やかな
strong	強い
soft	柔らかい・穏やかな
light-grayish	明るい灰みの
grayish	灰みの
dull	鈍い・くすんだ
deep	濃い・深い
dark	暗い
dark-grayish	暗い灰みの

口絵 6-3（図6.12）* **PCCS 表色系の色のトーン分類**（本文 158 ページ）
（槙究教授（実践女子大学）提供を改変）

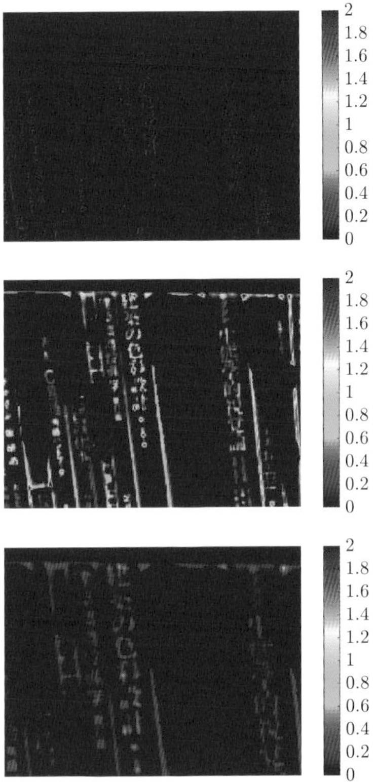

(a)

視対象サイズ 2 分，想定視力 1.0 の視認性評価画像（逆対比）

画像内の値は 0.2 程度が最大で，よく見えるものはないことを示す．

(b)

視対象サイズ 7 分，想定視力 1.0 の視認性評価画像（逆対比）

画像内の値は 2 程度の値を持ち，背表紙の大きな文字が良く見えることを示す．

(c)

視対象サイズ 7 分，想定視力 0.5 の視認性評価画像（逆対比）

画像内の値は 0.5 程度が最大で，視力 0.5 の人には背表紙の大きな文字もあまりく見えないことを示す．

口絵 6-4（図6.24） 視認性評価画像（本文 176 ページ）

口絵 6-5（図6.25） 視認性を評価した部分を示す写真画像（本文 176 ページ）

口絵 6-6（図6.27） 反射グレアを感じる照明（本文 179 ページ）

(a)

想定グレアサイズ：2 deg

推定される UGR の最大値は赤い破線領域の中心付近で 11.36 となる.

(b)

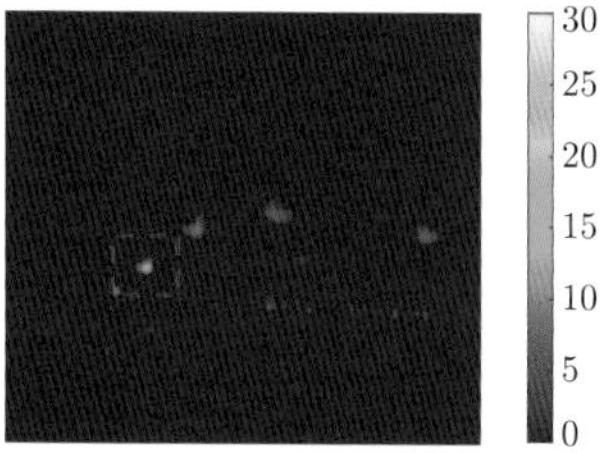

想定グレアサイズ：3 deg

推定される UGR の最大値は赤い破線領域の中心付近で 14.15 となる.

(c)

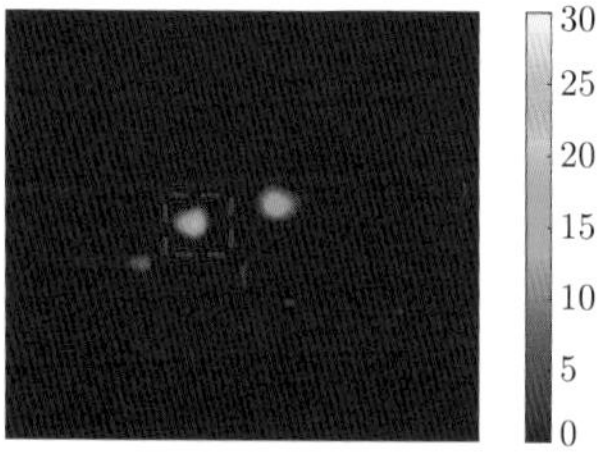

想定グレアサイズ：6 deg

推定される UGR の最大値は赤い破線領域の中心付近で 20.87 となる.

(d)

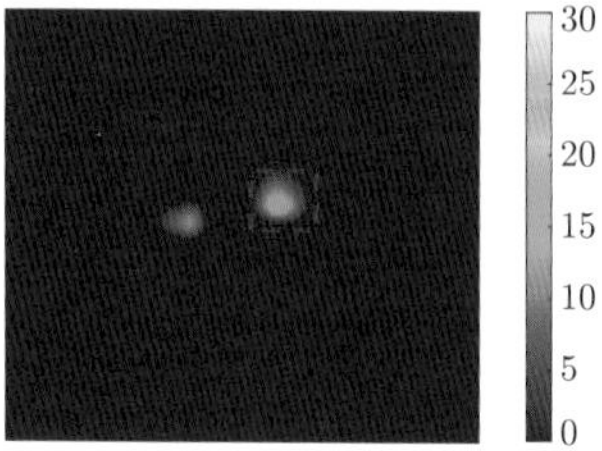

想定グレアサイズ：10 deg

推定される UGR の最大値は赤い破線領域の中心付近で 16.36 となる.

口絵 6-7（図6.28） グレア評価画像（本文 179 ページ）

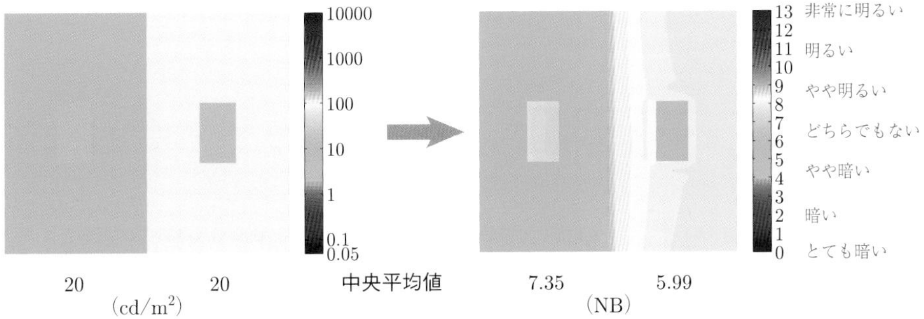

(a) 輝度画像　(b) 明るさ画像

口絵 6-8（図6.29）　輝度画像と明るさ画像（本文 180 ページ）

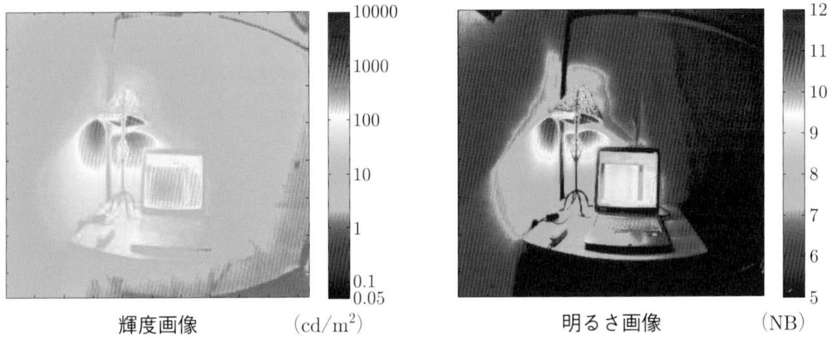

(a) スタンド照明 ON

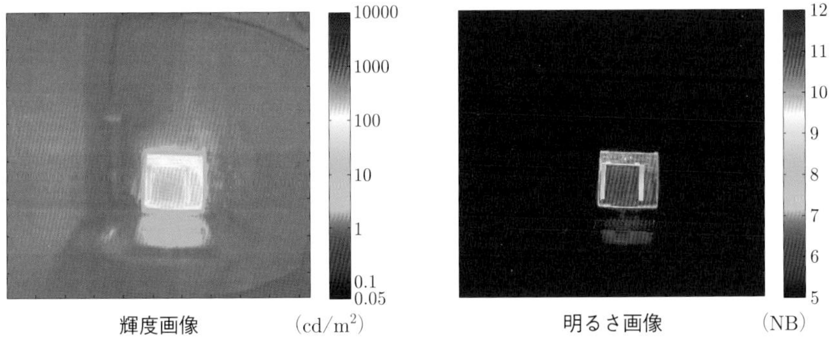

(b) スタンド照明 OFF

口絵 6-9（図6.30）　明るさ画像の活用例（本文 181 ページ）

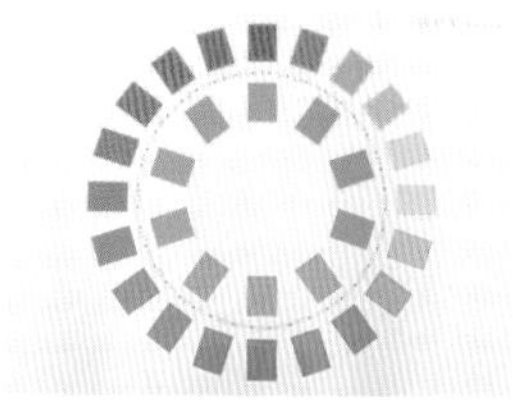

測光色画像を測定したマンセル色相環

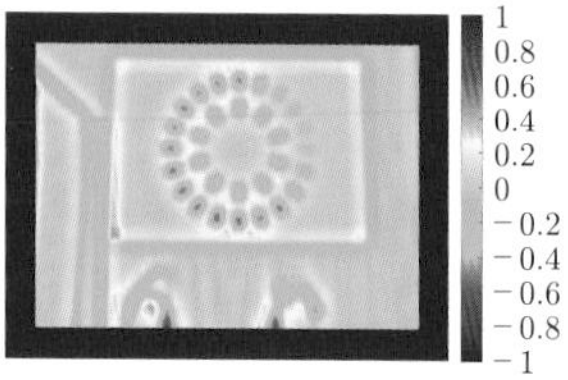

(a) 輝度コントラスト画像

明るい色は正，暗い色は負のコントラストを持っていることが分かる．

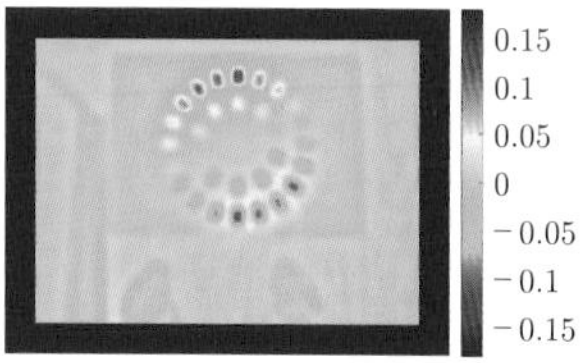

(b) 赤−緑コントラスト画像

赤みの色票が正，緑みの色票が負の値を持っていることが分かる．

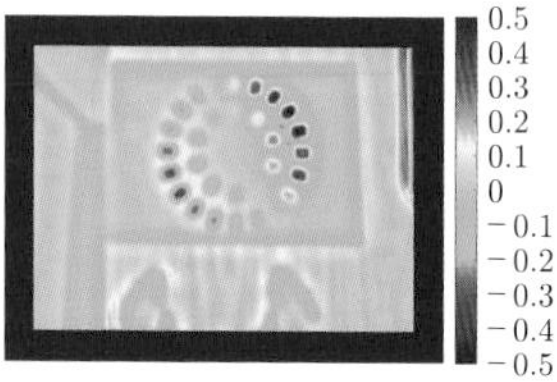

(c) 黄−青コントラスト画像

黄みの色票が正，青みの色票が負の値を持っていることが分かる．

口絵 6-10（図6.32） 測光色コントラストを使った色知覚の推定（本文 182 ページ）

実環境の測光色画像内で検討対象を決定．

X, Y, Z それぞれの画像をウェーブレット分解を用いて，統合コントラストと近似画像に分解

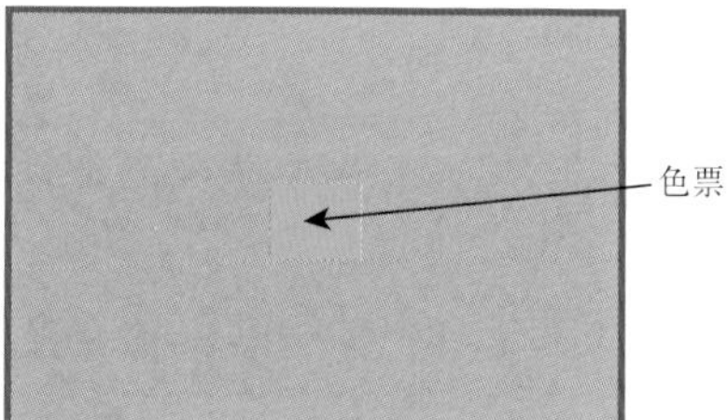

均一なグレー背景（例えば N3）の中央に，ある物体色の色票を置く．

色度 (x,y) を持つ光源で照度 E の光を照射

検討対象の等価 XYZ 刺激値 (X_t, Y_t, Z_t)
背景部分の等価 XYZ 刺激値 (X_b, Y_b, Z_b)

＝

色票の XYZ 刺激値 (X_t, Y_t, Z_t)
背景の XYZ 刺激値 (X_b, Y_b, Z_b)

同じ色知覚が生ずる

口絵 6-11（図6.33） 等価アピアランス色票（本文 183 ページ）

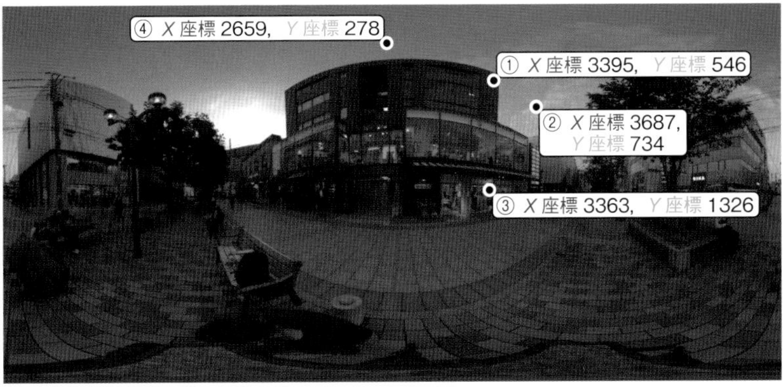

計算条件：背景 N3

①正面の暗いレンガタイル　見え方が再現される色票：$L^*=18.2264$　$a^*=4.4912$　$b^*=3.8118$
照明光：照度＝10682 lx　色度＝(0.26707, 0.28741)

②右上の白い雲　見え方が再現される色票：$L^*=76.5907$　$a^*=-0.14437$　$b^*=0.51897$
照明光：照度＝8512 lx　色度＝(0.27304, 0.29415)

③ブティック内のハロゲン照明で照らされた壁　見え方が再現される色票：$L^*=83.74$　$a^*=13.9206$　$b^*=34.3943$
照明光：照度＝3909 lx　色度＝(0.29008, 0.31068)

④中央上の青い空　見え方が再現される色票：$L^*=41.1125$　$a^*=-1.1049$　$b^*=-4.5679$
照明光：照度＝14027 lx　色度＝(0.26042, 0.27828)

口絵 6-12（図6.34）　等価アピアランス色票の算出例（本文 183 ページ）

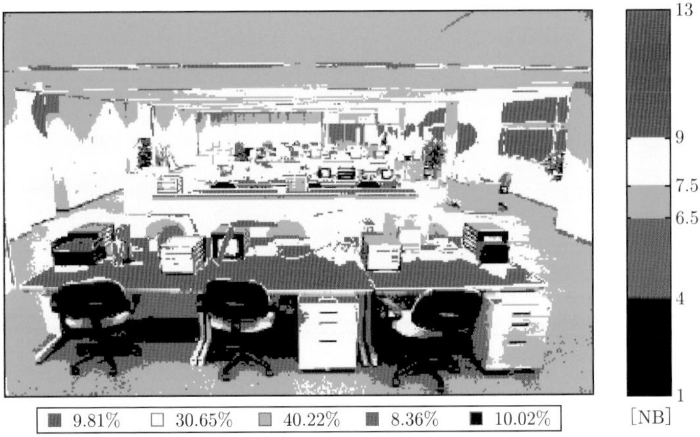

明るさ感推定値＝153
（A 判定：80～120，B 判定：60～80 および 120～140，C 判定：60 未満および 140 超）

口絵 6-13（図6.35）　明るさ検討画像と明るさ感推定値（本文 185 ページ）

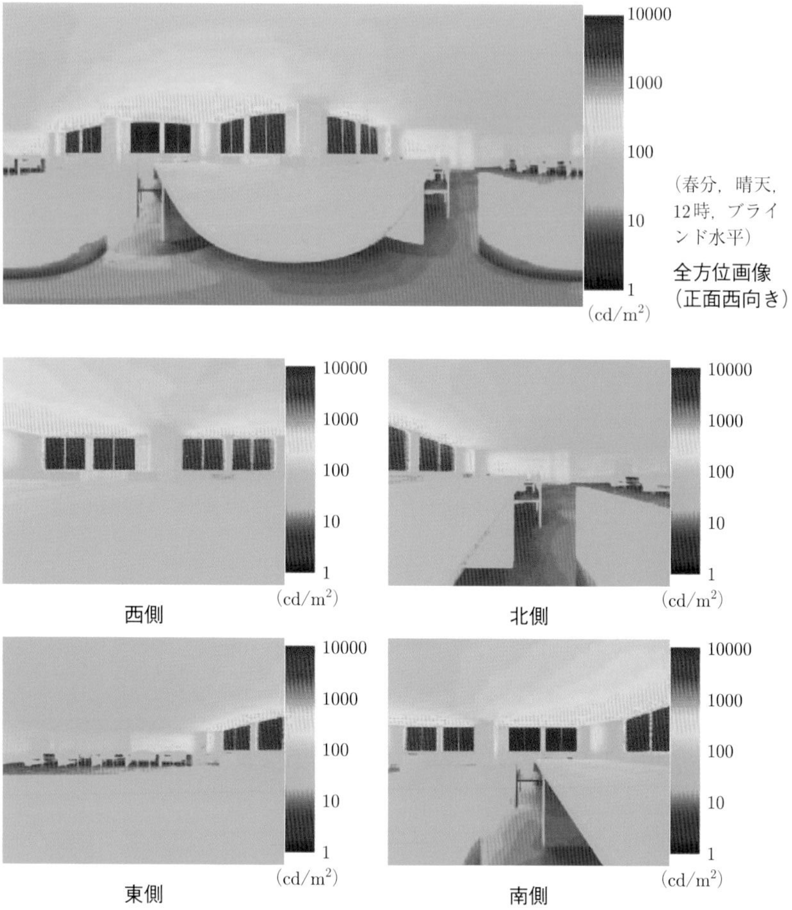

口絵 7-1（図7.3） 全方位輝度画像（本文 204 ページ）

（春分，直射日光無し，12 時，ブラインド水平）

口絵 7-2（図7.4） 直射日光が無い状態の全方位輝度画像（本文 205 ページ）

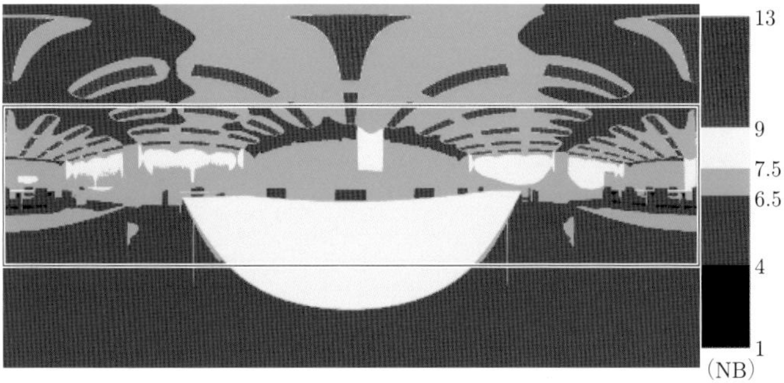

明るさ感推定値	明るさ感を上げる領域	明るくも暗くもない領域	明るさ感を下げる領域
147.20	26.31 %	38.35 %	29.69 %

口絵 7-3（図7.5） 全般照明，机上面照度 **750 lx** の明るさ検討画像（本文 205 ページ）

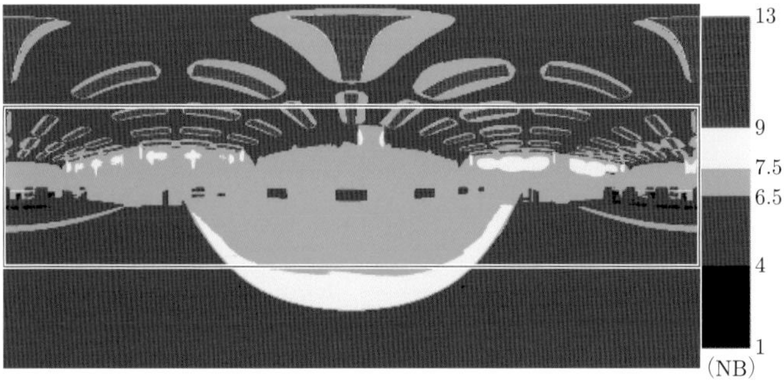

明るさ感推定値	明るさ感を上げる領域	明るくも暗くもない領域	明るさ感を下げる領域
97.27	5.22 %	47.83 %	41.33 %

口絵 7-4（図7.6） 全般照明，机上面照度 **500 lx** の明るさ検討画像（本文 206 ページ）

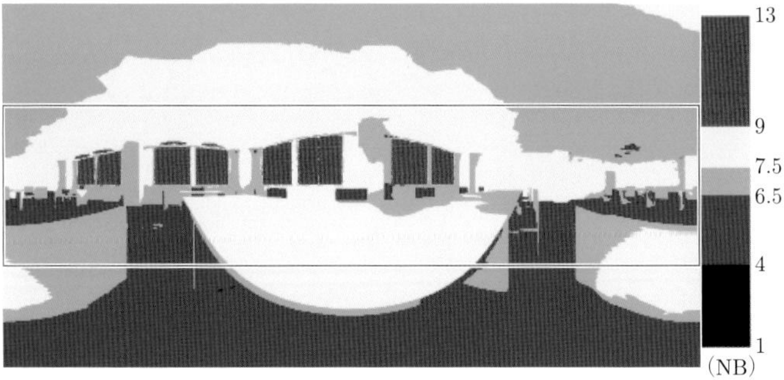

明るさ感推定値	明るさ感を上げる領域	明るくも暗くもない領域	明るさ感を下げる領域
208.01	48.56 %	29.17 %	13.36 %

口絵 7-5（図7.7） 春分・直射日光無し・**12** 時・ブラインド水平の明るさ検討画像（本文 206 ページ）

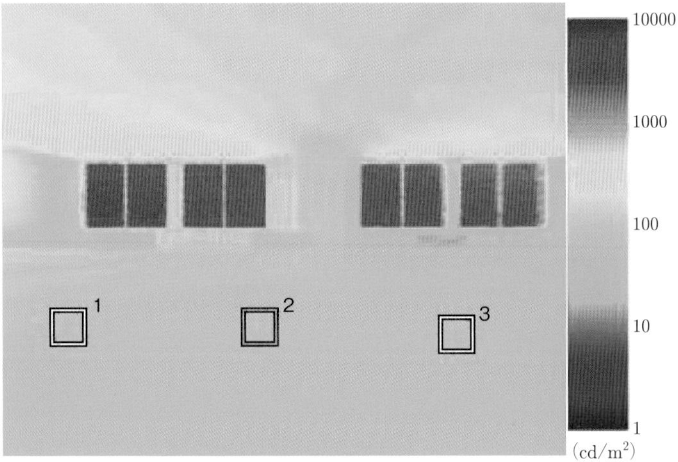

1：818 lx　2：830 lx　3：754 lx

西側透視投影輝度画像

（水平 110 度，垂直 85 度）

(a) 作業者前の机上面照度

1：341 lx　2：277 lx

北東側透視投影輝度画像

（拡大図）

(b) 北東の座席での机上面照度

口絵 7-6（図7.8）　昼光による机上面照度（本文 206 ページ）

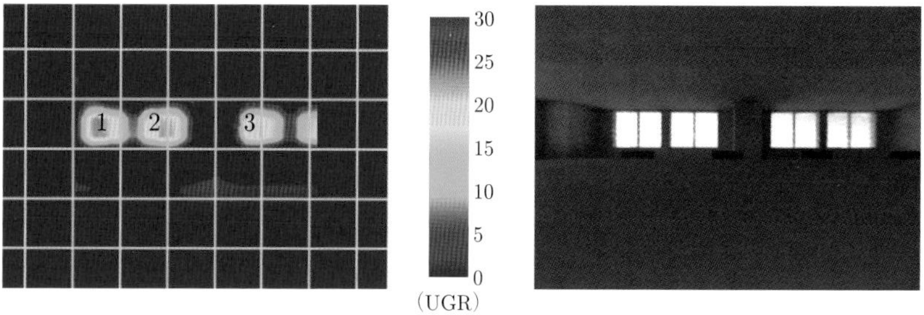

No	設定光源サイズ(deg)	等価グレア源輝度(cd/m^2)	等価背景輝度(cd/m^2)	UGR(代表値)
1	14.7	2889.2159	143.9664	22.9937
2	14.7	961.3377	164.5059	14.8838
3	14.7	270.3562	126.2355	6.9887

口絵 7-7（図7.9） 昼光による窓面グレアの評価（西側透視投影画像を利用）
（本文 207 ページ）

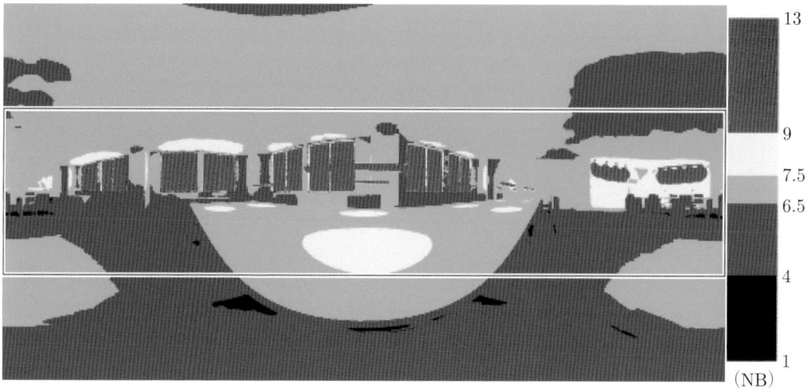

明るさ感推定値 123.50	明るさ感を上げる領域 10.48 %	明るくも暗くもない領域 50.90 %	明るさ感を下げる領域 28.50 %

口絵 7-8（図7.10） ウォールウォッシャーを取り付けた **TAL** の明るさ検討画像
（全天空照度 **7500 lx** を想定）（本文 208 ページ）

口絵 7-9（図7.11） 商業施設のリアルアピアランス画像（本文 210 ページ）

口絵 7-10（図7.13） 夜の繁華街のリアルアピアランス画像（本文 211 ページ）

◉ 建築工学 ◉
EKA-9

視環境設計入門

見え方から設計する光と色

中村芳樹

数理工学社

ライブラリ「建築工学」について

建築物は，それが建っている場所に固定されるといってよい．地球上の場所は，場所ごとに異なる特性をもっている．部材や部品は工場で大量に生産されたとしても，建築物を，それが支えられている地盤も含めて，全体としてとらえれば，建築物は現地で単品生産されるといえる．

個人の住宅，会社の社屋，公共施設，等，いずれにしても建築物は建主にとってかなり高価である．それは，建築物に多量の資源とエネルギーを使用していることを意味する．それゆえ，建築物は，長期間利用せざるを得ない．性能評価も長期間を対象としなければならない．

数十年あるいは数百年に一回といった自然現象，すなわち，大地震，強風，豪雨，等，に対する性能は，当然のことながら，その現象を被る機会が少ない分，検証しにくく，評価がむずかしい．竣工時から自然災害を被るまでの時間が長いため，責任の所在も曖昧になりがちである．地震で建築物が大きな被害を受けたとき，設計事務所も建設会社もすでに存在していない可能性もある．

建築物を取り扱う学問である建築学は，相当に幅広い範囲を包含しなければならない．比較的小さな領域を分野と考え，具体的に分野を列挙してみれば，計画，歴史，意匠，構造，材料，設備，環境，等となる．建築物に関しては，法令による規制も多々あり，法に関する知識も不可欠である．

これまで述べてきたような特質を有しているので，建築に係わる専門家には，建築物を生産，管理，利用し，最終的に取り壊すまでの過程を総合的に把握することが要求される．建築学を体系的に理解することが肝要となる．

物事を体系的にとらえる能力は，失われつつあるような気がする．情報処理と通信の技術が発達し，極めて大量の細切れの情報を容易に入手し得る，便利な社会になった結果であると考えている．

失いつつあるものに歯止めをかける方法の一つは，その原因となる状況が生ずる前の仕組みで教育することであろう．いうまでもないことであるが，大学の教員にとっては，関連する分野を体系的にまとめておくことが必須である．そこに，個人であれ，数人の仲間であれ，学者あるいは学派としての独自の資料と解釈が芯となっていることが重要である．

このように考えていたので，数理工学社による教科書ライブラリ「建築工学」の企画を伺ったとき，即座に賛同した．建築の各分野で，大学学部の講義に使用することを想定したコア書目と，大学院生，技術者を対象としたアドバンスト書目が配されている．ライブラリ「建築工学」が大いに活用されることを望んでいる．

2004 年 2 月 （文責：瀧口　克己）

編者　瀧口　克己・田中　享二・梅干野　晁・大佛　俊泰

ライブラリ「建築工学」書目一覧

コア書目	アドバンスト書目
1 新・建築材料 I［構造材料編］	A－1 建築エンベロープの性能と材料
2 新・建築材料 II ［部位構成材料・機能材料編］	A－2 自然災害の防災システム
3 建築構造工学	A－3 地震防災システム
4 建築構造力学入門	A－4 建物の動特性
5 建築構造工学演習	A－5 建築デザインの科学
6 西洋建築史	A－6 都市空間データ分析
7 建築計画学入門 —建築空間と人間の科学—	A－7 環境設計 —そのプロセスと実例—
8 建築・都市環境工学の基礎	別巻 1 非線形構造力学 —構造物の多軸挙動と塑性論—
9 視環境設計入門 —見え方から設計する光と色—	別巻 2 基本建築構造力学 —片持ち線材の挙動—
10 都市・建築の環境設計 —熱環境を中心として—	別巻 3 線材力学の基礎 —ひずみと応力の解析からの展開—
11 水環境から給排水設備	
12 音と振動	
13 空気清浄設備	
14 建築と都市の環境	（A: Advanced）

まえがき

建築を設計するにあたって必要とされる工学的な知識は，まず大きく設計計画原論と建築構造力学に分類され，設計計画原論はさらに建築計画学と建築環境工学に分かれる．建築環境工学はさらに，光，音，熱，空気，水といった分野に分かれており，それぞれの分野は，扱う物理量が異なり，さらに人の感覚の様態も異なることから，それぞれ別の学問分野であるという様相を呈している．それぞれの分野で研究活動が活発に進められているが，研究とは，より分析的に，より技術的に進むものであり，建築環境工学の各分野でもそのように研究が進められている．こうした状況から，今では，建築環境工学を専門とする研究者であっても，分野の枠を越えてその詳細を理解することは難しい．そのためなのか，建築設計の立場からは，建築環境工学の研究成果がなかなか活用できないという意見も聞く．

建築環境工学は，特別な用途を持つ建物，例えば美術館の採光照明計画などを進めるため，明治年間から始められた研究が起源であるといわれる．その後，次第に建築物の一般的な居住性能について研究されるようになり，昭和の初期には一つの学問分野として確立，1960 年代以降，建築環境工学という名称が定着したという．

筆者が建築学を学び始めたのは，本書の読者と同じように，この学問分野が確立してからで，建築環境工学の中で，光・色といった環境要素を取り扱う分野を専門として研究を進めてきた．学問分野が確立されてから学び始めた者には，その学問分野そのものの存在意義をはっきり認識することは難しく，知らず知らずのうちに研究のディテイルを深堀してしまう．筆者もご多分に漏れずそうであった．しかし，自分の研究もある程度進み，光や色に関する知識も十分あるつもりでいた頃，ひょんなことから，自分の知識を利用するだけでは納得できる視環境を設計できないことに気づいてしまった．視環境設計を行うためには，光と色に関する知見をただ知識として蓄えるだけでは不十分で，設計に結びつく形で体系立てて理解することが必要なのである．

本書では，これまでの光と色に関する様々な知見を，視環境設計に展開できるように再構築した．さらに，それらを視環境設計とつなぐために避けて通れない新しい考え方や，異なった分野の知識を導入している．そのため，これまでの知見も網羅的に解説しているつもりではいるものの，この分野の他の教科書とは，構成にも内容にもかなり大きな違いがある．本書のタイトルが「視環境設計入門」とあるのは，このような考えが底流にあるためである．

日本建築学会に組織されている光環境デザインWGでは，建築家と環境工学研究者との間で知識の共有化を図るため，2001年からほぼ毎年，光環境シンポジウムを企画してきた．第一回は，建築家の小嶋一浩氏をお呼びしたが，その際に配布した資料の冒頭に「光の目利きのすすめ」と題した文章を書かせていただいた．そこで筆者は，『空間の光に関する文化を育てるためには，ロバートパーカーというワインの「目利き」がワインをテイスティングするように，空間の光をトータルにテイスティングすることのできる「光の目利き」が必要』だと述べた．本書は，ここでいう「光の目利き」を育て，サポートするためのものとなることを，微力ながら目指したものとなっている．

本書のご提案は2007年の春頃であったと記憶している．光や色の知識を設計に役立つように体系化する作業は，いざ取り掛かると不足している部分が次から次へと明らかになり，それを埋めていくための作業，言い換えれば，光や色に関するこれまでの知見をどのように理解すれば設計につながるかを考える作業が，13年もの長きに渡ってしまった．数理工学社の田島伸彦氏，鈴木綾子氏には，本書の編集から出版に至るまでの長い過程を，辛抱強く待っていただき，大変なご苦労をおかけした．ここに厚くお礼申し上げる．

2020年2月

中村　芳樹

目　　次

第1章

視環境設計とは

光によって構成される光環境や，物体の色によって構成される色彩環境ではなく，人が目で知覚する視環境を設計するという意図を持つことが，光や色のより良い設計につながることを解説し，具体的な事例を紹介する．

1.1 視環境設計の方法

建築や環境を設計する上で光や色が重要であることに疑問を持つ者はまずいないだろう．建築や環境を利用している人々を観察してみると，空間を見回したり，細かい部分に注目したり，その内部に設置されたさまざまな物を眺めたりすることで，さまざまなことを感じ，その建築や環境の良し悪しを判断している．それらの行為は，目という光や色を知覚する受容器（刺激を受け取る器官）を使って行われているから，当然のことながら，人々が受け取る情報は，光と色のあり方によって大きな影響を受ける．いやむしろ，それらの情報は光や色によって決定づけられているといってもよい．この原点に立ち戻って行う光や色の設計を**視環境設計**という．すなわち視環境設計では，設計の目標を，物理的な光によって構成される光環境や，物体の色によって構成される色彩環境ではなく，あくまでも人が視覚を通じて知覚し，認識する視環境であるとし，そのような設計の結果から，必要な光環境や色彩環境が導き出されると考える．もちろん，通常の光環境や色彩環境の設計でも視環境を推定しながら行われているのは間違いないが，視環境設計ではそれを明示的に宣言するという立場をとる．

われわれは環境の中でさまざまな物を見る．このとき，われわれは3次元的に構成された環境，たとえば室内なら天井，床，壁から構成された環境の中にいて，さまざまな物を見る．われわれがある視対象（見ようとする対象）を見ようと目を凝らすとき（**焦点視**，あるいは**中心視**という），あるいは環境全体を何となく見渡すとき（**環境視**，あるいは**周辺視**という），その視対象や環境全体の光学像は，眼球の奥にある網膜に結ばれ，われわれは網膜に結ばれたその画像を知覚する．すなわち，目という受容器を通して入力される知覚刺激は元々画像である．そのため，建築や物体の見え方，これを本書では**アピアランス**と呼ぶが，このアピアランスを言葉や指標を用いて正確に伝えることは難しく，画像としての表現が必要となる．すなわち，視環境設計では原則として**パースペクティブ**な画像が必要とされる（図1.1）．

パースペクティブな画像の簡易的なものが写真である．多くの建築系の雑誌が写真であふれ，プロの建築写真家という職業が存在することから分かるように，うまく撮影された写真はアピアランスを過不足なく伝えることができる．

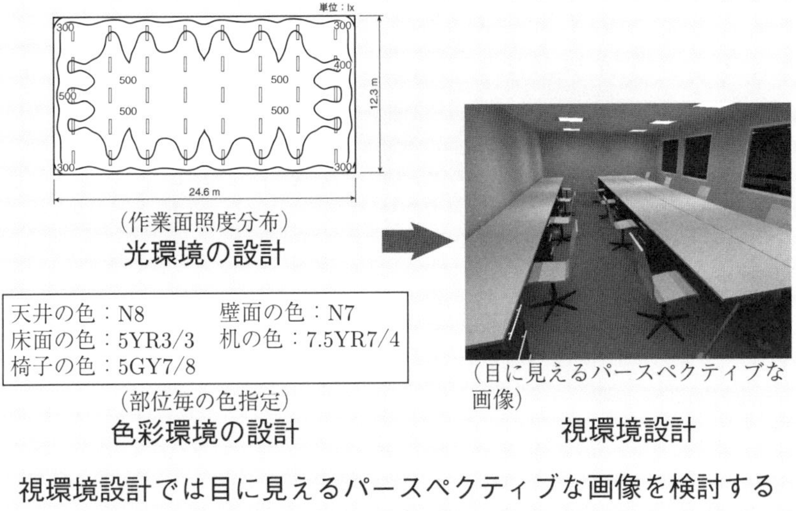

図 1.1 視環境設計の検討対象

しかし写真はあくまで簡易的なもので正確とはいえない．視環境設計では「実環境の全視野を含む輝度・色度分布を正確に再現すれば同じ視覚体験ができる」とする．輝度，色度分布については後述するので詳細な説明は避けるが，とりあえずここでは輝度・色度分布を「**正確な写真**」と理解していただき，前述の表現を「広角の正確な写真があれば実環境の視覚体験をほとんど再現できる」と解釈してほしい．現実空間では，われわれは両目を用いているし，見ようとする対象に応じて焦点を変えているし，移動しながら対象を見ることも多いから，全く同じというわけではないが，ほとんどの視覚的な体験は再現可能であるといってもよいだろう（図 1.2）．

視環境設計では，現実環境の視覚体験を確認するため，視野の一部を切り取った画像を表示してそれを見ながら検討したり，実環境で測定された画像を解析したりする．そして設計に当たっては，シミュレーションなどを用いてパースペクティブな画像を生成し，これを表示したり，解析したりして，設計が現実化したときの視覚的な体験を推定しながら設計する．一方，経験豊富な照明デザイナーなら，設計が現実化したときの絵，すなわち**目に見える画像**を，頭の

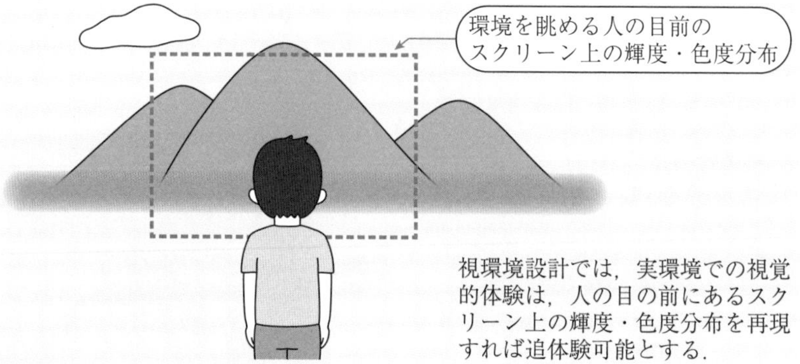

図 1.2　視環境設計の考え方

中にイメージしながら設計しているので，このような設計もまた視環境設計であるといえる．視環境設計では，1.2 節で解説するように，結果的に照度ではなく輝度という物理量を用いることになる．しかしこれは，目に見える画像を推定する精度を上げるためであって，照度を用いて視環境設計ができないわけではない．照度から目に見える画像を推定し，その画像を基に設計を進めるなら，これも間違いなく視環境設計である．

本書では，さまざまな物の見え方をアピアランスという言葉で表現する．これは，現実環境では，あらかじめ想定された視対象の見え方が重要な場合が多いが，想定されてはいない視対象が生ずることも多々あるためで，この両者を含めた見え方を表現する言葉としてアピアランスを用いる．

立体的な彫の深い物体，たとえば人の顔に光を当てて見え方を観察すると，視対象である人の顔の見え方は光の当て方によって変化する．顔の正面から蛍光灯のような拡散性の高い照明器具で光を当てると，人の顔は平板に見えるし，一つのスポットライトだけで斜め上から光を当てると，その同じ顔が彫の深い立体的な顔に見える．そして蛍光灯とスポットライトを組み合わせて，その出力をさまざまに変化させると，人の顔の見え方はいろいろに変化する．これは，2 章で後述するように，光によるモデリングの効果と呼ばれる．

人の顔というように視対象がはっきり想定されている場合，見え方という言葉を使えばこの光の効果を十分に説明できそうだ．しかし少し視点を変えて，陰や影に注目して説明しようとすると状況は異なってくる．蛍光灯で正面から光を当てたとき，人の顔には陰や影はない．それが，スポットライトを斜め上から当てると陰や影が出現する（appear）．さらに蛍光灯とスポットライトを組み合わせて出力を変化させると，現れた影の強さや陰の深さ，すなわちそれらの見え方が変化する．影や陰はもともと視対象ではなく，光の与え方によって新たに出現したものである．このような「新たに出現して見える物」という視点を含んだ言葉が**アピアランス**である（図 1.3）．

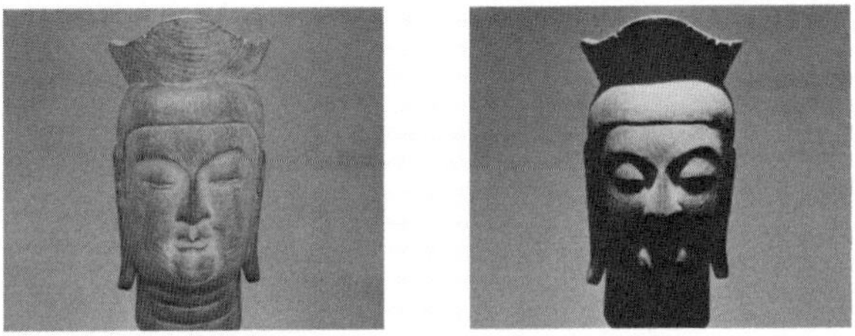

図 1.3* 顔の見え方の変化と影や陰の出現
（パナソニック株式会社のホームページより作成）
（*印が付いている図表は図表典拠参照，以下同）

読者の多くは，想定していないものが何かの拍子に出現することはそれほどないと思うかもしれないが，これは結構頻繁に起こる．たとえば，昼光を利用しようとして窓を大きく取ると，その脇の壁や柱には陰が出現するし，オフィスのような広い空間で床置きの天井間接照明器具を点在させると，明るい部分と明るい部分の間に暗い陰が出現する．天井から自然の光を有効に導入する照明を設計し，室内の照明を電球色というやや黄色い光とすると，天窓に照らされた部分には青い色が出現する．後述するように，意匠的にみて面白い光の効果とは，そのほとんどがあらかじめ視対象としては想定されていないものなのである．

1.2　視環境設計の例

1.2.1　目に見える光の設計

視環境ではなく光環境を設計する設計者が最も陥りやすい誤りは「光は目に見える物である」という認識である．実は光は存在するだけでは目に見えない．

極端な例ではあるが，自分が宇宙空間にいて，太陽方位と垂直方向に視線を向けている場合を考えてみよう（図1.4）．このとき，目の前の空間には太陽から大量の直射光が与えられているが，その光は空間を素通りしてはるか彼方に発散してしまい，このとき目に見えるのは暗黒の宇宙のみで光を感じることはない．すなわち，目の前の空間には大量の光が存在するが，われわれの目には見えない．しかしここで，自分の手を目の前にかざして見る．すると手には太陽からの大量の光が当たり，手は光り輝いて強烈な明るさを感じ，光が大量に存在することを初めて知る．

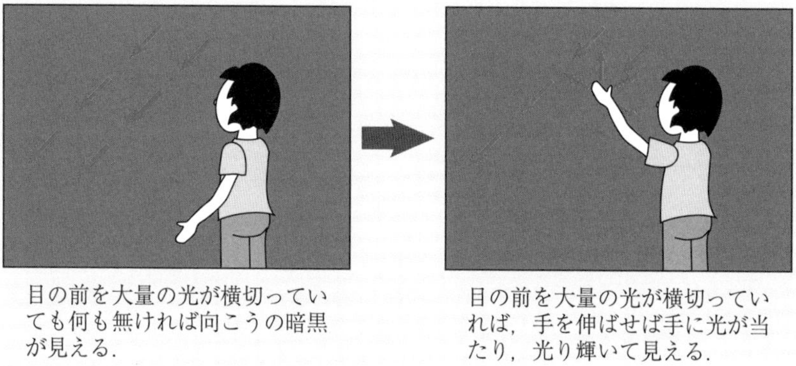

図1.4　光の存在と光の知覚の関係

これと同じことが通常の部屋でも十分起こり得る．部屋を明るくしようと窓を大きくして大量の自然光を室内に導き入れても，その光を反射する壁や床といった面が存在しなければ，いくら光の量を増やしても明るく感じることはない．光を感じさせるためには，光を反射する面を設計して目に見える光を作り出すことが必要で，2章で後述する照度と輝度の関係を理解しなければならない．

目に見える光を設計した秀逸な例は，エーロ サーリネン（Eero Saarinen）

の MIT チャペルである（図 1.5（口絵 1-1））．この建物の祭壇の上には，光が木の葉のようにちらちらと舞い落ちてくる．舞い落ちる光は祭壇に近づくほどにその輝きを増し，最高潮を迎える祭壇付近では，説教する司祭の背後に神々しく後光がさす．

舞い落ちる光はもともと天窓から降り注ぐ光である．降り注ぐ光の量は物理的には照度で表されるが，その値は，われわれの印象に反して，天窓から離れれば離れるほど小さくなっていくのだが，不思議なことに，われわれの目には祭壇に近づくほどに光が増加しているように見える．

われわれがこのように光の存在を感じるのは，サーリネンが天井からつり下げられたモビールをうまく設計しているからである．このモビールが全く無いと目に見えるのは背景の暗い壁だけになり，空間は真っ暗に見える．しかしもちろん天窓から入る光はモビールが無くとも存在しているのだが，モビールが無いためにわれわれの目にはその光が見えない．われわれの目は，空中で木の葉のように舞うモビールの「明るさ」からそこに存在する光の量を推定しているのである．

モビールをよく見ると，光を強く感じる祭壇付近では，モビールの密度が高くなっている．天窓からの光をモビール表面で反射させて，われわれの目に入射する光（**輝度**）を作り，その輝度がわれわれに**明るさを知覚**させることで，光の感覚を生み出している．さらにモビールの背景には，光が届かない暗い壁面があり，暗い背景とモビールのコントラストにより，モビール表面の明るさ知覚が一段と上昇し，強い光の感覚を生み出している．サーリネンによる MIT チャペルの光のデザインは「光の存在を示すアピアランス」を創り出した秀逸な視環境設計であるといえる．

1.2.2　闇雲に光を増やさない設計

視環境設計を知らない設計者が陥りやすいもう一つの誤りは「明るく感じるためには，大量の光が必要である」という認識である．人の目には順応という能力があり，光を闇雲に増やすと目が大量の光に順応してしまうことになり，必ずしも明るく感じない．

照明設計をしていて一番怖いクレームが「この部屋は薄暗い」と言われることである．このようなクレームがきたとき，光の効果をよく理解していない人は，とにかく光の量を増やそうとする．しかしながら，これに対処するには二つの事実を押さえることが必要となる．一つは，前述したように，空間に光があるだけではわれわれは光を感じないという事実であり，もう一つは，大量の光がある場所ではその大量の光に目が慣れてしまい（**順応**），明るく感じないという事実である．

雨が降りそうな曇りの日には，屋外にいると薄暗くて陰気な印象があることだろう．しかしながら，このとき屋外にあふれている光の量は，通常のオフィスなどに比べて10倍から20倍となっている（2章で後述する水平面照度で比較すると，暗い曇りの屋外は7,000 lx程度はあり，一方室内は通常500 lx程度である（図1.6））．大量の光に囲まれてしまうと，われわれの目はその大量の光に順応してしまい，明るさを感じにくくなる．一方逆に，暗い部屋では少ない光に目が順応しているため，小さなLEDの光でも，とても明るく感じる．

室内空間　　　　曇りの屋外
実測してみると...
500 lx　　水平面照度　　7,000 lx

図1.6　屋外の光と室内の光の照度の違い

ルイス カーン（Louis I. Kahn）は，キンベル美術館で，自然の光を巧みに利用して，少ない光で明るさを感じさせ，さらにそれが**発光して見える**という視覚効果を作り出した（図1.7（口絵1-2））．

キンベル美術館では，天井中央に設けられたスリットから導かれた自然光が，反射板を介してコンクリートのボールト天井を照らし上げる．その光は，屋外と適度に一体化した感覚を生み出すとともに，重いはずのボールト天井を軽やかに見せる．そしてあるとき，そのボールト天井が静かに輝き始める．

自然光を受けるボールト面からわれわれの目に入る光の量（**輝度**）は，一般の光源よりかなり低いが，ボールト面を取り囲む下がり天井や周辺壁が暗いため，われわれの目は暗い環境に順応し，さらに天井や周辺壁とボールト天井との間に強い**コントラスト**が生まれる．この強いコントラストによって光り輝いて見えるという知覚現象が生み出される．この天井のボールト面は周辺とは異なる光沢とテクスチャを持ち，それがシャープなエッジで周辺から切り取られることで，背景から独立した輝く領域に見える．

キンベル美術館は，順応を下げ，周辺とのコントラストを創り出し，ボールト面の領域を明瞭に区切ることによって，建築空間の中に「発光というアピアランス」を創り出した視環境設計の傑作であるといえる．

1.2.3 物がよく見える設計

ほとんどの人は「物がよく見えるためには，光は多い方がよい」と思っていることだろう．しかしこれも一概にはいえず，視環境設計を行えば，少ない光でもよく見える条件を創り出すことができる．

机の上で新聞などを読もうとするとき，照明の光を暗い状態から徐々に増加させていくと，確かに文字は読みやすくなる．そのため多くの人は，光が多い方が読みやすいという判断をしがちだが，調節できる照明光の範囲を広げて考えれば，ある程度まで照明光を増やすとそれ以上光を増やしても読みやすさがあまり改善されないレベルに至り，さらに光を増やすと今度はまぶしくなって逆に読みにくくなる．

一方，机の上でPCや携帯電話といった電子機器を利用する場合はどうだろうか．ほとんどの人には，照明器具や窓がそれらのディスプレイに映り込んで，画面が見えなくなったりまぶしさを感じたりした経験があろう．すなわち，電子機器の画面のように，自ら光を発することによって見える物は，多くの光が周囲にあると逆に見えにくくなる．

文字などの視対象の見え方を物理的に検討するには，これまで何度も出てきた輝度を考える必要があるのだが，その原理はそれほど難しいわけではない．視対象のサイズが大きい方が，視対象と背景とのコントラストが大きい方が，コントラストが同じなら背景が明るくなる方が見えやすくなる．PC画面の場合，画面に光が入射すると，視対象である文字と背景のコントラストが小さくなって見えにくくなる．さらにディスプレイ画面全体を視対象と捉えると，周辺が明るすぎると**負（逆）のコントラスト**（視対象が周辺より暗いコントラスト，逆対比ともいう）が生じ，画面全体が暗く見えて見にくくなる．PC 作業が多い今のオフィス環境を考えると，とにかく机上面の照度は高い方がよいと考えることは正しいとはいえない（図 1.8）．

PC ディスプレイに照明器具や窓が映り込むと，画面が見えにくくなったり，まぶしさを感じたりする．一方，周辺が明るすぎると負のコントラスト(視対象が周辺より暗いコントラスト)が生じ，画面全体が暗く見えて見にくくなる．

図 1.8　PC ディスプレイの見えやすさと光の関係

この原理を押さえていれば（正確にはこれ以外に時間のファクターがある），あらゆる視対象の見えやすさの程度を推定できる．たとえば，駅ホームなどに設置されている点字ブロックの見えやすさを考えてみると，黄色という明るい色の点字ブロックが白い床の上に設置されていると，コントラストが小さくて見えにくくなり，少々照明を追加しても見えやすさは改善されない．一方，床面が暗い色の場合にはコントラストが大きくなるから，それほど照明が強くなくとも十分見やすい．**目に見える画像**を想像することを怠って，ただ床面の照度だけを検討し，何の気なしに床面仕上げを明るい色にしてしまうと，いくら照明を当てても見えない点字ブロックができてしまう．

この原理は立体的な環境でも適用できる．たとえば公共空間では，柱のような障害物は，弱視者にも容易に知覚できる必要があるが，それを実現しようと柱に照明を当てても，それで見やすくならない条件もあり得る．たとえば柱の向こうに明るい白い壁があり，それが明るく照らされていると，柱を照明することにより背景の白い壁とのコントラストが小さくなるから，その存在が知覚しにくくなる．柱を照明して効果があるのは，背景の壁が暗かったり，全体が暗かったりする場合なのである（図 1.9）．

どのような状況であれ，物がよく見える設計を実現するには，前述の原則に立ちかえって考え，特にコントラストがどのようになるかを画像として想像しながら設計を行うことが重要である．そしてより詳細に見え方を検討したい場合には，後述するように，コントラストの状況を**輝度コントラスト**として物理的に算出し，**対数平均輝度**と合わせて，その見えやすさの程度を推定することが求められる．

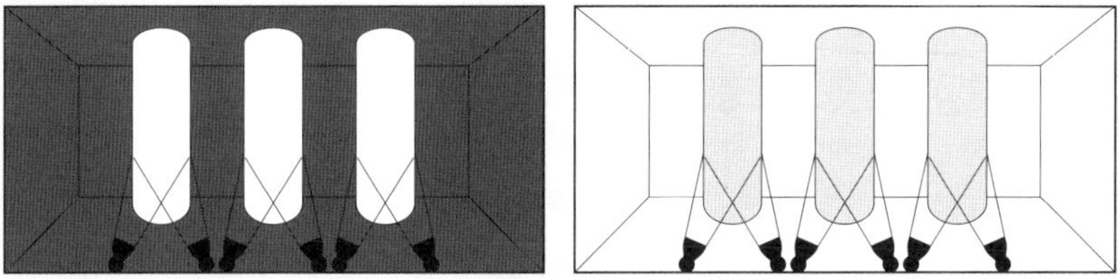

奥の壁が暗い場合，手前の柱に照明を当てるとコントラストが上がり視認しやすくなる．

奥の壁が明るいと，手前の柱に照明を当てるとコントラストは下がり視認しにくくなる．

図 1.9　3 次元環境での照明の効果

1.3　視環境設計の目標

視環境設計は大きく二つの目標を達成することを目指している．一つは，光や色を意匠と物理の両面から捉えることで，より質的レベルの高い視環境を実現することであり，もう一つは，**視環境の質**を確保しながら**省エネルギー**を実現することである（図 1.10）．

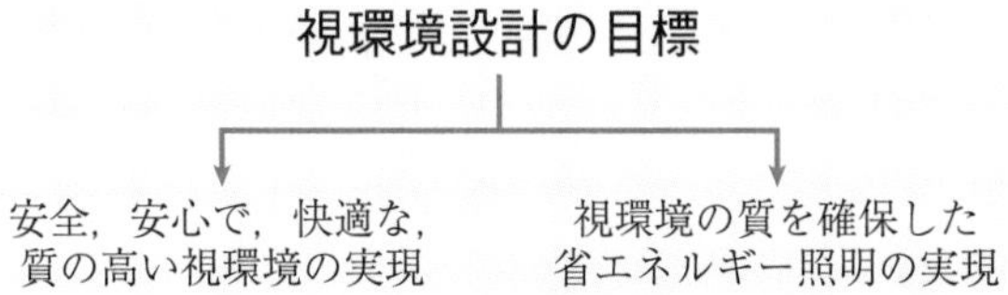

図 1.10　視環境設計の目標

前者の目標は，これまでの有名建築の光を解説した例から容易に理解できるだろう．ただ，設計者という立場から見ると，視環境設計は手間がかかりすぎるという印象もある．確かに，正確な検討を進めるには光のシミュレーションが必要となるが，現実化されたときの画像を設計者が頭で推定して進めてもよいし，非常に簡単な照度計算から単純な条件の画像を作成して検討してもよい．目に見える画像を推定するという手間を惜しまなければよいだけである．

光や色を設計する最も重要な目的は，物がきちんと見える条件を整備することである．よって目に見える画像を推定して検討する視環境設計は，その目的の直接的な回答となっており，水平面照度だけに頼ったこれまでの光環境設計と比較すると，設計を評価する感度は格段によく，これが省エネルギー設計を後押しする．

どのような環境設計であれ，ある所定の機能を満たす環境を整備することを目的とするが，その機能を実現し維持するためには相応の費用がかかり，エネルギーも消費される．省エネルギーの必要性が叫ばれている昨今では，求められる機能が十分に発揮されているという条件の下で，それを実現する費用や，その機能を維持するために消費されるエネルギーを最小化することが求められる．このような問題を**最適化問題**といい，視環境設計でもこの最適化問題を解くことが求められる（図 1.11）．

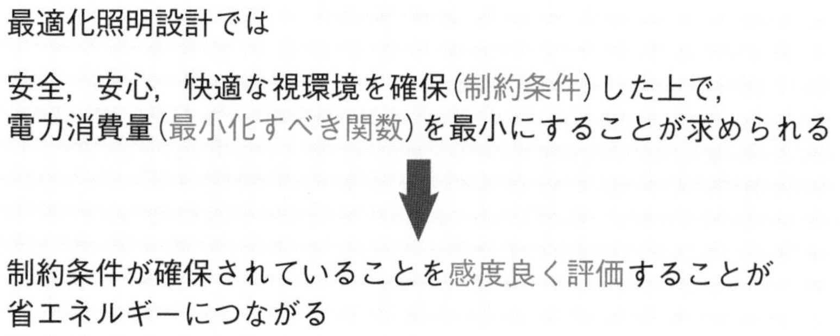

図 1.11　省エネルギーを実現するための最適化照明の設計

必要とされるアピアランスを確保するためには，必要に応じて環境に光を供給しなければならないから，夜間や，昼間でも採光が期待できない場所では，電力を使って光を供給することになる．このような，電力を使って供給する光を減らすことが，直接省エネルギーにつながることは明らかであろう．これまで説明したように，感度の良い視環境設計を進めれば，少ない光で，十分明るくて，必要なものがはっきり見える視環境を設計することが可能となる．ただこれを実現するためには，建築空間全体を視環境としてトータルに検討する必要があり，従来のように，建築のほとんどの部分が決まってから照明設計を設備設計者に投げるというやり方では，到底実現することはできない．

1章の問題

□**1.1**　視環境設計は，従来の光環境や色彩環境の設計と何が異なるのか．具体的に説明せよ．

□**1.2**　目に見えない光とはどのようなものかを述べ，目に見える光との関係を説明せよ．

□**1.3**　どのようにすれば，少ない光で明るさを感じさせることができるかを説明せよ．

□**1.4**　物がよく見えるための条件を示し，PC 画面に光が当たると見にくくなる現象を，この条件との関係で説明せよ．

□**1.5**　視環境設計の目標とは何かを説明せよ．

第2章

光と色の心理物理

視環境は目で知覚されるが，その視環境は目に入射する電磁放射によって構成されている．本章では，視環境を検討するために必要な，電磁放射を光や色に読み替える方法と，目に見える画像として捉える方法を解説する．

2.1　電磁放射と光

物理的にいえば，光はわれわれの周囲に存在している**電磁放射**（radiation）の一部である．電磁放射は，電場と磁場の変化を伴うエネルギーを伝達する**波動**であり，散乱，偏光，回折，屈折などの波としての性質を持つが，一方光電効果などの**粒子**としての性質も持つ．電磁放射の性質は**波長**によって異なるため，**図 2.1** に示すように波長帯毎に特定の名称で参照されることが多い．人間の目は波長が 380〜780 nm（nm：ナノメートル $= 10^{-9}$ m）の範囲の電磁放射だけに反応することから，この範囲の電磁放射を光（**可視放射**）という．すなわち，光は人間の目という受容器に依存して定義されたものであって，視覚を持つ他の生物にそのまま適用できるものではない．可視範囲の電磁放射であっても，波長毎に人間の目の感度（光の強さに対する感度）は異なり，主に錐体が働く**明所視**（photopic vision）では，**図 2.2** の実線で示すように 555 nm の黄みの緑色の光に対して最も感度が高くなる（**最大視感度**）．一方，**暗所視**（scotopic vision）では，破線で示すように 507 nm のやや青い緑色の光に対して最も感度が高く，明所視に比べて短い波長の感度が相対的に高くなる．これらの曲線を**比視感度曲線**といい，視感度の最大値を 1 とした各波長の感度が示されている．昼の明所視から夜の暗所視へと移行する薄暮の視知覚（**薄明視**：mesopic vision）では，青みがかった対象の相対的な明るさが増加して感じられる．こ

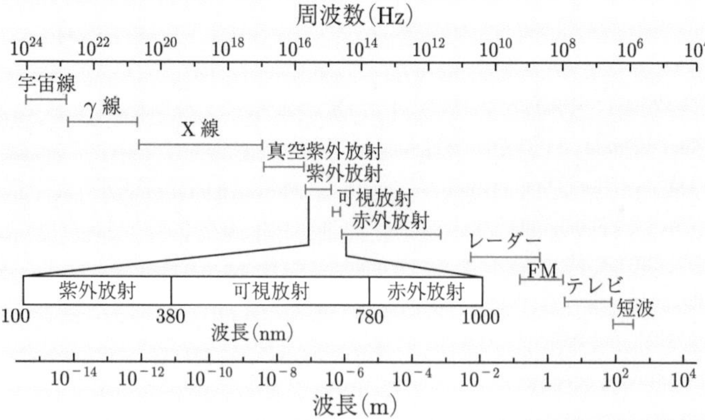

図 2.1　さまざまな電磁放射

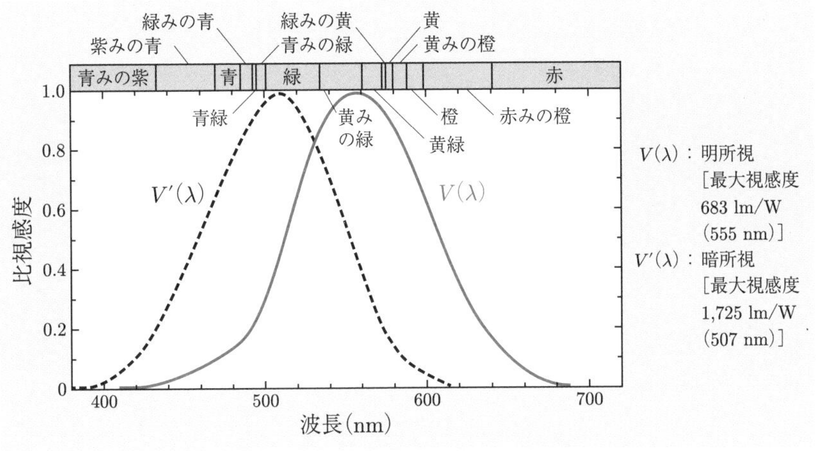

図 2.2　比視感度曲線

れを**プルキンエ現象**（Purkinje phenomenon）という．

一般に，電磁放射が及ぼす特定の効果について，波長毎の効果の程度を表す関数を**作用スペクトル**（action spectrum）といい，**図 2.2** は人間が光を感じる効果についての作用スペクトルといえるから，この関数に最大視感度をかけて**分光視感効率**（sepctral luminous efficacy）として，これを用いて電磁放射を評価すれば（各波長のエネルギーに効率をかけて足し合わせる），人が光を感じる程度の指標を算出でき，これが光の基本量となる．また人は，光に色も感じるから，色に対する感度も同様に作用スペクトルとして表されるが，これは通常**スペクトル三刺激値**（spectral tristimulus values）と呼ばれる．

電磁放射は，光の感覚をもたらすだけでなく，**図 2.3** に示すようなさまざまな影響を及ぼす．特に最近では，目に入射した光に人の**サーカディアンリズム**（概日リズム：circadian rhythm）を調整する役割があることが分かっている．サーカディアンリズムとは，昼活動し夜眠るという約 24 時間周期の生体リズムのことをいうが，このリズムを**メラトニン**と呼ばれるホルモンが調整しており，このメラトニン分泌を抑制する効果に対する作用スペクトルは，**図 2.3 (f)** に示すようなもので，図より分かるように，波長の短い放射の感度が高い．電磁放射が持つ効果は多様で，それぞれの作用スペクトルの最大値となる波長は

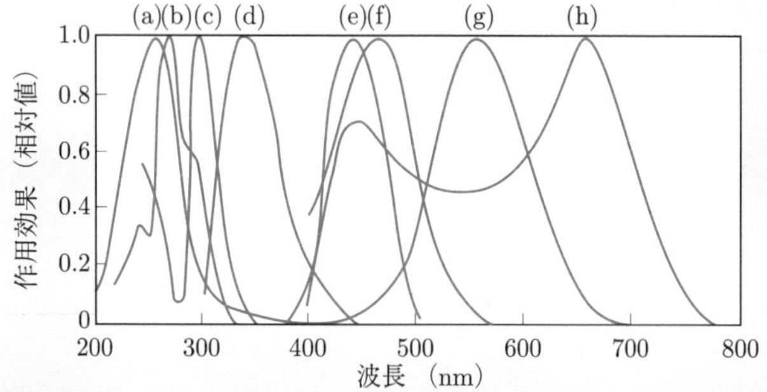

(a)　殺菌作用　(b)　光角膜炎　(c)　紅斑作用
(d)　直接色素沈着作用　(e)　青色光網膜障害　(f)　メラトニン分泌抑制の作用
(g)　人間の視感度（明所視）　(h)　植物の光合成

図 2.3　さまざまな作用スペクトル

異なっているが，その多くは短い波長帯にある．

太陽や照明器具から放射された電磁放射は，さまざまな物体に**反射**したり，物体を**透過**したりして，最終的に目に到達するため，電磁放射のさまざまな作用を正確に推定するには，この挙動を考慮しなければならない．たとえば室内にいる人を想定すると，太陽からの電磁放射は**図 2.4** に示すような分光透過率を持つ窓ガラスを透過した後，目に入射することになる．

電磁放射の効果の大きさは，通常，最終的に目に入射する電磁放射のエネルギーを，想定した効果に対応した作用スペクトルで評価して，対応する指標の量を算出し，それに**暴露時間**を掛け合わせることによって求められる．

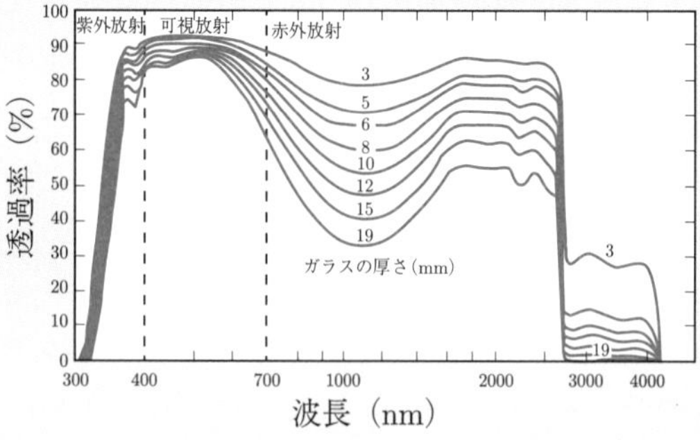

図 2.4　窓ガラスの分光透過率

2.2　目 の 構 造

視覚刺激を受け取る器官（**受容器**と呼ばれる）である**眼球**は図 2.5 のような構造で，その大まかな原理はカメラと類似している．われわれが**視対象**（visual target）を注視したとき，視対象からの光は**角膜**（cornea）を通り，**瞳孔**（pupil），**水晶体**（lens）を経て眼球内部に入り，**硝子体**を通ってカメラの感光面にあたる**網膜**（retina）に像として結ばれる．このとき，**注視**している視対象が，**中心窩《か》**（fovea）と呼ばれる網膜の中心近くの凹んだ部分に像として結ばれるように**視線方向**（eye direction）が調整され，水晶体の厚さを変えることにより**焦点**も調節される（accommodation）．この中心窩と視対象の位置（注視点）を結んだ線を**視線**（visual line）といい，視対象が張る角，すなわち視対象のサイズを表す角度を**視角**（visual angle）という．視線方向は図の視軸の方向と一致し，視軸は眼球の光学的な対称軸である**光軸**から 5 度ほどずれている．

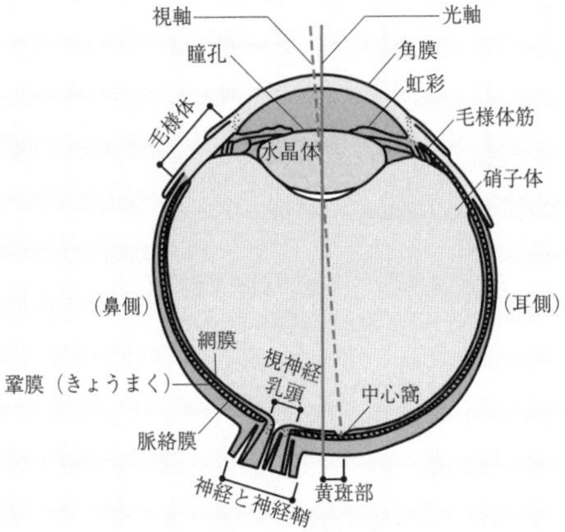

図 2.5　眼球の構造

網膜は厚さ約 0.3 mm の透明な膜でできており，**錐体**（cone）と**桿体《かんたい》**（rod）の 2 種類の**視細胞**（photoreceptor）が配列されている．錐体は 600 万個程度で中心窩付近で高密度で分布しているが，周辺にいくに従って急激に減少する．錐体には L, M, S と呼ばれる 3 種類があり，それらの形状は同じだが分光感度が異なり，**L 錐体**は長波長，**M 錐体**は中波長，**S 錐体**は短波長側で感度のピークを持っている（**図 2.6**）．色覚はこの3種類の錐体の反応の違いによって生ずる．通常の明るさの下では，中心窩に結像された対象が知覚の中心となるが，このときの知覚は主に錐体が働くことによって生じる．このように錐体が主に働いている眼の状態を**明所視**といい，このような対象物の見方を**中心視**（central vision）という．このとき人は，対象物に目の焦点を合わせ，網膜に明瞭な像を結像していて，これを**焦点視**（focal vision）という．中心視や焦点視では，対象物は高い分解能で知覚され，色覚も生じる．

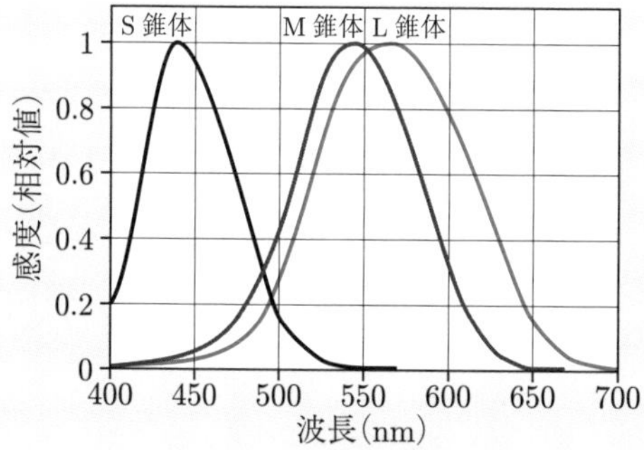

これらの分光感度は角膜に当たる光を入射光として計算されたもので，角膜から網膜までの光の吸収も含まれている．

図 2.6　L, M, S 錐体の分光感度

一方，桿体は中心窩周辺から網膜辺縁部にかけて広く分布し，色覚は生じないものの，明るさに対する感度は錐体より極めて高い．網膜の周辺部，すなわち視野の周辺で対象を見ることを**周辺視**（peripheral vision）という．環境にあって人は，しばしば環境の全体像を，個々の対象物には目の焦点を合わせることなく，ざっくりと見ているが，これを**環境視**（ambient vision）といい，周辺視も環境視の一部である．

桿体はこの周辺視に寄与しており，われわれが星明かりの下でも明暗を見分けることができるのは，この桿体が機能しているからであり，このような桿体だけが働いている眼の状態を**暗所視**という．ただ，とても暗い環境であると感じても，通常の生活では暗所視になることはほとんどなく，桿体と錐体の両者

が働いた**薄明視**の状態であることが多い．

われわれの視覚体験は網膜像から生成されているが，網膜像がそのままの形で脳まで伝達されるわけではない．図 2.7 に示すように，個々の視細胞が受け取った情報は，脳に至る前に，**双極細胞**（bipolar cell）や**神経節細胞**（ganglion cell）などによって処理されながら伝わることが分かっており，三つの異なった光に選択的に反応する錐体の情報は，明暗の情報や，赤–緑，黄–青といった**反対色**（opponent color）の情報に変換され，伝達されると考えられている．さらに 6 章で後述する**側抑制**（lateral inhibition）などの**対比効果**（contrast）も，

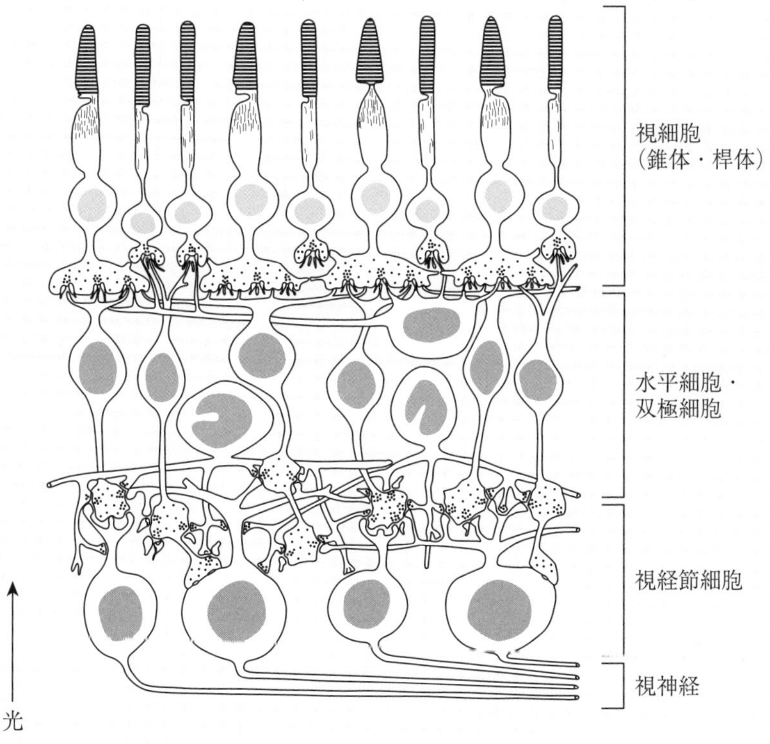

図 2.7 網膜の構造

それらの処理の過程で生じていると考えられている．また視細胞だけではなく，一部の神経節細胞も光を関知することが分かっており，**メラトニン**の分泌量をコントロールするセンサーとして働いているとされる．

われわれの目は月夜でも晴天の屋外でも物を見ることができるが，その光量の違いは 10^8 の範囲にも及ぶ．このような光量の変化に対応するため，われわれの目はまず，虹彩を伸縮させ**瞳孔**の大きさを調節することにより眼球に流入する光の量を制御する．しかしこれで調整可能な光量の範囲は瞳孔面積の変化に対応した約16倍に過ぎず，われわれの目はさらに，網膜の感光度を変化させたり，2種類の視細胞を使い分けたりして，大きな光量の変化に対応している．

なお，通常の生活下では明所視であることがほとんどであることから，特に断わりのない限り，視環境の設計では**明所視**を前提としている．薄明視や暗所視の状態での視環境を設計しなければならないときは，次節で後述する測光量そのものを再定義することが必要となる．

目に見える範囲の広がり（**視野**：visual field）は，両眼視で左右100°，上方向約60°，下方向約70°であるが，全ての部分が均等な見え方をしているわけではなく，対象を鮮明に見ることができるのは，中心窩に対応するわずか2°の範囲にすぎない．そのためわれわれは，無意識のうちに眼球を動かし，外景の鮮明な映像の把握に努めている．

2.3 測 光 量

2.3.1 分光視感効率

人間の目は，波長が 380〜780 nm の範囲の電磁放射を知覚し，これより短い波長の紫外放射も長い波長の赤外放射も目に見えない．本書ではこの範囲の電磁放射を**光**とするが，人に影響を与えるという意味からすれば，科学的な作用を持つ**紫外放射**や，熱的な作用を持つ**赤外放射**も検討する必要もあり，これらを含めて光と表現する場合も多い．

各波長に対する明るさの感度を**最大視感度**に対する比で表したものを**比視感度**といい，図 2.2 の実線は，**CIE**（国際照明委員会：Commission Internationale de l'Eclairage）により定められた**CIE 標準比視感度曲線**（2 度視野，明所視）である．光の物理量（正確には心理物理量）である測光量は，この明所視の比視感度曲線に最大視感度をかけたもの，すなわち**分光視感効率**を用いて，電磁放射エネルギーを評価したものである．

2.3.2 光　　束

電磁放射はエネルギーを伝播するが，単位時間当たりに伝播される放射エネルギーを**放射束**という．放射束は [W]（ワット）という単位で表される．伝播される光のエネルギーを表現するためには，分光放射束を視覚系の感度を用いて評価する必要があり，明所視の分光視感効率を用いて評価したエネルギーを**光束** F（luminous flux）という．光束は [lm]（ルーメン）という単位で表される．

$$F = K_{\mathrm{m}} \int_{380}^{780} V(\lambda) P(\lambda)\, d\lambda \tag{2.1}$$

ここで $V(\lambda)$：標準比視感度，$P(\lambda)$：放射束の分光分布 [W/nm]，λ：波長 [nm]．また K_{m} は**最大視感度**で 683 lm/W である．

光束は明所視の分光視感効率で評価されているため，暗所視や薄明視が想定されるような場合，たとえば夜間の暗い車道を運転しているドライバーの視認性評価などには，この光束をそのまま用いることは適切ではない．また，生体リズムに与える光のメラトニン抑制効果は，この光束をそのまま用いるのではなく，図 2.3 (f) に示す作用スペクトルを用いて評価した物理量を用いた方がよい．

2.3.3 光　　度

光を発する点（**点光源**：point light source）からある方向に向けての，単位**立体角**（solid angle）当たりの発散光束を**光度** I（luminous intensity）という．ある点の光度 I は，発散光束を dF [lm]，その点を頂点とする微小立体角を $d\omega$ [sr]（**ステラジアン**）とすると，

$$I = \frac{dF}{d\omega} \tag{2.2}$$

と定義される．I の単位は [cd]（**カンデラ**）である．

立体角 ω とは空間上の広がりを表す量で，単位は [sr] を持つ．**図 2.8** に示すように，点 P を中心とする半径 r の球面を考え，その球面上に面積 S を持つ対象が張る立体角 ω を，

$$\omega = \frac{S}{r^2} \tag{2.3}$$

と定義する．これは平面上の角度 α のラジアン表記を空間に拡張したものである．

球の表面積は $4\pi r^2$ で表されるから，半球の表面積は $2\pi r^2$ となり，地平線から上が全て空であるようなときの空の立体角は 2π となる．

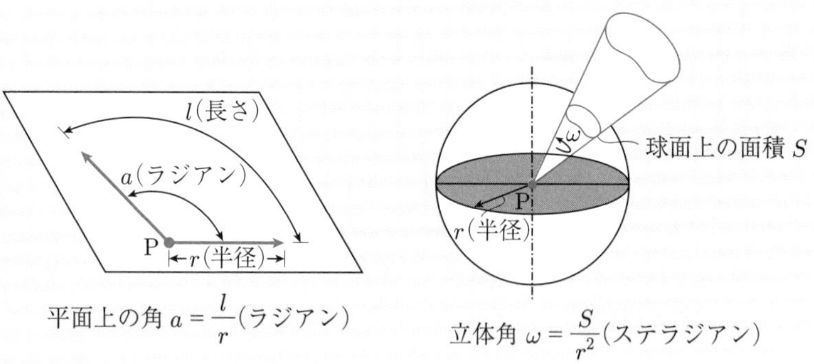

図 2.8　立体角とラジアン

2.3.4 照　　度

光を受ける面を考え，その面に入射する光束を単位面積当たりに換算したものを**照度**（illuminance）という．受照面の照度 E は，その面積を dS [m^2]，入射光束を dF [lm] とすると，

$$E = \frac{dF}{dS} \tag{2.4}$$

と定義される．この E の単位が [lx, lux]（**ルクス**）である（**図 2.9**）．

机や床のように照らされている面が水平面の場合の照度を**水平面照度**，黒板や壁のような鉛直面の場合の照度を**鉛直面照度**，光が進む方向に垂直な面の照度を**法線照度**という．また目の位置での鉛直面照度を，**眼前照度**あるいは**顔面照度**という．

空間に存在する物の見え方を検討しようとすると，水平面照度では不十分であることは容易に想像がつく．そこで，ある点のあらゆる方向に向けた照度の平均を**平均球面照度**（mean spherical illuminance）と定義し，これを用いて見え方を検討しようとする試みや，垂直に立てた微小な円筒面上の平均である**平均円筒面照度**（mean cylindrical illuminance），また平均を取る円筒を半分にした**平均半円筒面照度**（mean half-cylindrical illuminance）を用いて検討する試みもあった．平均球面照度は**スカラー照度**（scalar illuminance）とも呼ばれ，**ベクトル照度**（ある点の微小面の表面と裏面の最大照度の差を大きさとし，このときの明るい面から暗い面への向きを方向とするベクトル：illumination vector）と組み合わせて，人の顔の**モデリング**（陰影のつけ方によって人の顔の見え方を変えること）の指標としようという試みもあった（**図 2.10**）．

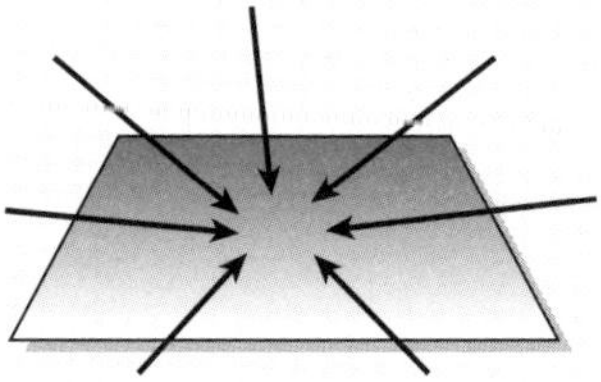

図 2.9　照度

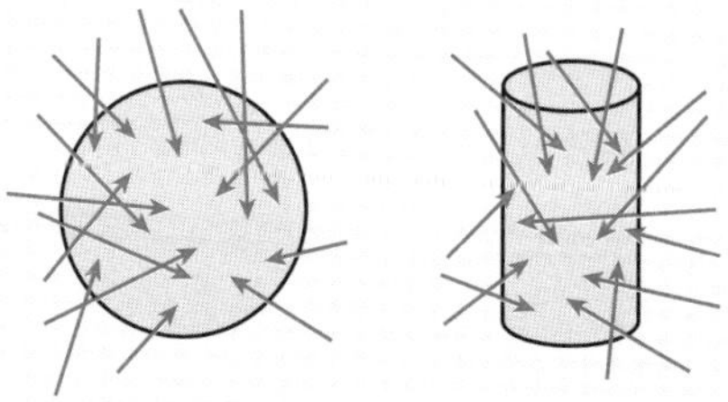

（a）球面照度　（b）円筒面照度

図 2.10　球面照度と円筒面照度

2.3.5 光束発散度

光を発する面（反射面でもよい）から発散する光束を単位面積当たりに換算したものを**光束発散度**（luminous emittance）という．ある面の光束発散度 M は，その面積を dS [m^2]，発散光束を dF [lm] とすると，

$$M = \frac{dF}{dS} \tag{2.5}$$

と定義される．M の単位は [lm/m^2]（ルーメン毎平方メートル）または [rlx]（ラドルクス）である．

光束発散度と照度は，式より分かるように，光束の面積密度であり，両者の違いは，光が入るか（照度），光が出るか（光束発散度）の違いだけである（図 2.11）．

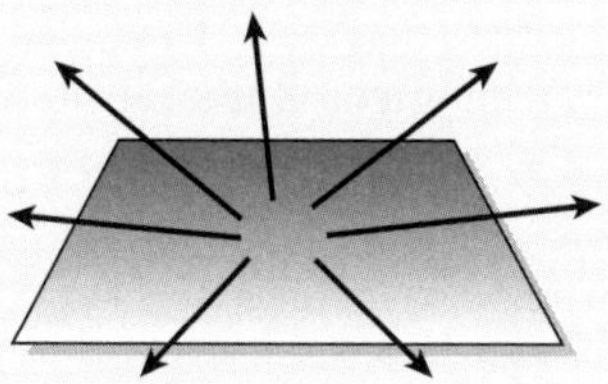

図 2.11 光束発散度

2.3.6 輝　　度

大きさを持つ光源や反射面から目に入射する光の量は**輝度**（luminance）で表される．視知覚は目に光が入射することによって生ずるから，輝度は視知覚を生じさせる直接の測光量である．

輝度 L は，光を発する微小面をある方向から見たときの，見かけの単位面積を持つ面から単位立体角当たりに発散される光束であり，対象となる微小発光面積を dS [m^2]，発光面の法線とそれが見られる方向との間の角度を θ，見られる方向の光度を dI [cd] とすると，

$$L = \frac{dI}{dS \cos\theta} \tag{2.6}$$

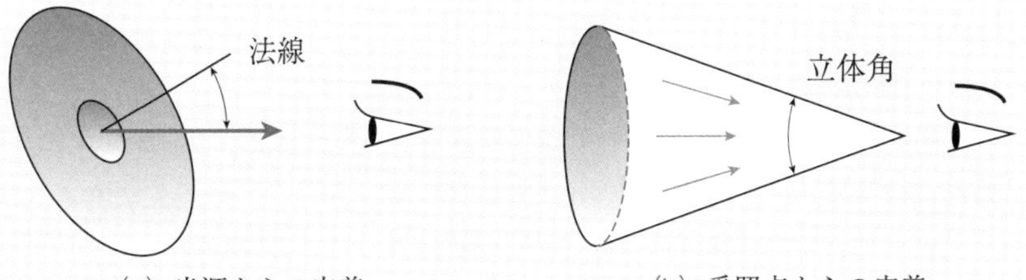

図 2.12　輝度

となる．単位は通常 $[\mathrm{cd/m^2}]$（カンデラ毎平方メートル）をそのまま用いるが，nit（ニト）と表現されることもある（図 2.12）．

一方，ある点から見た光源の輝度は，この点を通り見る方向に垂直な面の照度 dE を，この点を頂点とし光源を底とする錐体の立体角 $d\omega$ で割ったものである．すなわち，

$$L = \frac{dE}{d\omega} \tag{2.7}$$

通常のスポット輝度計は，この定義に基づき，視角 1 度あるいは $\frac{1}{3}$ 度の直径を持つ円（測定視野）を光源とみなし，この光源から得られる照度をこの円を底とする錐体の立体角で割ることによって測定値を算出する．したがって，実際の光源サイズが輝度計の測定視野より小さい場合，正しい輝度は測定できない．また，理論的には輝度は距離によって変化しないが，実際には，測定対象との距離が変化すると，輝度計の測定視野に収まる範囲が変わる．このため均一輝度の場合は測定値は変化しないものの，不均一な場合には測定距離によって輝度値が変化する．

2.4 光の色

2.4.1 加法混色

光を発する物体を**光源**と呼び，光源から放射される光に感じる色を**光源色**，あるいは光色といい，一方色を感じる光は，色づいた光という意味で**色光**《しきこう》という．最も身近な光源は太陽であるが，太陽からの光は無色に見える．ところがその光をプリズムを用いて**分光**すると虹のような七色が見える．これはニュートンが著書「光学」（1704年）で初めて明らかにした事実だが，無色（厳密には**白色光**という）の太陽光にはさまざまな波長の電磁放射が含まれている．そのような白色光がプリズムに入射すると，**屈折率**が波長によって若干異なることによって分光され，分光された電磁放射は，波長が長いものから順に赤，橙，黄，緑，青，菫《すみれ》というように，波長毎に特定の**色感覚**を生じさせる．ニュートンは，目に入った光によって生じた興奮が大脳に伝えられて初めて色感覚が生ずると考え，「光線には色はついていない」と述べた．ニュートンはさらに，一度分光した光を再度合成するとやはり無色の光に戻ることを確認し，続いて再合成する際に幾つかの波長帯の電磁波を取り去ると，予想外の色感覚が生ずることを発見した．たとえば，波長が580 nm付近の電磁放射は黄色い色感覚が生ずるが，これと同じ色感覚は，緑に見える波長帯の電磁放射と赤に見える波長帯の電磁放射を合成することでも生ずる．すなわち，物理的に全く異なる波長の電磁放射であっても同じ色感覚を生ずる条件があり，これを**条件等色**（metameric matching）という．この事実を受けて多くの研究が行われ，現在では，目が明所視の状態にあるとき，網膜上にある赤，緑，青の光に選択的に反応する3種類の**錐体**が働き，その結果色覚が生ずることが明らかになっており，各錐体の**分光感度**も推定されている（図2.6）．

光は電磁放射の一部であるから**分光分布**を持つが，われわれ人間は，その分光分布の情報を3種類の錐体反応という3次元情報として知覚することしかできず，これがわれわれが知覚する光の基本情報となる．そしてこの3次元の情報は，視覚プロセスにおいて，**明–暗**の情報と，**赤–緑**，**黄–青**から構成される色味の情報に変換されると考えられている．

知覚する光は，赤，緑，青に反応する3種類の錐体の出力を R_c, G_c, B_c とすると，R_c, G_c, B_c という三つの成分を持つ**3次元ベクトル**として表現でき

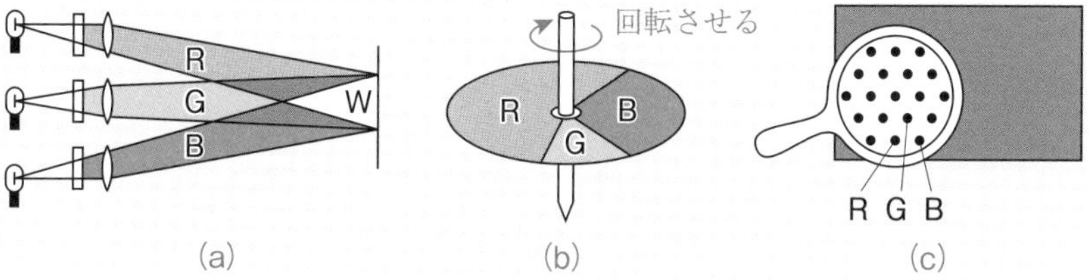

図 2.13　さまざまな加法混色

る．そして，さまざまな色を持つ光を足し合わせて新しい色を持つ光を作ったり（**加法混色**），ある色を持つ光から特定の色を持つ光を減じて新しい色の光を作ったり（**減法混色**）する過程は，3 次元ベクトルの合成，分解として定義できる．加法混色には，色光を白いスクリーンに同時に照射して混ぜる方法，目が見分けることができないほどサイズの小さい色光を混ぜる方法，色光を経時的に急速に交代させることによって混ぜる方法などがある（図 2.13）．よく知られているように，われわれがテレビ画面や PC ディスプレイで感じる色は，サイズの小さい発光体を利用した，二つ目の方法で生み出されている（図 2.14）．一方減法混色は，色ガラスや色フィルターを重ね合わせてさまざまな色を作り出す方法で，絵の具を混ぜ合わせて色を作る方法も基本的には減法混色である．

加法混色に基づいて体系化された**表色系**（色を数量的に表現するための体系）を**混色系**といい，光の色はこの混色系で表現される．一方，現実環境における物体表面の色知覚は，物体表面から反射してくる光の物理的な属性だけでは推定できないことが知られていて（**色の恒常性**），その色知覚は物体表面の反射率と関係が深いことから，**色票**《しきひょう》（色のついた紙片）の見え方を比較することで色を体系づけた表色系も整備され，この表色系を**顕色系**という．顕色系については 2.5 節で扱う．

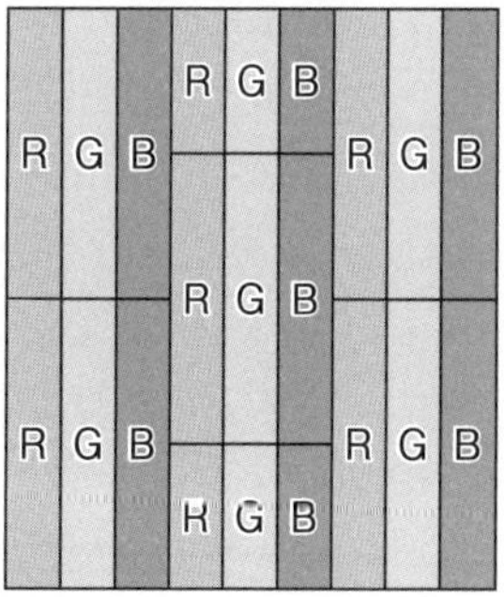

図 2.14　テレビ画面での混色

2.4.2　XYZ 表色系

XYZ 表色系は，CIE（国際照明委員会）が定めた表色系で，X, Y, Z という三つの**基本刺激**の混合量で色を表す．X, Y, Z は公式に認められた光の**三原色**であるといえるが，実は X, Y, Z は実在する三原色ではない．

XYZ 表色系の基となるのは，波長が 700.0 nm, 546.1 nm, 435.8 nm の単色光を三原色として使った**等色実験**の結果である．この実験から構築された表色系を **rgb 表色系**というが，この言葉は PC ディスプレイの表色系（2.4.5 項で後述する sRGB 表色系など）と似た表現になっているが，全く異なったものであり，決して混同してはならない．

ここで行われた等色実験は，図 2.15 にあるように，右側に波長の異なる単波長の光を見せ，それと同じ色に見えるように左側のエリアで 700.0 nm, 546.1 nm, 435.8 nm の単色光を混色するが，等色させる波長を変化させていくと，単純な足し合わせでは等色せず，逆に，右側に三原色の幾つかを混色しなければ等色しない条件があった．いわば，マイナスの混色である．このマイナスの混色を文字通りマイナスとして表現したものが rgb 表色系で，全ての色がプラスの混色で表現できるように変換したものが XYZ 表色系である．

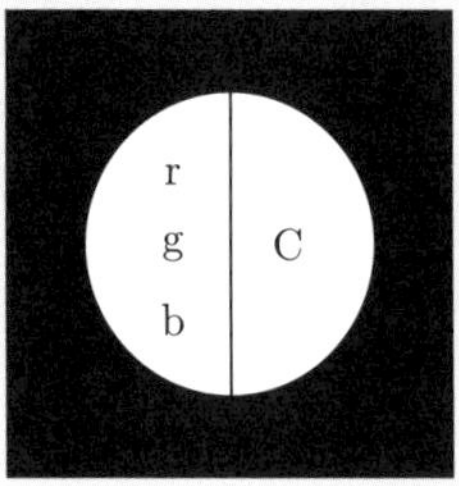

図 2.15　等色実験の方法

XYZ 表色系は，扱う量が全て正となり，かつ基本刺激の 1 つ Y が**比視感度曲線**と一致するように座標変換して求められたもので，光の**分光分布**（P_λ）が得られれば，図 2.16 に示す三つのスペクトル刺激値（**スペクトル三刺激値**：spectral tristimulus values）で評価することによって，**三刺激値** X, Y, Z（tristimulus values (of a color stimulus)）が求められる．スペクトル三刺激値は，それぞれ X, Y, Z という物理量（指標）を算出するための作用スペクトルであるともいえる．

$$X = k \int_\lambda P_\lambda \overline{x}_\lambda \, d\lambda, \quad Y = k \int_\lambda P_\lambda \overline{y}_\lambda \, d\lambda, \quad Z = k \int_\lambda P_\lambda \overline{z}_\lambda \, d\lambda \tag{2.8}$$

この式は，光束を求めた式 (2.1) と同じ形をしている．k には色を算出する条件に応じてさまざまな値が用いられるが，式 (2.1) と同様に最大視感度（683 lm/W）を入れることも可能で，この場合 Y は**光束**と一致する．

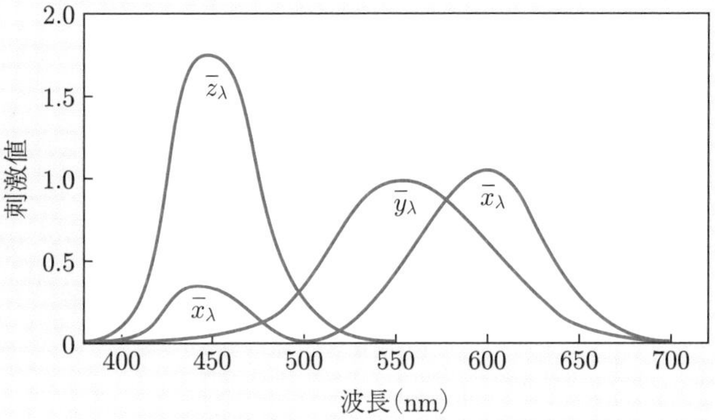

図 2.16 スペクトル三刺激値

X, Z の値が，光の分光分布より図 2.16 のスペクトル刺激値を用いて評価することで得られるということは，標準比視感度から測光量を定義してきたプロセスが，X, Z についてもそのまま適用可能であることを意味するから，X 光束や Z 光束，X 輝度や Z 輝度を定義することも可能であるが，現在はこのような用語は認められてはいない．

実際に光の色を測定する場合，通常は**輝度色度計**（色彩輝度計）が用いられる（色度は次項参照）．このとき，Y は**輝度**，すなわち，単位立体角当たり単位面積当たりの光束であるから，X, Z は単位立体角当たり単位面積当たりの**刺激値**となる．色づいた光，すなわち色光は，このような輝度を中心とした方法で定量的に表現することが可能で，本書では，このように数量的に定義された色光を**測光色**と呼ぶ．

測光色は図 2.17 に示すように X, Y, Z の 3 次元空間のベクトルとして表現できる．複数の測光色の加法混色は**ベクトル和**として求められ，減法混色は**ベクトル差**として求められるから，さまざまな測光色の組合せを数量的に検討することはやさしい．測光色の強さはベクトルの長さに対応することになるが，測光量の定義を踏まえて，Y 成分の値である輝

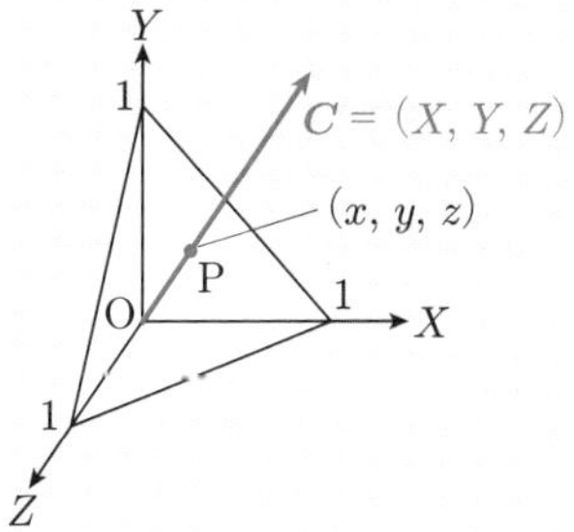

図 2.17 測光色 $\boldsymbol{C}$ の 3 次元表示

度を用いる．光の色味はベクトルの方向で表されるから，色のない光は存在しない，すなわち無色の光は存在しないことになり，正確には**白色光**（三つの刺激値がほぼ等しい光）と表現すべきである．

なお，通常利用される XYZ 表色系は 2° 視野の色知覚に基づくもので（CIE1931 標準表色系），この他に 10° 視野の色知覚に基づくものもある（CIE1964 表色系）．さらに，現在の XYZ 表色系は目の視細胞の分光感度と対応しない部分があることが知られており，近年視覚生理に基づく表色系も提案されている（CIE 170-1：2006, CIE 170-2：2015）．

2.4.3　色　度

図 2.17 のように，X, Y, Z の 3 次元空間でベクトルとして表現された測光色 C の光の強さは，Y 軸の値である輝度で表される．一方，光の色味はベクトルの向きで表現されるが，XYZ 空間の単位平面（各軸と 1 で交わる平面）を考えれば，ベクトルの向きは，この面とベクトルの交点で表現でき，この交点を**色度座標** (x, y, z) といい，次式で算出される．

$$x = \frac{X}{X+Y+Z}, \quad y = \frac{Y}{X+Y+Z}, \quad z = \frac{Z}{X+Y+Z} \tag{2.9}$$

このとき，$x + y + z = 1$ となるので，ベクトルの方向は結局二つの変数 x, y で表現することができ，通常用いられる**色度**とはこの x, y の値をいう．一方，測光色の色度をプロットした図を **CIE 色度図**（xy 色度図）といい，図 2.18（口絵 2-1）のように，測光色と単位平面の交点を XY 平面に射影した図として表現したものである．馬蹄形の図の曲線部分は，単色光の色度座標を示し**スペクトル軌跡**といい，下部の長波長と短波長の端を結んだ直線部分は**赤紫線**という．あらゆる測光色は，この内側にプロットされる．

測光色の色味を表す CIE 色度座標は，座標上の距離と色感覚の違いに歪みがあることが知られていて，その歪みを補正した uv 色度，$u'v'$ 色度なども利用されている．これらの色度の値は，それぞれ xy 色度から簡単な線形変換で求めることができる．

2.4.4 色 温 度

黒体（完全放射体，入射する全ての波長の放射を完全に吸収する物体）が放射する電磁放射の分光分布は，**絶対温度** [K]（ケルビン）により**図 2.19** のように変化し，2,000 K 程度では波長の長い域の放射（赤い光）が多く，温度が高くなるに従って波長の短い域の放射（青い光）が増加する．このような性質を利用して，色光を絶対温度で表したものを**色《いろ》温度**という．黒体の色の変化を色度図上に示すと，**図 2.20** のような 1 本の軌跡がかけ，これを**黒体軌跡**という．黒体軌跡に交差する直線は，黒体軌跡にぴったり乗らない光源の色温度を示すための**等色《とういろ》温度線**で，これを用いて示される色温度は**相関色《そうかんいろ》温度**と呼ばれる．黒体軌跡より上に外れる光源は，黒体よりやや緑っぽく，下に外れる光源はややピンクっぽく見える．

身近な光と色温度の関係は**図 2.21** に示すようになる．最も身近な光源である太陽は，6,000 K の黒体とほぼ同じ放射を放出しているが，地表に到達する放射は，大気の影響により，太陽高度や大気の状態によってその分光分布は異

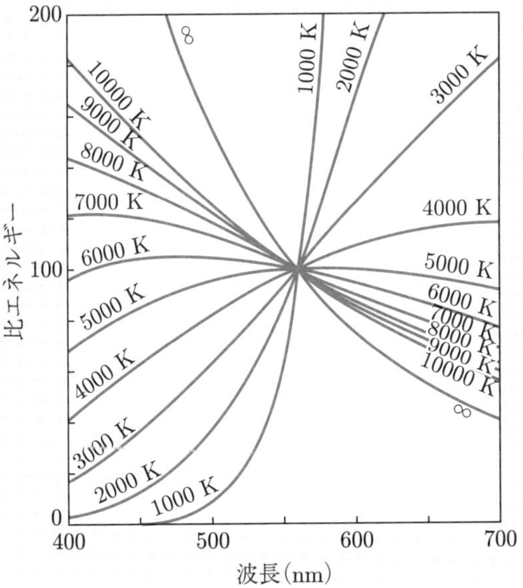

図 2.19 黒体の分光分布

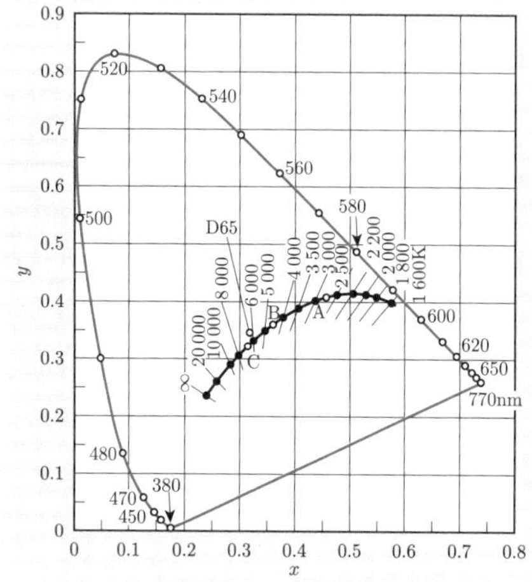

図 2.20　黒体軌跡と等色温度線

昼光光源	色温度（K）	人工光源
•25500 特に澄んだ北西の青空光	20000	
•12300 北天青空光	10000	
	7000	
		•6500　昼光色蛍光ランプ
•6250 曇天光	6000	
		•5800　透明水銀ランプ
	5300	
•5250 直射日光	5000	•5000　昼白色蛍光ランプ
		•4200　白色蛍光ランプ
	4000	•3900　蛍光水銀ランプ
		•3800　メタルハライドランプ
		•3500　温白色蛍光ランプ
	3300	
	3000	•3000　電球色蛍光ランプ
		•2850　ハロゲン電球 白熱電球
		•2050　高圧ナトリウムランプ
•1850 夕日	2000	•1920　ろうそくの炎

図 2.21　さまざまな光源の（相関）色温度

なる．

CIE が 1931 年に定めた標準的な**白色光**が，**標準イルミナント**（CIE standard illuminant），A, B, C である．標準イルミナント A は色温度 2,855.6 K の黒体が発する光，B は 4,874 K の平均太陽光を代表するもので，C は色温度 6,774 K の青空を含む平均昼光を代表するものとされた．しかし現在最も標準的に利用されている標準イルミナント光は，1964 年に同じく CIE が定めた**標準イルミナント D65**（$x = 0.3127$, $y = 0.3290$）で，色温度 6,504 K の昼光を代表する．標準イルミナント D は，多数の自然昼光の実測値から統計的処理を経て定められた分光分布を持ち，D65 以外にも色温度 4,000 K から 25,000 K に至る昼光について分光分布が定められており，これらを **CIE 合成昼光**という（図 2.22）．なお，図 2.20 の色度図には代表的な標準イルミナントの色度も示されている．

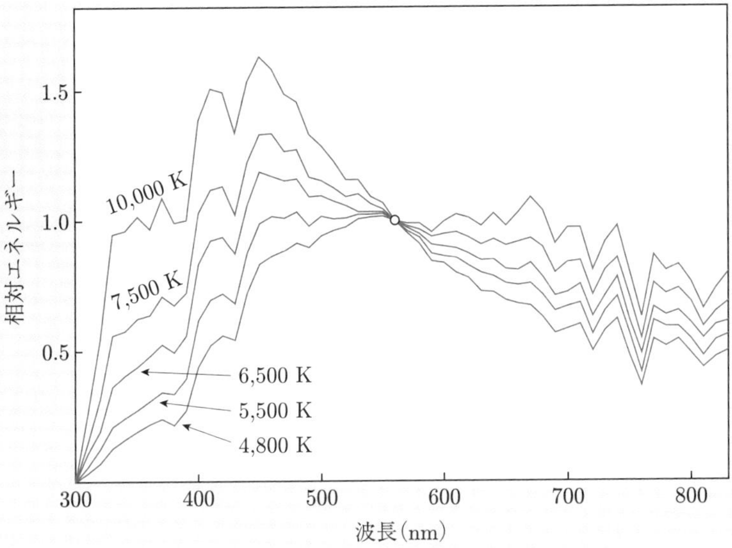

図 2.22 CIE 合成昼光の分光分布

2.4.5 sRGB 表色系

われわれがコンピュータを使って作業するときに見るディスプレイには，赤，緑，青の光を発する小さな三つの発光体が画面上に密に並べられており，それらが発する光が混合して見えることによって（**加法混色**），多くの色を表示することができる．現在のディスプレイは主に **sRGB** と呼ばれる規格に準拠しており（JIS X9204），R, G, B，それぞれの発光体が放射する光の色度が，R($x = 0.640, y = 0.33$), G($x = 0.300, y = 0.600$), B($x = 0.15, y = 0.06$) と定められ，それらを混合して作り出される白の色度（D65：$x = 0.3127, y = 0.3290$）も定められていることから，XYZ 刺激値で表された測光色と sRGB 値で表された測光色は，次の式で線形変換できる．

$$\begin{pmatrix} X \\ Y \\ Z \end{pmatrix} = \begin{pmatrix} 0.4124 & 0.3576 & 0.1805 \\ 0.2126 & 0.7152 & 0.0722 \\ 0.0193 & 0.1192 & 0.9505 \end{pmatrix} \begin{pmatrix} R_{\mathrm{sRGB}} \\ G_{\mathrm{sRGB}} \\ B_{\mathrm{sRGB}} \end{pmatrix} \tag{2.10}$$

上式では，それぞれの値が 1 に正規化されており，この値にディスプレイ白色点の輝度を乗算することで，正しい絶対値を持つ測光色が得られる．ただし，ここでいう sRGB 値は，**階調値**と呼ばれる 8 ビットに符合化された（255 段階で表現された）コード値ではなく，輝度に比例した値であり，**輝度リニア** sRGB 値とも呼ばれる．ディスプレイが出力する測光色である sRGB 値は，1 に正規化された RGB の 8 ビットコード値を x とすると，すなわち

$$x = \frac{\text{階調値}}{255}$$

とすると，

$$\begin{aligned} \text{sRGB 値} &= \frac{x}{12.92} \quad (\text{ただし } x \leq 0.04045 \text{ のとき}) \\ \text{sRGB 値} &= \left(\frac{x + 0.055}{1.055} \right)^{2.4} \quad (\text{ただし } x > 0.04045 \text{ のとき}) \end{aligned} \tag{2.11}$$

となる．累乗の値 2.4 は**ガンマ値**と呼ばれる．式 (2.11) は全体としてみると，ガンマ値を 2.2 としたものとほぼ一致しているため，ガンマ値を単純に 2.2 として計算することが多い．

カメラシステムでは，測定用の規格（BT709）とディスプレイの規格（sRGB）との間に若干の違いがあること，それぞれのカメラメーカが独自の絵作りを行っていることなどから，撮影したカメラや利用するディスプレイによって，測定される測光色とディスプレイで出力される測光色との関係は若干異なる．これはカメラシステムの目標が美しい絵を作ることにあり，正しい測光色を再現することではないことによる．特にテレビ用ディスプレイでは，美しさを求めて各社が独自の絵作りを行っており，後述するコントラストの操作も行っている点に注意が必要である．

sRGB ディスプレイで再現できる色の範囲は，この規格に採用されている**三原色**によって表現できる範囲であり，われわれが知覚できる色全部を表現できるわけではない（**図 2.23**）．今後，再現できる色範囲を広げるため R, G, B の色度を調整することも考えられるが，そのような場合であっても，R, G, B それぞれの色度と白色の色度から，式 (2.10) と同じような変換式を容易に定義できる．

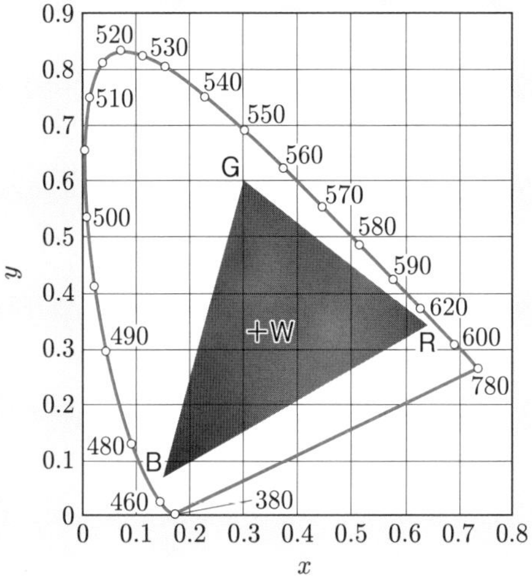

図 2.23　sRGB に準拠したディスプレイが再現できる色範囲

2.4.6　光源色の色名

光源色は測光色を使えば物理的に定義できるが，おおよその**光色**を指定するための色名が JIS Z 8110 に定められている．JIS では，**系統色名**を用いて，**修飾語+基本色名**，という形で表示することとしている．修飾語には，赤みの，黄みの，緑みの，オレンジ，うすい，鮮やかな，の 8 語があり，基本色名には，赤，黄赤，黄，黄緑，緑，青緑，青，青紫，紫，赤紫，ピンク，白の 12 色がある．12 色の基本色名は，物体色の 10 色の基本色名に，ピンクと白が加わったものとなっている．一方，**慣用色名**として，**電球色**，**温白色**，**昼白色**，**昼光色**などがある．通常は，このような光源色の色名に加えて相関色温度が示される．

光源色の色名を使った表現法は，とても漠然としており，これまでに紹介された測光色などを使った表現法と大きく異なる．この原因は，物理的に定義できる測光色と実環境での色知覚の関係を統一的に説明する方法がないためだが，後述するように，測光色画像を考えることがこれを解決する糸口となる．

2.5 物体の色

2.5.1 分光反射率

われわれの周囲にある多くの物体は，その物体固有の色に色づいて見える．その色知覚は，光源から与えられた光がその物体の表面で反射し，その反射光が目に入射することによって生じている．物理的にいえば，ある分光分布を持つ光源からの電磁放射が図 2.24 のような**分光反射率**を持つ物体表面に入射し，反射した分光分布を持つ電磁放射がわれわれの目に入射し，色知覚が生ずる．

$$\mathrm{In}(\lambda) = P(\lambda)R(\lambda) \tag{2.12}$$

ここで，λ：波長，$\mathrm{In}(\lambda)$：目に入射する反射光の分光分布，$P(\lambda)$：光源の分光分布，$R(\lambda)$：物体の分光反射率．

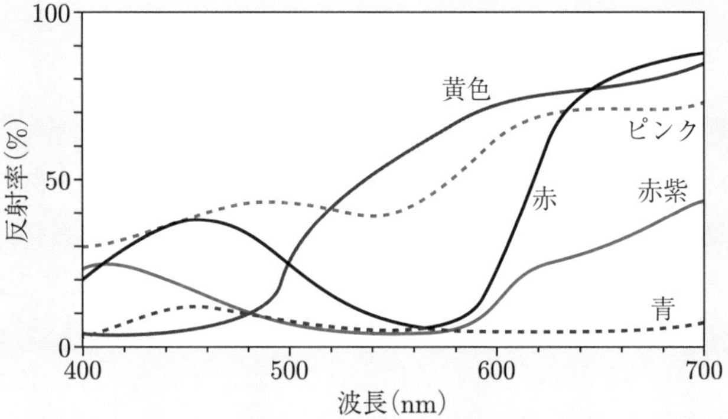

図 2.24　分光反射率の例

既に述べたように，われわれの目は分光分布を知覚できないから，われわれの目にとっての入力は，$\mathrm{In}(\lambda)$ をスペクトル三刺激値で評価した XYZ 刺激値，すなわち測光色となる．

物体表面の分光反射率は物体固有のものであるから，目に入射する光の測光色は，光源の分光分布に大きく依存する．しかしながら図 2.24 に示すように，現実環境の物体表面は光源が違っても同じような色に，すなわち，それぞれ赤，黄色，ピンク，赤紫，青に見え，この現象を**色の恒常性**という．色の恒常性は，測光色を単純に扱うだけでは色知覚が推定できないことを示している．

目に入射する光は，分光分布を持つ電磁波であり，目に入射するまでの光の挙動は分光分布に基づいて記述されなければならない．しかしながら，空間の測光色分布の推定など，それほどの精度を必要としない場合は，計算負荷を減らすため，光源の分光分布を，想定する光の**三原色**（通常はsRGB）で近似的に表現し，物体表面の分光反射率を，想定した三原色の反射率（R, G, Bの反射率など）で近似することが多い．ただ，実際の電磁放射の挙動は分光分布で記述する必要があり，あくまで近似的なものであることに注意が必要である．

2.5.2 色の恒常性

身のまわりにある色のついた物体は，昼の自然光の下でも，夜のLEDや蛍光灯などといった人工光の下でも，その物体表面の知覚色がほとんど変わらないように見え，このような現象を**色の恒常性**という．昼の自然光と夜の人工光では，光源の分光分布が大きく異なるから，その物体表面に反射して目に入射する測光色を測定すると，その値は大きく異なっている．すなわち，色の恒常性が成り立つとすると，知覚される色は，測光色ではなく，ある**反射特性**を持つ物体表面の特性として表現されることになる．このような色の恒常性という現象があることにより，光の色の表色系とは別に，物体色の表色系（**顕色系**）が整備されている．

2.5.3 マンセル表色系

色の恒常性を仮定すれば，知覚される色は，ある**反射特性**を持つ色票として表現することができるから，さまざまな反射特性を持つ色票を並べて，それらを知覚する色によって分類すれば，知覚する色を表現する表色系ができる．このような表色系の代表が**マンセル表色系**である．

マンセル表色系は，アメリカの画家A.H.マンセルが1905年に発表した表色系だが，現在使われているマンセル表色系は，アメリカ光学会によって科学的な裏付けと改良が施されたもので，厳密には**修正マンセル表色系**（1943年）と呼ばれる．マンセル表色系は，色と色の感覚的な違い（色差）が等しい（**等歩度性**が高い）ことに特徴があるといわれている．

マンセル表色系では，物体表面に知覚される色を，**マンセルヒュー**（**色相**H），**マンセルバリュー**（**明度**V），**マンセルクロマ**（**彩度**C）の三つの属性，すなわちH, V, Cの三つで表示する．三つの属性は円筒座標系を構成し，垂直軸がバリュー，偏角がヒュー，動径がクロマに対応する．この表色系で各色を位置づけると，**図 2.25**（**口絵 2-2**）に示すような**マンセル色立体**となる．色相は円周方向に，明度は中心軸上下方向に，彩度は中心軸からの放射方向に示される．

マンセルヒューはまず，R（赤），Y（黄），G（緑），B（青），P（紫）という五つに分かれ，それらの中間に YR（黄赤），GY（黄緑），BG（青緑），PB（青紫），RP（赤紫）が取られ，10 ヒューに分かれる．さらにそれぞれを 10 分割した 100 色相で全色相を表すが，一般には 40 色相がよく用いられる（**図 2.26**）．色相が図のように円環として表示できるのは，異なった分光感度を持つ 3 種類の錐体から色の知覚が生ずることと対応していると考えればよく，円周上に一巡するように色相を表したものを**色相環**という．

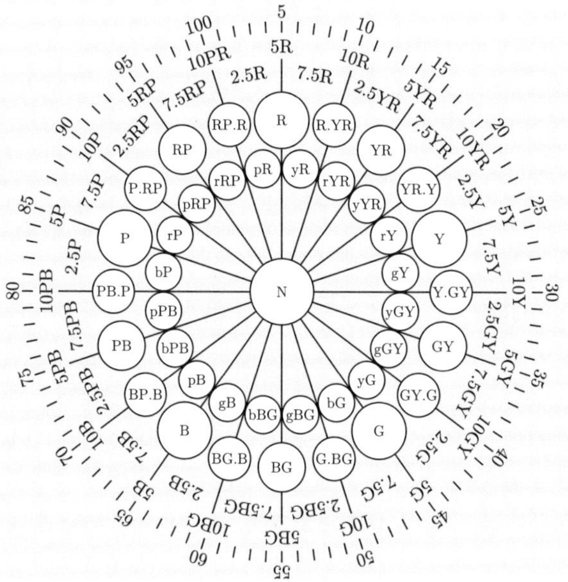

図 2.26　マンセル表色系でヒュー分割

マンセルバリューは明度，すなわち，色が白いか黒いかの程度を表すもので，理想的な白を 10，理想的な黒を 0 とし，その間を感覚的に等間隔に分割した数値で表す．

マンセルクロマは彩度を表し，中心軸から遠ざかるほど鮮やかになるように位置づけられ，あくまでも心理的に等間隔になるように尺度が構成されている．また中心軸には，**無彩色**と呼ばれる白，灰，黒の系列が位置づけられている．

マンセル表色系での色の表示の仕方は，**有彩色**については，ヒュー，バリュー，クロマの値を，この順番に 5R4/6 のように書き表し，「5 アール 4 の 6」と読む．また無彩色については，N5 のように無彩色を表す N という記号とバリューの値によって表示される．

図 2.25（口絵 2-2）のマンセル色立体は，色票で実現可能な色範囲を示しているが，その形は不規則で，高いクロマが実現できる位置がヒューとバリューによって異なっている．たとえば，Y のクロマが最大になるのは $V = 9$ のときであるのに対して，PB の最大クロマは $V = 4$ のときである．これは Y すなわち黄色の色票の分光反射率の曲線が，分光視感効率の曲線に近いため，黄色の色味が感じられる色票では必然的に**視感反射率**（分光反射率を視感効率で評価したもの）が高くなるからで，PB や B, R といったヒューではこれとは逆に，それぞれの色味が感じられる波長帯が視感効率の低い部分となるため，視感反射率は低くなる．

現行のマンセル表色系は，アメリカ光学会で検討された結果，測光色との対応づけが正確になされていて，それに基づき，JIS Z 8721 には，標準イルミナント D65 と C を用いて色票を照射した場合の視感反射率と色度の一覧表が添付されている．一方，マンセルバリューと視感反射率は図 2.27 のような関係にあり，マンセルバリューから視感反射率を簡易的に求める場合は次式を用いる．

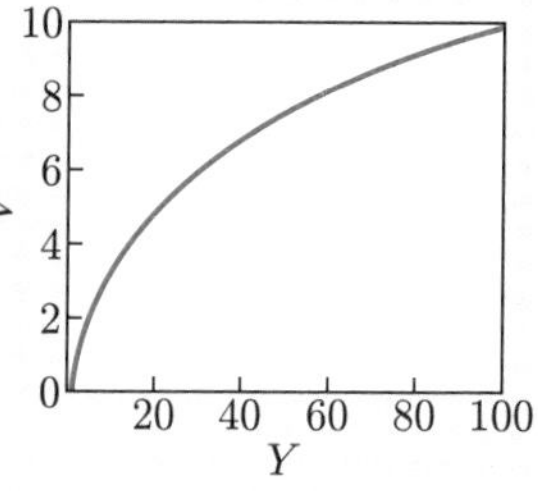

図 2.27　マンセルバリューと視感反射率の関係

$$Y \cong V(V-1) \tag{2.13}$$

ここで，Y：視感反射率 [%]，V：マンセルバリュー．厳密な変換式も定義されているが，通常上式で十分である．この式で V の累乗は 2 となり，sRGB 表色系で利用されているガンマ値 2.2 と近い点が興味深い．

マンセル表色系の色を標準イルミナント C で照射したときの測光色を xy 色度図にプロットすると図 2.28 のようになる（$V = 5$ の場合）．図 2.26 では円

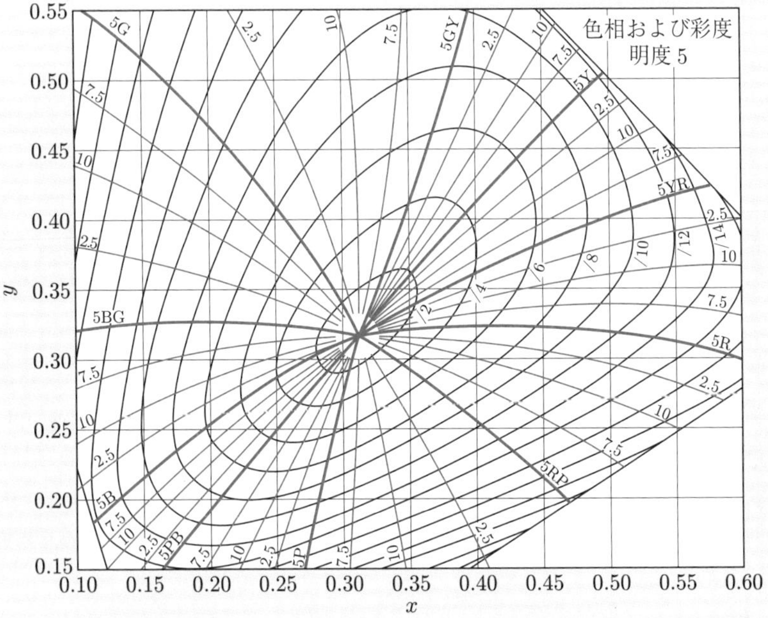

図 2.28　$V = 5$ におけるヒュー，クロマと色度の関係

で示されている色相環が，いびつな楕円として表示され，同じヒューを表す中心から伸びた放射状の線（等ヒュー線）が歪んでいること，クロマの間隔が場所によって異なることが分かる．

マンセル表色系は等歩度性に特徴があるのだが，齟齬も幾つか認められる．まずヒューについては，YR 付近の分割が粗すぎ，B 付近の分割が細かすぎるといわれる．クロマについては，その上限を比較すると違和感があり（たとえば R の $C = 16$ と B の $C = 8$ のクロマを比べると倍の違いは認められない），バリューについては $V = 8$ 以上が粗すぎるといわれている．

マンセル表色系は JIS でも採用されている表色系だが，その他にも DIN で採用されている**オストワルト表色系**や，色彩デザインでしばしば利用され，色の調子（トーン：にぶい，軽いなど）に特徴がある **PCCS 表色系**，北欧で利用されている **NCS 表色系**（Natural Color System）などがある．

2.5.4 均等色空間

ある物体の色は，マンセル表色系の色票の中から最も見え方の近い色票を選択することにより，マンセル表色系の色として表現できる（**視感測色**）．しかしこれではデータの信頼性が低く，物体表面の分光反射率や，XYZ 刺激値などの測光色から色が算出できることが望ましい．ところが，色度を算出しても図 2.28 で示されているように，簡単に物体色を推定できない．

このような要望に応えるために作り出された表色系が**均等色空間**で，その代表が CIE が定めた $\boldsymbol{L^*a^*b^*}$（エルスター・エースター・ビースター，あるいはエル・エー・ビー）**均等色空間**（1976 年）である．$L^*a^*b^*$ 均等色空間は **CIELAB**（シーラブ）と呼ばれることもある．

この表色系では，次のような式を用いて，光の色を物体の色に変換する．

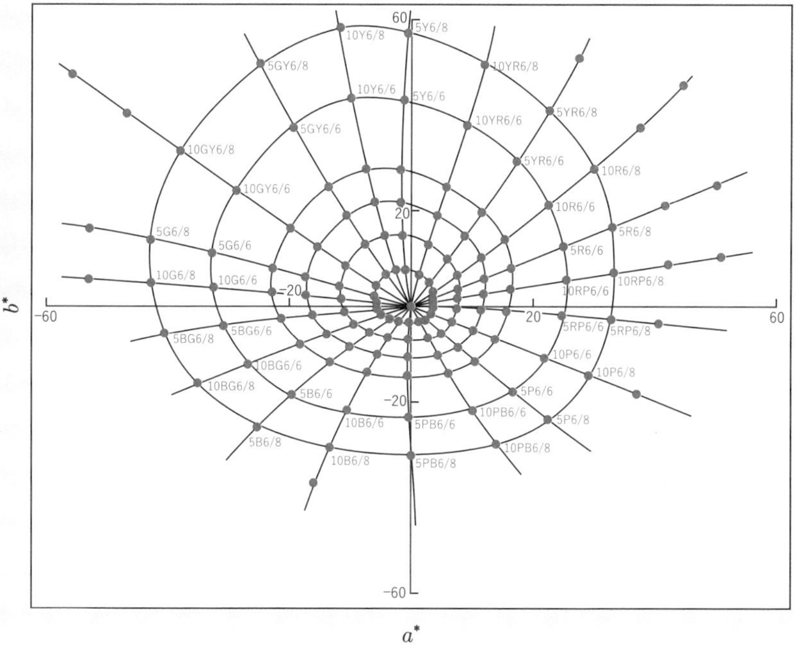

図 2.29 CIELAB におけるマンセル等クロマ，等ヒュー線（$V = 5$）

$$
\begin{aligned}
L^* &= 116\left(\frac{Y}{Y_n}\right)^{\frac{1}{3}} - 16 \\
a^* &= 500\left\{\left(\frac{X}{X_n}\right)^{\frac{1}{3}} - \left(\frac{Y}{Y_n}\right)^{\frac{1}{3}}\right\} \\
b^* &= 200\left\{\left(\frac{Y}{Y_n}\right)^{\frac{1}{3}} - \left(\frac{Z}{Z_n}\right)^{\frac{1}{3}}\right\}
\end{aligned}
\tag{2.14}
$$

（ただし，$\frac{X}{X_n}, \frac{Y}{Y_n}$ または $\frac{Z}{Z_n} = Q$ として，$Q \geq 0.008856$ のとき）

また二つの色の**色差**（$\mathit{\Delta} E_{ab}$）は下記で表現される．

$$
\mathit{\Delta} E_{ab} = \sqrt{(\mathit{\Delta} L^*)^2 + (\mathit{\Delta} a^*)^2 + (\mathit{\Delta} b^*)^2} \tag{2.15}
$$

ここで，X, Y, Z は物体の三刺激値で，X_n, Y_n, Z_n は同じ照明下における**完全拡散反射面**（反射率が100%でどちらから見ても同じ輝度となる反射面）の三刺激値である．すなわち，物体色が X, Y, Z の反射率を用いて推定される形になっていて，**色の恒常性**（**完全順応**ともいう）を仮定している．

均等色空間は，このように，反射率100%の完全拡散面，すなわち物体色でいう理想的な白を決めなければ利用できない．しばしば，均等色空間を用いて，PCディスプレイの表示色や透過物体の透過色を表現することもあるが，これらの表現で得られるのは，PCディスプレイの白色点（通常はD65の最高輝度）を白，100%の透過率をもつ透明体を白，とした場合の物体色であり，混色系で表現される測光色の色知覚を扱ったものではない点に注意が必要である．

反射率という物理量から知覚色という感覚量に変換する際には，$\frac{1}{3}$ 乗で表される非線形関係が導入されているが，これは後述する**スチーブンスの法則**に由来する．なおこの関係は，sRGB表色系ではガンマ値（同じように表現すると $\frac{1}{2.2}$ 乗）に対応する．どのような形で非線形性を表現すればよいかは，現在でも決着のついていない問題で，物理量の対数を取ることで知覚量を推定する**ウェーバー–フェヒナの法則**も，非常に多くの場面で利用されている．

$L^*a^*b^*$ 均等色空間で特筆すべきは，**反対色過程**に対応していることである．

色知覚の仕組みはこれまで多くの議論がなされ，大きく二つのモデルが提唱されてきた．一つは，**ヤング–ヘルムホルツの三原色説**（1801年）で，現在では網膜に存在する3種類の錐体が特定され，その正しさが証明されている．もう一つは，色の知覚を現実環境の観察によって正しくとらえようとする流れを受けたヘーリングの**反対色説**（1878 年）である．反対色説では赤，緑，黄，青，白，黒という六つの原色があるとし，二つのモデルの支持者の間でその正当性を巡って長い論争があった．論争の終止符を打ったのが，著名な物理学者であるシュレディンガーである．彼は，反対色説では，赤–緑，黄–青，白–黒という三つの対で色の知覚を表現するため，色の知覚が三変数で説明されるという点では三原色説と違いはなく，二つの説の間の原色の関係は，単純な線形変換を用いて記述できることを指摘した．

$L^*a^*b^*$ 均等色空間ではこの考え方に基づいて具体的な変換式を仮定している．下記の式を用いて，スペクトル三刺激値より $i(\lambda), \overline{d}(\lambda)$ を求め，その結果を図示すると**図 2.30** に示すような曲線が得られる．

$$i(\lambda) = 5(\overline{x}(\lambda) - \overline{y}(\lambda)), \quad \overline{d}(\lambda) = 2(\overline{y}(\lambda) - \overline{z}(\lambda)) \tag{2.16}$$

$i(\lambda), \overline{d}(\lambda)$ はそれぞれ，赤–緑（赤がプラス，緑がマイナス），黄–青（黄がプラス，青がマイナス）の**応答関数**に対応していて，式 (2.14) の a^*, b^* は，この反対色応答を取り入れた具体的な変換式（L^* の表記に合わせて 100 倍している）となっている．

反対色説を支持する生理学的事実も既に幾つか見出されており，現在の色覚説のほとんどは，錐体段階では三色説的な情報処理を行い，次の段階でそれらの情報を変換して反対色的処理を行っている（反対色過程）という，**色覚の段階説**の立場をとっている．

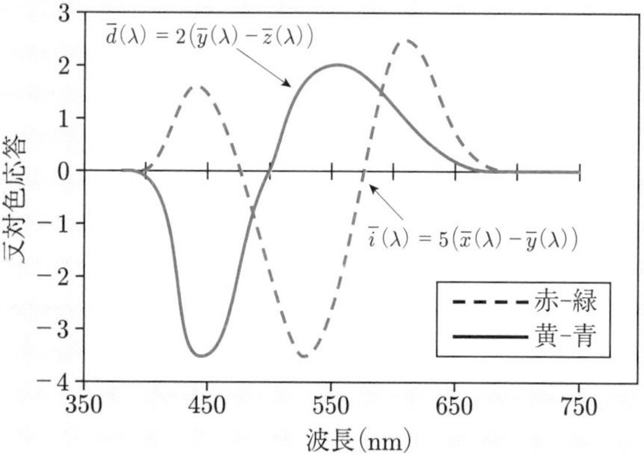

図 2.30 スペクトル刺激値より推定した反対色応答

2.5.5　物体色の色名

物体色を言葉を用いて表現する方法が**色名**で，色名の使い方は JIS Z 8102 で定められている．

白，黒，灰など，物体色の属性として明度だけを持つ色を**無彩色**といい，明度のほかに，色相と彩度を持つ色を**有彩色**という．

あらゆる色を系統的に分類して表現できるようにした色名を系統色名といい，

(1) **明度・彩度に関する修飾語**,

(2) **色相に関する修飾語**,

(3) **基本色名**の形式

で表示することになっている．有彩色の基本色名には，赤，黄赤，黄，黄緑，緑，青緑，青，青紫，紫，赤紫の 10 色があり，無彩色の基本色名は，白，灰色，黒の 3 色である．明度・彩度に関する修飾語は図 2.31 のような関係になっており，色相に関する修飾語と基本色名の関係は図 2.32 のようになっている．図 2.31 の○部分には図 2.32 の外円部の語，△ 部分には図 2.32 の内円部の語が入る．たとえば,「つよい緑みの青」というように表示する．一方，このような系統的に表現する色名ではなく，これまで慣例的に使われていた呼び名を整理し，系統色名やマンセル色との対応関係を定めたものを**慣用色名**といい，表 2.1 にその例を示す．

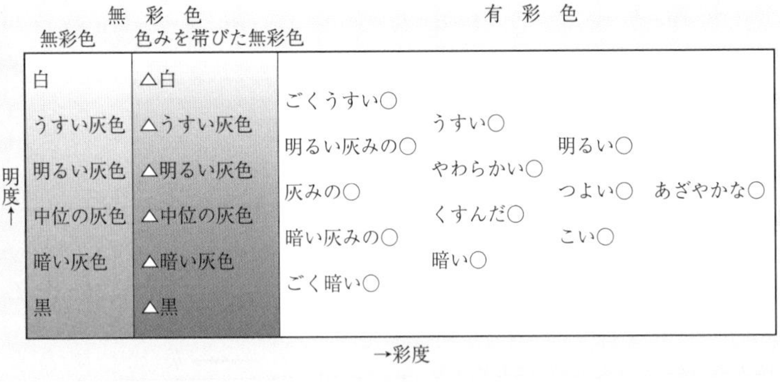

図 2.31　明度・彩度に関する修飾語の関係

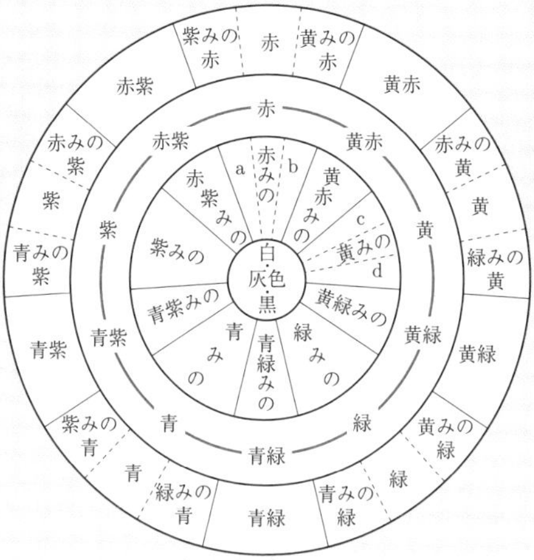

a：紫みを帯びた赤みの
b：黄みを帯びた赤みの
c：赤みを帯びた黄みの
d：緑みを帯びた黄みの

図 2.32 色相に関する修飾語と基本色名

表 2.1 慣用色名の例

慣用色名	系統色名	代表的なマンセル色記号
あかね色	こい赤	4R 3.5/11
茶色	暗い灰みの黄赤	5YR 3.5/4
象牙色	黄みのうすい灰色	2.5Y 8.5/1.5
ひわ色	つよい黄緑	1GY 7.5/8
青磁色	やわらかい青みの緑	7.5G 6.5/4
利休鼠	緑みの灰色	2.5G 5/1
鉄色	ごく暗い青緑	2.5BG 2.5/2.5
浅葱色	あざやかな緑みの青	2.5B 5/8
納戸色	つよい緑みの青	4B 4/6
古代紫	くすんだ紫	7.5P 4/6
なす紺	ごく暗い紫	7.5P 2.5/2.5
とき色	明るい紫みの赤	7.5RP 7.5/8

2.6　目に映る環境

われわれは，3 次元の現実世界でさまざまな物に囲まれて生活している．自分の身のまわりにどのようなものがあるか，何か危険なものが近づいてはいないかなどといった情報は，生活する上で必須の情報であり，われわれはそれらを目を用いて収集している．目を利用して得られるこれらの情報は，物体の位置や大きさを含んだ 3 次元の情報で，それは確実なものに思えるが，その基となっているデータは，3 次元の環境情報を 2 次元に投影した画像，すなわち左右の目の**網膜像**にすぎない．このような驚異的な情報処理プロセスの全容は明らかにされてはいないが，網膜上に結像された画像がなければ，すなわち目をつぶれば，3 次元の環境情報は完全に失われてしまう．

われわれの眼球はカメラと同じような構造をしていて，外部環境の様子を凸レンズを用いて図 2.33 のように網膜に**結像**する．このような結像は，図 2.34 のような**ピンホールカメラ**を用いて外部環境を写し取る投影であるといえ，このような投影を**透視投影**，あるいは**中心射影**という．そしてこのように射影された画像が，1 章で述べた**パースペクティブな画像**に対応するものとなる．

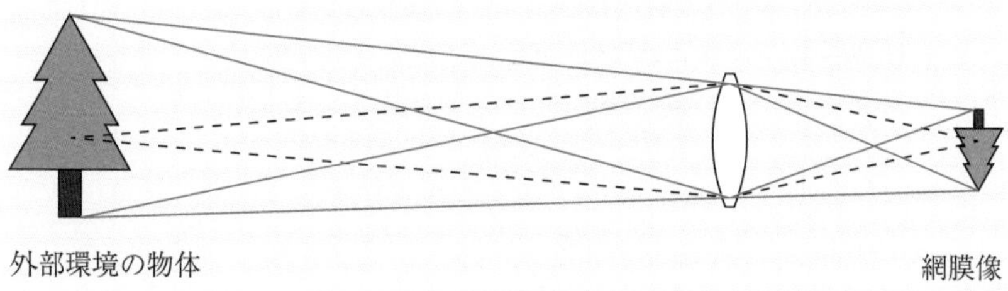

図 2.33　環境が結像する仕組み

ピンホールカメラの座標系では外部環境の像が逆転するため，通常は図 2.35 のように，視点（ピンホール）よりも物体側にスクリーン面（画像面）を設ける．このとき中心射影は，図に示すように，3 次元空間上の点 $\mathrm{p}(x, y, z)$ を，スクリーン（画像面）上の点 $\mathrm{P}(X, Y)$ に射影する変換といえ，視点と画面との距離を f とすると，

$$X = \frac{fx}{z}, \quad Y = \frac{fy}{z} \tag{2.17}$$

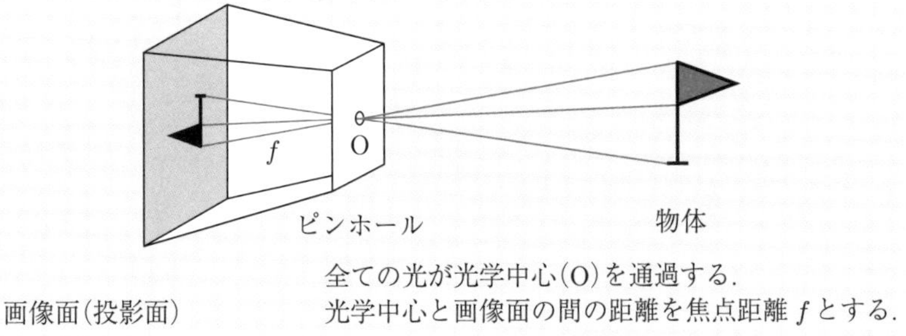

図 2.34　ピンホールカメラの仕組み

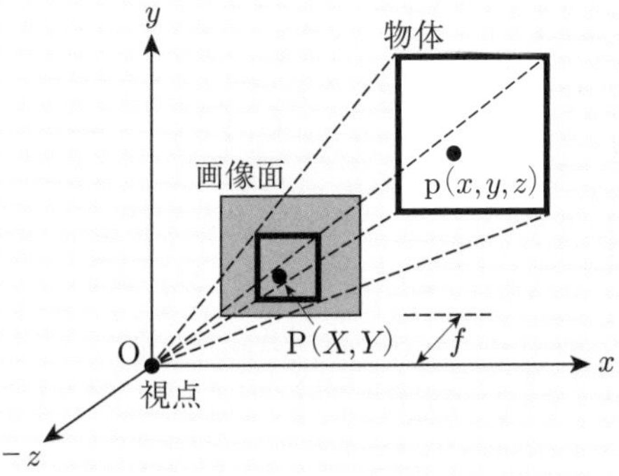

図 2.35　中心射影（透視投影）

と表される．この式を見れば分かるように，視点からの距離（z）が離れるほど，同じ大きさ（x 方向，y 方向の長さ）の物体は小さく見え（X, Y の値が小さくなる），X, Y の情報だけからでは，実際の距離や大きさの情報は得られない．

中心射影は，絵画や図学の分野では**透視図法**として扱われてきた．たとえば，上方から見たとき，視点，スクリーン（画像面），物体（直方体）が図 2.36 (a) のような関係にあるとき，スクリーンに平行な全ての平行線はスクリーン上の平行線に射影され，スクリーンに垂直に交わる直線は全て一つの**消失点**へと収束する放射状の直線に射影されるが，これを**一点透視図法**と呼んでいる．このとき，消失点に近いほど実空間の距離（z）が大きいことは明らかであるから，おそらく視覚系は，このような情報を利用して距離を推定し，実際の大きさ（x, y）を推定していると考えられる．後述する**大きさの恒常性**と呼ばれる知覚現象が

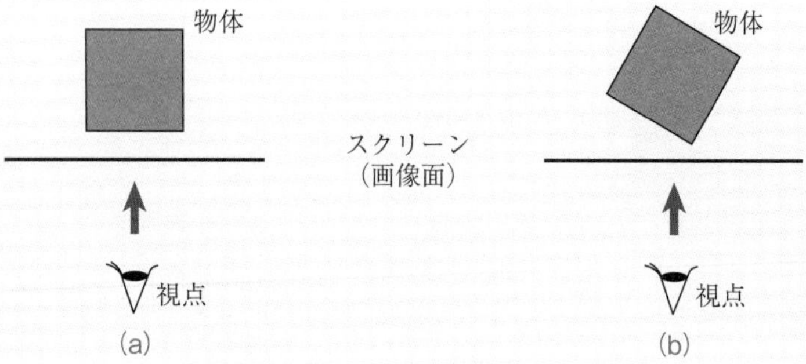

図 2.36　視点，画像面，物体の位置関係

生ずる一つの理由がこれであろう．

一方，視点，スクリーン（画像面），物体との位置関係が図 2.36 (b) のようなときは，二つの消失点が得られ（**二点透視図法**），さらに視点が上方，下方に移動すると，三つの消失点が得られる（**三点透視図法**）．

3 次元空間上の点 $\mathrm{p}(x, y, z)$ をスクリーン（画像面）上の点 $\mathrm{P}(X, Y)$ に射影する変換には，中心射影以外にも考えられ，図学などでしばしば使われるのは図 2.37 のような平行投影（**正射影**）である．一方，視環境を全体としてとらえる上では，魚眼レンズを用いて撮影した写真のように，180° の視野全体に見える環境が射影されると都合がよく，画面の中心点からの距離と角度が比例する**等距離射影**や，画像上の面積が立体角に比例する**等立体角射影**がしばしば利用される．180° の視野全体から見える環境の正射影画像が得られれば，5 章で解説するように，視野全体の輝度分布から視点の照度を算出でき，光の計算に有効に利用できる．

180° 視野の射影は，目の前に半球を想定し，その半球が，視点を中心とする円に射影されると定式化することができる．そのためこのような射影変換は，視線方向からのずれ角（θ）と，射影された円の中心点からの距離（r）の関係で表現され，想定された半球の半径を R とすると，それぞれの射影変換は正射影の場合

$$r = R \sin\theta \tag{2.18}$$

等立体角射影では

$$r = \sqrt{2}\,R\sin\frac{\theta}{2} \tag{2.19}$$

等距離射影では

$$r = R\frac{\theta}{90^\circ} \tag{2.20}$$

と表現され，等距離射影は**太陽位置**を測定する手段として用いられることもある．

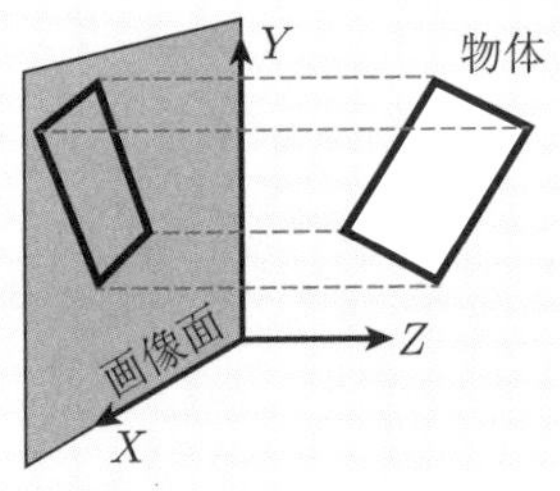

図 2.37　正射影（平行投影）

一方，固定された単一視点から，全方位 360° の環境の見え方を表現した画像も考えられる．これは**全方位画像**と呼ばれ，**VR**（バーチャルリアリティ）に利用される．全方位画像は，球面を平面に射影したものと考えられるから，さまざまな地図投影法で表現されることになり，最も分かりやすいものが**正距円筒図法**である．これは，**緯度・経度**をそれぞれ地図の縦・横にそのまま読み替えたもので，緯線・経線が直角かつ等間隔に交差するので方眼図法・正方形図法とも呼ばれる．標準緯線（仰角 0° の視線方向）上と，縦方向（仰角方向）に関して正距であるという特徴を持つが，標準緯線から離れるほど横方向の長さが拡大されるため，面積や角度は正しくない．標準緯線を赤道に置き，この図法で表現された世界地図は**図 2.38** のようになり，plate carrée と呼ばれる．

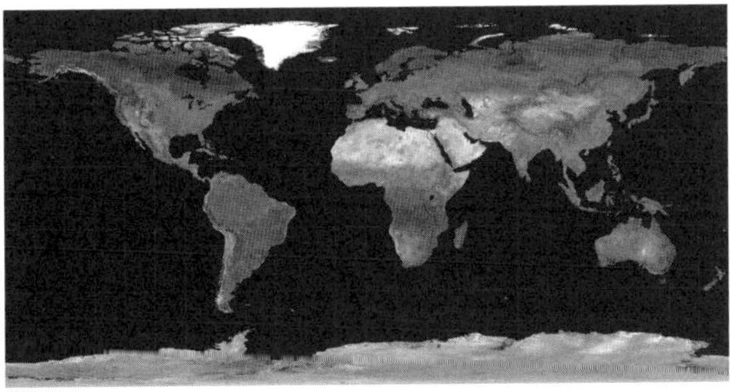

図 2.38*　正矩円筒図法で表示した世界地図

2.7　輝度画像と測光色画像

視環境設計では，われわれの目に実際の環境がどのように見えるか，すなわち，実際の環境がどのようなアピアランスとなるかを評価することになるため，実環境の**輝度分布**や**測光色分布**を推定したり，測定したりすることが求められる．具体的な設計，検討では，主に前節図 2.35 に示した実環境の**中心射影**によって得られた画像を利用し，明暗を検討する場合は各画素が輝度を持つ**輝度画像**を，色も検討する場合は各画素が測光色を持つ**測光色画像**を用いる．ここでは，これらの画像を扱うにあたって考慮しなければならない注意点を整理する．もちろん実際の設計では，これらの画像を利用しない簡易法もあるが，これらの画像をイメージすることは，少なくとも必要とされる．

2.7.1　分布とディジタル画像

(1)　ディジタル化

3 次元の実環境を射影して得られる輝度画像や測光色画像は，元々は，ある面に投影された輝度や測光色の分布，すなわち 2 次元のアナログ信号である．この 2 次元のアナログ信号に対し，一定の間隔でその強度を測定し（**標本化**，**サンプリング**という），測定された強度を離散的な値に近似する（**量子化**という）ことで，輝度画像や測光色画像という 2 次元**ディジタル画像**が得られる．

アナログ信号からディジタル信号を取り出す標本化（**サンプリング**）による影響を定式化した定理を**サンプリング定理**という．サンプリング定理は，原信号が含む変化の細かさ（周波数で表される）によって必要とされるサンプリング間隔が決まるという定理である．たとえば視角 1 度当たりに s 回の間隔でサンプリングすると，すなわち s [cycle/deg] の**空間周波数**（単位長さ当たりの周波数）でサンプリングすると，元々の信号が $\frac{s}{2}$ より高い周波数の信号を含まない場合に限り，サンプリングされた信号より原信号を完全に復元できるとする定理である．

サンプリング定理は情報伝達に関する定理ではあるが，これを輝度や測光色の画像に展開すると，細かい形状を持つ視対象を正しく捉えるには，視対象を構成する空間周波数の 2 倍の周波数の**画像解像度** [pixel/deg] が必要であると読み替えることができる．空間周波数は輝度や測光色の変化の細かさを表す画像解像度に対応するが，視環境評価という観点からは，視対象のサイズとの関係で捉えた方が理解しやすいので，画像の細かさを**ピクセルサイズ** [deg/pixel] で表すのが普通である．すなわち，視環境評価では，最低限，視対象の $\frac{1}{2}$ のピクセルサイズで測定しなければならない．しかし，これは視対象の存在が検出されることを保証するにすぎず，視対象の見え方を評価するためには，2.8 節で解説するように，視対象と背景の**コントラスト**（対比）を算出する必要があるから，実質的には，視対象の $\frac{1}{3}$ のピクセルサイズが必要となる．

画像を使って視環境評価を行う際には，想定する評価者の**視力**と想定される**視対象サイズ**によって，必要とする画像解像度が異なる点に注意が必要で，通常の視力を想定して，文字などの細かい情報の見え方を検討するには，ピクセルサイズが視角 1 分（$\frac{1}{60}$ 度）程度の高い解像度を持つ画像が必要となる．しかし，この解像度を持つ画像を視野全体について保持するのは負荷が大きすぎるため，空間全体のアピアランスを検討する際は，視角 0.1 度程度のピクセルサイズを持つ画像とすることが一般的である．

特段の注意が必要な点は，画像解像度が測定値そのものに影響を与えることである．ある解像度で画像測定すると，測定値は 1 ピクセル内で平均化された値として出力されるから，たとえば **LED** のようなとても小さな光源を含む輝度分布を低い解像度で測定すると，測定輝度そのものが低くなる．すなわち，推定される LED 光源のまぶしさ（**グレア**）が低くなる．実環境では，あらゆるサイズの検討対象が生じ得るから，本来は，解像度を明示することなしに，輝度や測光色の画像測定値の正しさを保証することはできない．

(2) ダイナミックレンジ

どのような測定装置であっても，処理できる最小信号と最大信号の範囲があり，これを**ダイナミックレンジ**（dynamic range）といい，処理できる最小信号に対する最大信号の比で表す．ある測定装置で測定した輝度や測光色の値は，その機器のダイナミックレンジを**量子化**した値となっており，たとえば量子化ビット数を 8 としたものは，256 段階（2^8）に量子化したデータとなっている．

現実環境で測定される輝度や測光色の絶対値のレンジは非常に広く，LED 光源の輝度は 10 万 cd/m^2 以上にもなるのに対し，暗い影の輝度は 0.01 cd/m^2 程度しかない場合もある．われわれの目がこのような広いダイナミックレンジに完全に対応できるわけではないが，視環境を正しく評価するためには，できるだけ広いダイナミックレンジに対応した画像（**HDR画像**という）であることが求められる．しかし，どのような測定機器であっても，一度に測定できるダイナミックレンジには限界があり，通常は測定可能なダイナミックレンジを複数段階に切り替え，それらの測定結果を合成して最終的な測定画像として出力する．このように，広いダイナミックレンジを持つ輝度や測光色の画像を得るのは手間ががかるため，しばしば狭いダイナミックレンジを持つ画像が測定画像として提示されることが多く，それが解析結果に影響する場合もしばしばある．そのため，分析しようとする画像が保証するダイナミックレンジを確認することが求められる．

通常は，結像面に設置されたCCDやCMOSと呼ばれる固体撮像素子の感度は一定で，**絞り**や**シャッタースピード**などを変化させることで**露光量**を調整しダイナミックレンジを変化させるが，**LED**などの光源は，人の目には感じられないものの，高速で点滅を繰り返していることが多く，シャッタースピードを速くしすぎると正しい測定値が得られない．

(3)　撮影レンズ

輝度や測光色の画像は2次元画像であり，視環境を2次元スキャンすることで測定することも可能ではあるが，通常は**レンズ**を用いて実環境を測定面に結像し，その結像画像からディジタル画像が生成される．したがって，レンズを用いることによる測定誤差が発生する．なお，シミュレーションを用いて輝度や測光色を推定する場合はこの問題は生じない．

レンズを用いた結像では，視対象が持つコントラストは減衰して測定され，特に細かい変化のコントラスト（高い空間周波数のコントラスト）はその**減衰率**が大きい．このコントラストが減衰して測定される特性を**MTF**（modulation transfer function）という．MTFは，理想的にはさまざまな空間周波数を持つ正弦波チャートをレンズで結像した場合の空間周波数毎のコントラストの減衰率をいうが，通常のカメラレンズを用いる場合，ある間隔を持つ白黒の縞模様（ある空間周波数を持つ矩形波）のコントラストの減衰率で表されることが普通で，結像面の中心に対して放射方向と同心円方向でどの程度コントラストが減衰しているかを示す場合が多い（図2.39）．

クリアな結像を得るためには，視対象との距離に合わせてレンズの焦点と結像面の位置関係を調整する必要があり，正しく調整されていなければ細かい変

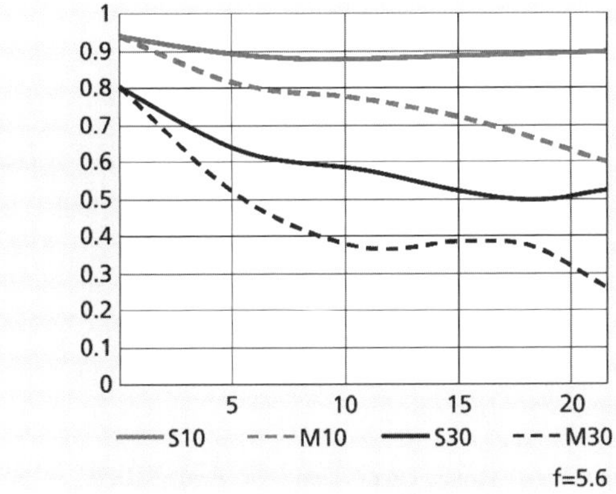

S10：放射方向 10 本/mm，S30：放射方向 30 本/mm
M10：同心円方向 10 本/mm，M30：同心円方向 30 本/mm
横軸は結像面中心からの距離

図 2.39* MTF の例
（株式会社ニコンイメージングジャパンのホームページより）

化が失われたボケた像として測定される．クリアな結像が得られる範囲は**被写体深度**と呼ばれ，一般には絞りを絞ることで広い被写体深度が得られる．また，同じ光束がレンズに入射しても，入射方向によって照度が異なり，結像面の中心が最も高く，周辺にいく程低くなるという傾向を持ち，これを**周辺減光**と呼ぶ．周辺減光は画角が広がるほど影響が大きく，絞りを絞るとある程度は軽減されるが，なくなるわけではない．

また，レンズ内や測定装置内で光が反射したり，絞りの部分で光が回折したりすることによる影響もあり，これらは**フレア**や**ゴースト**と呼ばれる（図 2.40）．これらを完全に除去することは難しく，極端に強い光が暗い環境の中に存在する場合は，正しい画像測定値は得られない．

図 2.40* レンズフレアとゴーストの例

レンズを用いることで上記のようなさまざまな誤差は発生するが，その簡易性からレンズはほぼ必ず利用される．上記のような誤差を含むことを認識しておき，さまざまな条件を相対比較する場合は，できれば同じ測定システムを用いた方がよい．

2.7.2　画像と視環境評価

視環境設計では，われわれの目に実際の環境がどのように見えるか，すなわち，実際の環境がどのような**アピアランス**となるかを評価して設計を進めるため，客観的な根拠を持った設計とするには，**輝度画像**や**測光色画像**を用いることになる．視環境評価の詳細は6章で解説するが，視環境は一般に，視認性，グレア，明るさ，そして雰囲気や空間の印象といった側面から評価される．このうち，**視認性**，**グレア**，**明るさ**（**知覚**）は，単純な条件，すなわち，評価しようとする視対象が均一輝度の背景に提示される条件では，視対象のサイズ，視対象の輝度，背景輝度から推定できることが分かっている．したがって，視環境を評価するに当たって，現実環境の複雑な輝度画像からこれらの条件を抽出することができれば，既往研究の成果がそのまま活用できる．次節では，輝度画像から画像演算を用いてコントラストを算出することで，等価な視対象のサイズ，視対象の輝度，背景輝度を算出する方法を解説する．

雰囲気や空間の印象は，嗜好なども含まれることから正しい答えがあるわけではないが，少なくとも，評価しようとする者が，自分の目で実環境の**測光色分布**を見れば評価できると考えられる．すなわち，理想的な測光色画像を評価者に提示すれば，雰囲気や空間の印象も評価できる．したがって，測光色画像を出力するPCディスプレイを利用すれば，これらの評価が近似的に可能となり，全視野に渡って測光色画像を提示できる**VR**システムを用いれば，さらにリアリティを持って雰囲気や印象が評価ができる．しかしながら，提示できる輝度の絶対値には上限があり，提示できる測光色の範囲（色再現の範囲）にも制限があるため，これらの装置で実環境と全く同じ測光色分布を提示することはできない．したがって，実環境の測光色画像のアピアランスをできるだけ保存した測光色画像を生成する方法が求められており，次節ではその画像変換法も解説する．この方法では，測光色画像から画像演算を用いてコントスラトを算出し，このコントラストを保存した画像変換を行うことで，アピアランスを保存する．この方法は，言い換えれば，1章で述べた，より**正確な写真**の生成法といえる．

一方，測光色分布を用いて視環境を評価できると考えることは，光の色と物体色とを別々に考える必要はなく，両者を統一的に扱えるという考え方を採用することにつながる．

実環境の中心射影によって得られた測光色画像は，**図 2.41** のように実環境と目の間に透明なスクリーンを想定し，そのスクリーン上の測光色分布をディジタル画像として測定したものである．図を見れば分かるように，透明スクリーンに射影されるものは，**物体色**であれ，**光源色**であれ，同じように透明スクリーンに射影された**測光色**となるから，両者を区別することはできない．

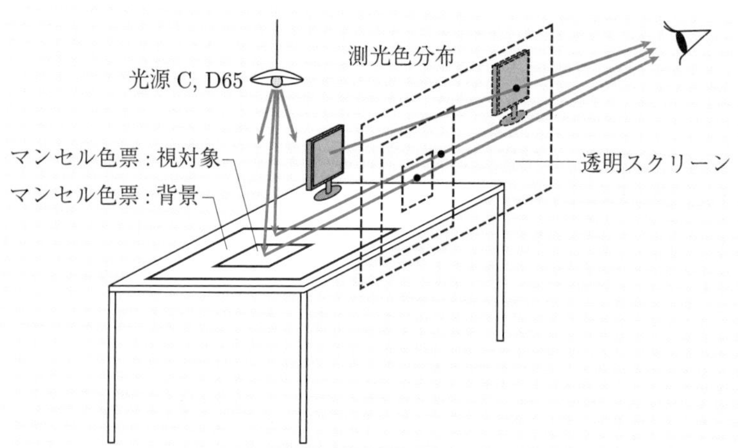

図 2.41　色の恒常性が成り立つ条件と PC ディスプレイと測光色分布の関係

図 2.41 では机上に，二つの異なった色を持つマンセル色票が設置されており，一つは背景，一つは視対象となっている．**色の恒常性**が成り立つとすると，照明が異なっても二つの色は常に同じ色に見える．ここで，照明用光源が，標準イルミナント C と標準イルミナント D65 に変化する場合を想定する．それぞれのイルミナントで照明されたときのマンセル色票から反射してくる測光色は，JIS Z 8721 に添付されている一覧表より算出でき，光源が C の場合と D65 の場合では異なった値となる．ここで，視対象と背景となるマンセル色の測光色をそれぞれ，視対象を $X_{\mathrm{t}}, Y_{\mathrm{t}}, Z_{\mathrm{t}}$，背景を $X_{\mathrm{b}}, Y_{\mathrm{b}}, Z_{\mathrm{b}}$ とすると，視対象と背景の**測光色コントラスト**はそれぞれ，$\frac{X_{\mathrm{t}}}{X_{\mathrm{b}}}, \frac{Y_{\mathrm{t}}}{Y_{\mathrm{b}}}, \frac{Z_{\mathrm{t}}}{Z_{\mathrm{b}}}$ となるが，この測光色コントラストが，光源が異なってもほぼ一定になることは明らかだろう．物体の色は，そもそも**反射率**によって決定されているからである．さらに，机や室内といった他の物体の色もマンセル色で表現できるから，同じように考えると，そ

れぞれの物体の間の測光色コントラストも一定となる．すなわち，色の恒常性は，測光色コントラストが一定であれば同じ色知覚を生ずると考えることと等しい．

この考え方を図2.41のPCディスプレイに適用するとすると，PCディスプレイに何かの画像が表示されている場合，その画像内の測光色コントラストは保存されているから，画像内の色知覚はほとんど変化しない．しかしながら，ディスプレイ全体の測光色と環境の測光色とのコントラストは光源が変わると変化し，その結果，ディスプレイ全体としての色の見え方は多少変化することになる．

このような解釈は，実環境の複雑な測光色画像でコントラストを客観的に算出できれば可能であり，次節で解説するアピアランスをできるだけ保存する画像変換法は，このコントラストを保存する方法である．なお，実際の色知覚は，後述するように，**測光色コントラスト**だけではなく，**測光色対数平均**によっても影響を受ける．通常の照明光源の間では，測光色対数平均の違いが小さいため，ほとんど同じような色知覚が生じていると解釈される．

このように，輝度画像や測光色画像を視環境評価に利用するには，複雑な画像からコントラストを客観的に算出することが重要である．

2.8　画像の解析

2.8.1　輝度コントラストの算出

(1)　空間フィルタリング

現実環境の輝度画像や測光色画像を視環境評価に用いるためには，複雑な画像からコントラストを算出することが必要となるが，ここではその算出方法を輝度画像を用いて解説する．

輝度画像は，さまざまな粗さのさまざまな強さの**輝度変化**が合成されたものであると考えることができる．ある大きさの視対象が輝度画像に含まれていると，その視対象サイズに対応した粗さの輝度変化が強くなり，その強さは，**フーリエ変換**を利用することで知ることができる．一方，算出したい輝度のコントラストは，視対象とその近傍の輝度比で表現できるから，算出したいのは，対数輝度画像のある特定の位置での輝度変化である．すなわち，輝度比を算出するには，対数輝度画像のある特定の位置で，視対象のサイズに対応したある特定の粗さの輝度変化を抽出することと解釈でき，このような操作を**空間フィルタリング**という．空間フィルタリングはさまざまな関数を使って定義することができるが，輝度比を算出するための**フィルタ関数**は，ある特定の粗さの輝度変化の強さだけを検出する性質（**周波数領域**で局在しているという）と，対象とする点の周囲の値だけで決まるという性質（**空間領域**で局在しているという）を持つ必要があり，この両者の条件を理想的に満たす関数は**ガウス関数**であることが知られている．そのため，その 2 次微分を用い，ある特定の粗さの輝度変化が増減せず検出されるように調整した関数が N-filter[1)]である．N-filter は，検出しようとする輝度変化の周波数を f_0 [cycle/deg]（波長を $\frac{1}{f_0}$ [deg] とした輝度変化の粗さに対応する），平面上の位置を x, y，横方向，縦方向の周波数成分を u, v とすると，周波数領域では

$$\widetilde{N}(u,v) = \frac{u^2+v^2}{f_0^2}\exp\left(1-\frac{u^2+v^2}{f_0^2}\right) \tag{2.21}$$

実領域では

$$N(x,y) = \pi^3 f_0^4 \left\{\frac{1}{\pi^2 f_0^2} - (x^2+y^2)\right\}\exp\{1-\pi^2 f_0^2(x^2+y^2)\} \tag{2.22}$$

と表される．

N-filter は，図 2.42 に示すように点対称な分布を持ち，中心部分が正，周辺部分が負となる関数で，中心領域を積分すると 1 に，周辺部分を積分すると -1 になるため，N-filter を用いて対数輝度画像をフィルタリングすれば，中心部分と周辺部分の輝度比が正しく算出される．

実際のフィルタリング計算は，ディジタル画像に対して，**たたみ込み**と呼ばれる計算を用いて行われる．その計算のため，N-filter を 9×9 の**ディジタルフィルタ**として表現したものが表 2.2 である．フィルタサイズを大きくすると近似度は上がるが，計算負荷が大きくなる．

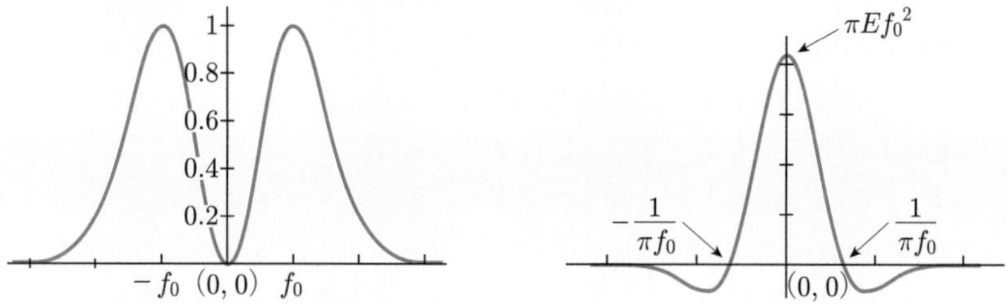

(a) 周波数領域　　(b) 実領域

図 2.42　N-filter

表 2.2　コントラストプロファイル法で使用される空間フィルタ（畳み込みマトリックス）

-9.03E-09	-6.9E-07	-1.4E-05	-8.14E-05	-0.000145	-8.14E-05	-1.4E-05	-6.9E-07	-9.03E-09
-6.9E-07	-4.77E-05	-0.000851	-0.004344	-0.007298	-0.004344	-0.000851	-4.77E-05	-6.9E-07
-1.4E-05	-0.000851	-0.012131	-0.044467	-0.060253	-0.044467	-0.012131	-0.000851	-1.4E-05
-8.14E-05	-0.004344	-0.044467	-0.037362	0.094129	-0.037362	-0.044467	-0.004344	-8.14E-05
-0.000145	-0.007298	-0.060253	0.094129	0.49049	0.094129	-0.060253	-0.007298	-0.000145
-8.14E-05	-0.004344	-0.044467	-0.037362	0.094129	-0.037362	-0.044467	-0.004344	-8.14E-05
-1.4E-05	-0.000851	-0.012131	-0.044467	-0.060253	-0.044467	-0.012131	-0.000851	-1.4E-05
-6.9E-07	-4.77E-05	-0.000851	-0.004344	-0.007298	-0.004344	-0.000851	-4.77E-05	-6.9E-07
-9.03E-09	-6.9E-07	-1.4E-05	-8.14E-05	-0.000145	-8.14E-05	-1.4E-05	-6.9E-07	-9.03E-09

ディジタルの対数輝度分布画像 $I(k,l)$ に，ディジタルの N-filter をたたみ込む計算は次のように表される．

$$I'(m,n) = \sum_{k}\sum_{l} I(k,l) \cdot N(m-k, n-l) \tag{2.23}$$

ただし，N-filter は点対称であるため，単純な重みづけ加算と同じである．

輝度コントラストは，**表 2.2** に示すディジタルフィルタを，ある解像度を持つ対数輝度画像に畳み込むことによって算出する．視対象はディジタルフィルタの正の領域に，背景は負の領域に対応し，対数輝度画像の 1 ピクセルのサイズが S_{p} [deg] のとき，視対象サイズは約 $3S_{\mathrm{p}}$ となる．この $3S_{\mathrm{p}}$ を検出サイズという．またこのとき，**検出サイズ**（S_{d} [deg]）と検出周波数（f_0 [cycle/deg]）の関係は，

$$f_0 \cong \frac{0.81}{S_{\mathrm{d}}}$$

となっている．

図 2.43（**口絵 2-3**）は，ピクセルサイズが 0.1 deg の対数輝度画像に対し，輝度コントラストを抽出した結果で，視対象サイズを 4 deg とした場合の輝度コントラストが得られている．図を**輝度コントラスト画像**と呼び，視対象が周辺より明るい場合はプラスの値を，暗い場合はマイナスの値を持つ画像となる．

(2)　コントラストプロファイル

コントラストを算出する場合，従来はまず視対象を決め，その後に平均などを用いて視対象輝度，背景輝度を求め，その比などを計算することで輝度コントラストとした．しかし複雑な分布を持つ現実環境の輝度画像では，視対象自体を決めることが容易ではない．その問題を解決する一つの方法が**コントラストプロファイル法**[2)] である．

コントラストプロファイル法では，コントラストは想定する視対象サイズ（すなわち検出サイズ）の関数として表現され，通常の意味でのコントラストはその最大値であるとする．具体的な手続きは，想定される視対象のサイズを含む複数の検出サイズを設定して**コントラスト画像**を生成し，それらの最大値（画像内および検出サイズ間の最大値，なおコントラストには正負があるから正確には絶対値の最大値）を求め，その最大値を**主要なコントラスト**（prime contrast）とし，これを**視対象の位置**，**視対象のサイズ**，**視対象と背景の輝度コントラスト**

とする．現実環境では，さまざまなものが視対象となり得るため，実際の使い方としては，さまざまな検出サイズでコントラスト画像を求め，それらを利用して視環境評価を行うことになるが，その評価はさまざまな側面から行われることになるため，詳細は次項で後述する．

検出サイズを変化させてコントラストを算出する手続きには，**多重解像度解析**を利用する．まず与えられた解像度を持つ対数輝度画像に対し輝度コントラスト画像を作成する．このとき，対数輝度画像の 1 ピクセルのサイズを S_{p} [deg] とすると，検出サイズ，すなわち想定する視対象サイズは $3S_{\mathrm{p}}$ である．次に，計算対象とする対数輝度画像の画像解像度を落とし，すなわち画像の 1 ピクセルのサイズを**リサンプリング**（通常は平均化）によって大きくしたのち，同じ畳み込み計算をすると，検出サイズを大きくした場合のコントラストが算出される．たとえば画像の 1 ピクセルのサイズを $2S_{\mathrm{p}}$ と大きくしてからコントラストを算出すると，検出サイズは $6S_{\mathrm{p}}$ となる．

想定される視対象の中央付近で，検出サイズを次々に変化させてコントラストを求めると，図 2.44 のようなコントラストの状態を表す関数が得られ，これを**コントラストプロファイル**という．図に示すコントラストプロファイルは，輝度 $100\,\mathrm{cd/m^2}$，サイズ 4° の円形視対象を，$10\,\mathrm{cd/m^2}$ の均一背景に提示した条件を実環境で作成し，それを画像測定装置を用いて測定した輝度画像から（常用）対数画像に変換したのち算出された．図より，矢印の位置でコントラストがピークの値を持つことが分かるが，これはこの検出サイズで視対象と背景が

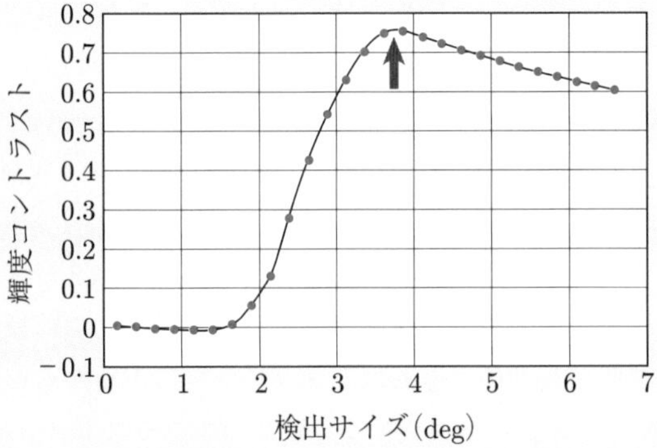

図 2.44 コントラストプロファイル

最もはっきりと分離できることを示しており，このときの検出サイズを視対象サイズ，このときのコントラストを視対象と背景の輝度比とする．このように，基本的に視対象サイズや輝度比は小さく検出されることになるが，その程度は，測定画像の**画像解像度**と測定システムの **MTF**（どの程度細かい変化を正しく測定できるかを示す関数）によって左右されることに注意が必要である．

2.8.2　輝度コントラストの評価

(1)　輝度コントラスト評価図（*CA* 図）

コントラストプロファイルを用いることで，視対象サイズと輝度コントラストを決めることができる．しかし視対象のさまざまな評価には，輝度の絶対値も大きな影響を及ぼす．この絶対値の効果を加味するため，**表 2.3** に示すような，コントラスト算出用ディジタルフィルタと同じサイズの平均化フィルタを考え，この二つのフィルタリングで得られた値をそれぞれ ***C* 値**（**輝度コントラスト値**），***A* 値**（**対数輝度平均値**）とすると，この二つの値を用いて，視対象のさまざまな評価を行うことができる．すなわち，**図 2.45** のような，縦軸に C 値を，横軸に A 値を取ったグラフに，算出された C 値，A 値をプロットすることにより，その視対象の評価ができる．この図を**輝度コントラスト評価図**，あるいは ***CA* 図**という．

図 2.45 の CA 図は，2.5 分のサイズを持つ円形視対象の**視認性**を評価した例[3]で，○が見えた条件，●が見えなかった条件を示す．一般に，背景輝度が

表 2.3　平均化フィルタ（平均マトリックス）

$1/9^2$	$1/9^2$	$1/9^2$	$1/9^2$	$1/9^2$	$1/9^2$	$1/9^2$	$1/9^2$	$1/9^2$
$1/9^2$	$1/9^2$	$1/9^2$	$1/9^2$	$1/9^2$	$1/9^2$	$1/9^2$	$1/9^2$	$1/9^2$
$1/9^2$	$1/9^2$	$1/9^2$	$1/9^2$	$1/9^2$	$1/9^2$	$1/9^2$	$1/9^2$	$1/9^2$
$1/9^2$	$1/9^2$	$1/9^2$	$1/9^2$	$1/9^2$	$1/9^2$	$1/9^2$	$1/9^2$	$1/9^2$
$1/9^2$	$1/9^2$	$1/9^2$	$1/9^2$	$1/9^2$	$1/9^2$	$1/9^2$	$1/9^2$	$1/9^2$
$1/9^2$	$1/9^2$	$1/9^2$	$1/9^2$	$1/9^2$	$1/9^2$	$1/9^2$	$1/9^2$	$1/9^2$
$1/9^2$	$1/9^2$	$1/9^2$	$1/9^2$	$1/9^2$	$1/9^2$	$1/9^2$	$1/9^2$	$1/9^2$
$1/9^2$	$1/9^2$	$1/9^2$	$1/9^2$	$1/9^2$	$1/9^2$	$1/9^2$	$1/9^2$	$1/9^2$
$1/9^2$	$1/9^2$	$1/9^2$	$1/9^2$	$1/9^2$	$1/9^2$	$1/9^2$	$1/9^2$	$1/9^2$

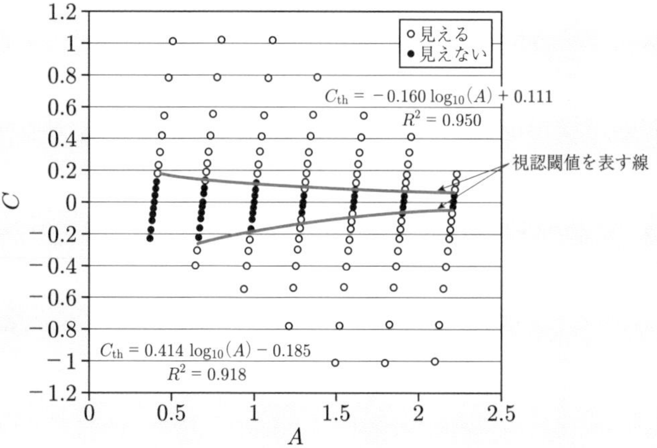

図 2.45　輝度コントラスト評価図（CA 図）を用いた視認性評価の例
（視対象サイズ：2.5 分）

高くなると輝度コントラストが小さくても見えるようになるが，その様子が A 値が高くなるにつれて，見えないとされる C 値が小さくなっている様子に表れている．また図より，同じ A 値であっても，**正対比**（視対象が明るい場合）では，**負対比**（視対象が暗い場合，逆対比ともいう）に比べて，C 値が小さくても見えることが分かる．

CA 図は，ある視対象に視線方向を向けたときの評価を表し，その効果は視対象サイズによって異なるから，CA 図は視対象サイズ毎に作成する必要がある．

(2)　等価の視対象サイズ，視対象輝度，背景輝度

視環境を評価するためのさまざまなモデル式は，単純な条件で作成されているから，それぞれの実験条件の輝度画像を想定することは容易で，モデル式の結果をコントラストプロファイル法で求められる C 値，A 値に変換することは難しくない．特に，視対象が円形であったり，ランドルト環のような視標であった場合は，非常に簡単に変換できる．

(a)　**円形視標の輝度条件より C 値，A 値を算出**　視対象が円形の場合，非常に高解像度の輝度画像を，平均によってリサンプリングし，9×9 のディジタルフィルタをかけるとすると，その大きさの関係は図 2.46 のようになり，それぞれの面積の関係から，

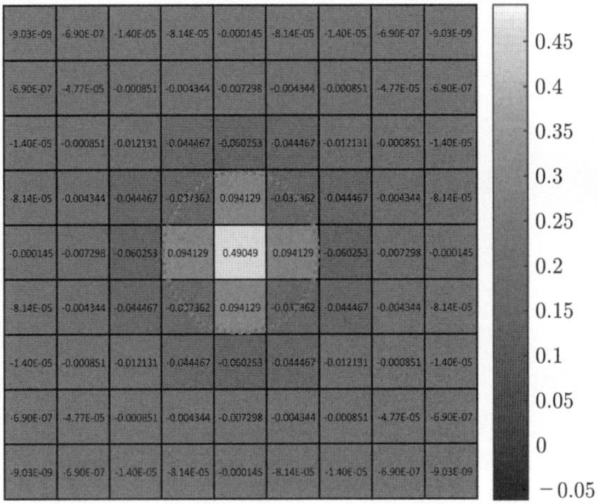

図 2.46　理想的な円形視対象とマトリックスの関係

$$
\begin{aligned}
C &\cong 0.775\log_{10} L_{\mathrm{t}} - 0.775\log_{10} L_{\mathrm{b}} \\
A &\cong 0.087\log_{10} L_{\mathrm{t}} + 0.913\log_{10} L_{\mathrm{b}}
\end{aligned}
\tag{2.24}
$$

L_{t} [cd/m^2]：円形視標（視対象）の輝度，L_{b} [cd/m^2]：背景の輝度，と算出できる．

(b)　**$\boldsymbol{C}$ 値，$\boldsymbol{A}$ 値より円形視標の輝度条件を算出**　逆に，コントラストプロファイル法により輝度画像から C 値，A 値が求められている場合は

$$
\log_{10} L_{\mathrm{t}} \cong A + 1.178C, \quad \log_{10} L_{\mathrm{b}} \cong A - 0.1126C \tag{2.25}
$$

と円形視標の輝度条件を算出できる．これは，C 値，A 値より推定された，**等価の視対象輝度**と**背景輝度**といえる．またこの C 値が得られた検出サイズを使えば，**等価の視対象サイズ**も得られる．

(c)　**ランドルト環視標の $\boldsymbol{C}$ 値，$\boldsymbol{A}$ 値を算出**　同じような考え方で，**ランドルト環視標**の隙間の部分の C 値，A 値を求めると，

$$
\begin{aligned}
C &\cong -0.328\log_{10} L_{\mathrm{t}} + 0.328\log_{10} L_{\mathrm{b}} \\
A &\cong 0.273\log_{10} L_{\mathrm{t}} + 0.727\log_{10} L_{\mathrm{b}}
\end{aligned}
\tag{2.26}
$$

L_{t} [cd/m^2]：ランドルト環視標自体の輝度，L_{b} [cd/m^2]：背景および隙間の輝度，のようになる．

このような相互変換を用いれば，少なくとも，円形視対象を均一背景条件で評価したものは，どのようなものでも CA 図で評価できることになる．たとえば，6 章で解説する**不快グレア**式は，グレア光源が一つの場合

$$\mathrm{UGR} = 8\log_{10}\left(\frac{0.25}{L_{\mathrm{b}}} L_{\mathrm{s}}^2 \frac{\omega}{P^2}\right) \tag{2.27}$$

L_{s} [cd/m^2]：グレア源輝度，L_{b} [cd/m^2]：背景輝度，ω [sr]：光源サイズ，P [-]：ポジションインデックス，で表されるが，ここで P を 1，すなわちグレア源を直視するとして，この式を C 値，A 値で表現すると

$$\mathrm{UGR} \cong 19.749C + 8A + 8\log_{10}\omega - 4.816 \tag{2.28}$$

という簡単な式になり，検出視対象サイズ（S [deg]）から立体角への変換を

$$\omega = 2\pi\left(1 - \cos\frac{S}{2}\right) \tag{2.29}$$

とすれば，CA 図だけで **UGR** の評価ができることになる．

(3)　視環境の評価画像

想定される視対象を含む輝度画像があれば，コントラストプロファイルを適用することで，等価な視対象サイズ，視対象輝度，背景輝度を算出でき，これら三要素を使って，想定される視対象の視認性，グレア，明るさ知覚を，既往の研究成果を利用して評価することができる．しかしながら，グレア一つを取り上げてみても，実環境ではさまざまなグレア源が階層的に存在する．たとえば，昨今利用されるようになった **LED 照明器具**では，4 章で解説するように，LED はそもそも小さいチップで，これを集積して光源，照明器具としている関係から，小さい LED そのものがグレアとして問題を発生させている場合もあるし，光源全体としてのグレアが問題となることもある．すなわち，実環境では，多くの場合，あらかじめ視対象を想定することが難しい．

そのため現実の視環境評価では，まず十分な解像度の輝度画像を実測あるいはシミュレーションで取得した上で，その輝度画像より，図 2.47 に示すように，あらかじめさまざまな検出サイズでコントラスト画像と対数平均画像を求めて

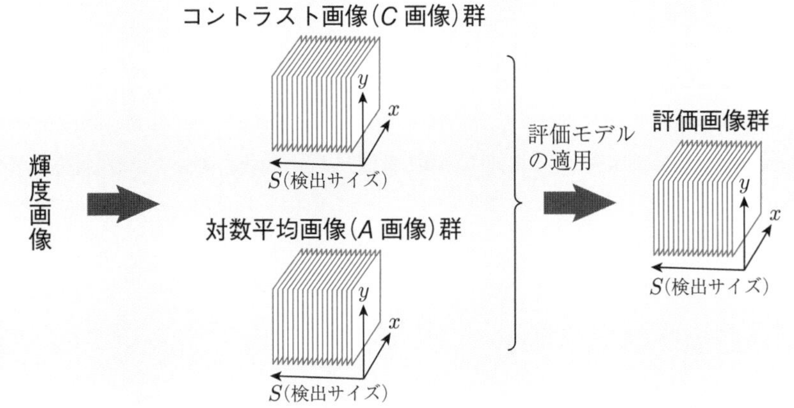

図 2.47 視環境評価画像の生成

おく．ある検出サイズの**コントラスト画像**と**対数平均画像**があれば，画像内の全ての点について C 値と A 値が得られる．よってその検出サイズの視対象を想定した場合の，視認性，グレア，明るさ知覚の評価式を，画像内の全ての点に適用することができる．このようにして作成した画像を**評価画像**という．このような評価画像を，さまざまな検出サイズで作成して**評価画像群**としておけば，たとえばグレアを検討する場合なら，評価画像群内の評価最大値を検索することで，最も問題となるグレア源の大きさとその位置を特定することができる．

2.8.3 測光色コントラスト

測光色は 2.4 節で解説した通り，Y を輝度とした，X, Y, Z の 3 次元空間のベクトルとして表現される（図 2.17 参照）．したがって，前項までに解説した輝度コントラストの検討は，測光色空間の Y 軸についてのコントラストを検討していることになり，全く同じ検討方法が，X 値，Z 値にも適用可能であることは明らかであろう．しかしながら，Y 値，すなわち輝度は，われわれの明るさ知覚に対応していて理解しやすいが，X 値，Z 値となるとその解釈が難しい．

色の恒常性は，2.7 節で解説したように，**測光色コントラスト**が保存されていれば同じような色に見えると表現できるから（図 2.41 参照），輝度だけではなく，X 値，Z 値のコントラストが重要であることは明らかである．そこで，知覚する色味に対応する物理量に変換するため，2.5.4 項で紹介した $L^*a^*b^*$ の考え方，すなわち**反対色過程**を想定した操作を適用する．

$L^*a^*b^*$ は，式 (2.14) のように表され，測光色から物体色を推定する方法である．X, Y, Z は物体，すなわち視対象の三刺激値で，X_n, Y_n, Z_n は同じ照明下における完全拡散反射面の三刺激値である．L^* は明度，a^* は**赤–緑成分**（赤が正，緑が負で表現される），b^* は**黄–青成分**（黄が正，青が負で表現される）を表す．したがって，物体色の色味，すなわち色相と彩度は，a^*-b^* 平面でのプロットで表現される．

ここで，式 (2.14) をコントラストという観点から改めて見直すと，背景を完全拡散面とした場合の，視対象と背景との**コントラスト**を扱った変換式とみなせる．すなわち，X, Y, Z それぞれについて背景と視対象の対比を求め，求められた対比を感覚量に変換するためにその $\frac{1}{3}$ 乗を取り，L^* の場合はそのままの値を利用し，a^* の場合は X 対比と Y 対比の差を，b^* の場合は Y 対比と Z 対比の差を取った値を利用している．

既に述べたように，物理量から感覚量に変換する方法には，べき乗を用いる方法と対数を取る方法があり，輝度コントラストを扱った前節で紹介した通り，画像処理を利用することを考えると，対数画像を求めてからさまざまな演算処理を行うのが好ましい．そこで，この感覚量への変換を対数を取ることによって表現するとし，完全拡散面を背景の色に一般化し，細かい係数は考慮しないことにすれば，次のように表すことができる．

$$
\begin{aligned}
L_C &= \log_{10} \frac{Y_{\mathrm{t}}}{Y_{\mathrm{b}}} \\
a_C &= \log_{10} \frac{X_{\mathrm{t}}}{X_{\mathrm{b}}} - \log_{10} \frac{Y_{\mathrm{t}}}{Y_{\mathrm{b}}} \\
b_C &= \log_{10} \frac{Y_{\mathrm{t}}}{Y_{\mathrm{b}}} - \log_{10} \frac{Z_{\mathrm{t}}}{Z_{\mathrm{b}}}
\end{aligned}
\tag{2.30}
$$

ただし，L_C：輝度コントラスト，a_C：赤–緑成分コントラスト，b_C：黄–青成分コントラスト．ここで，$X_{\mathrm{t}}, Y_{\mathrm{t}}, Z_{\mathrm{t}}$ は**視対象の三刺激値**，$X_{\mathrm{b}}, Y_{\mathrm{b}}, Z_{\mathrm{b}}$ は**背景の三刺激値**である．

背景と対象がともに物体色として定義されているとき，すなわち X, Y, Z の反射率として定義されているとき，標準的な光源であれば $\frac{X_{\mathrm{t}}}{X_{\mathrm{b}}}, \frac{Y_{\mathrm{t}}}{Y_{\mathrm{b}}}, \frac{Z_{\mathrm{t}}}{Z_{\mathrm{b}}}$ はほぼ一定であり，そのため a_C, b_C ともに光源が変化してもほぼ一定で，a_C, b_C が知覚色に対応するとみなすと，上式は色の恒常性を表していることが分かる．

図 2.48 は，N5 の無彩色の背景にさまざまなマンセル色票が提示された条件を想定し，a_C と b_C を求めた結果である．それぞれのマンセル色票の輝度，色度は，JIS に添付されている D65 照明下での一覧表データから求めた．図より分かるように，中心から放射状に，同じ色相で彩度の異なる色票が並び，マンセル色立体を水平に切断したときの色相環や彩度のプロットが表現されていることが分かる．

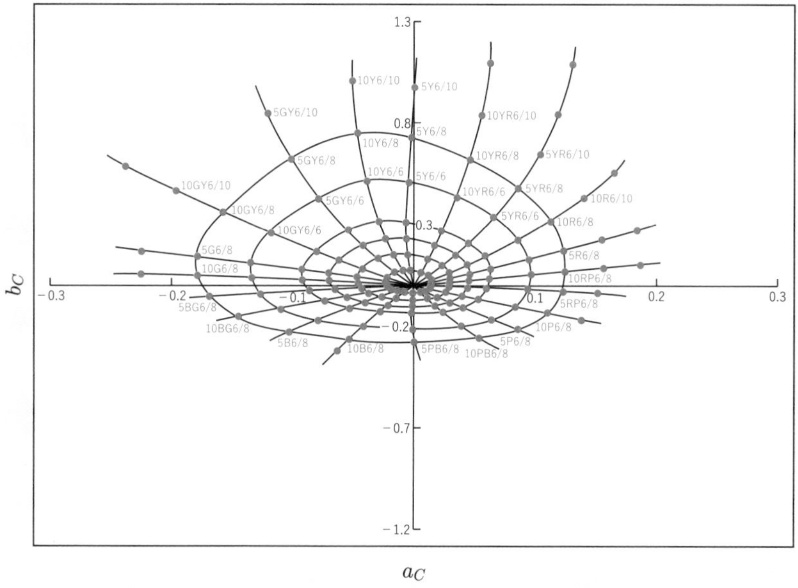

図 2.48　マンセル色票と測光色コントラストの関係
（マンセル色票プロット（$V = 6$，背景：N5））

一方，輝度コントラストの評価では，対数輝度画像に対し，N–フィルタと平均化フィルタという二つのフィルタリングを適用することで，輝度コントラスト値（C 値）と対数輝度平均（A 値）を算出し，輝度コントラストの評価を行った．測光色コントラストを評価する場合も同様と考えると，次を算出することが必要となる．

$$a_A = X_A - Y_A, \quad b_A = Y_A - Z_A \tag{2.31}$$

ただし，a_A：赤–緑成分対数平均，b_A：黄–青成分対数平均．ここで，X_A, Y_A, Z_A はそれぞれ，X, Y, Z の対数画像に対して平均化フィルタを適用した結果である．強い色味を持った照明用光源では完全な色の恒常性は成り立たず，全体として色づいて見えるが，a_A, b_A は，その効果を表すと考えられる．すなわち，測光色の効果は，輝度の CA 図（L_C-L_A 図）と，a の CA 図（a_C-a_A 図），b の CA 図（b_C-b_A 図）に基づいて検討しなければならず，これらを**測光色コントラスト評価図**という．

図 2.49（口絵 2-4）は，実環境で測定された測光色画像に対し，特定の視対象サイズ（視角 5°）を想定し，a_C 画像と b_C 画像を作成した結果で，図の上部に示されたカラー写真と比較しながら見ると，どの部分の色が検出されているかが分かる．たとえば赤–緑成分コントラストを示す a_C 画像では，赤コントラストは値が正に高くコンター画像で黄色に表示され，緑コントラストは値が負となりコンター画像で青く表示されるが，建物の上部にある赤い看板や正面に見える植栽が正しく検出されていることが分かる．また左の建物の上部にも，写真では暗くて見えづらいが赤い看板があり，a_C 画像ではそれが正しく検出されていることが分かる．このように，物体色か光源色かにかかわらず，測光色画像があれば，実環境での色味の分析が定量的に行える．

測光色コントラストという方法を利用すれば，複雑な測光色画像から，輝度の場合と同じように，等価の視対象測光色，背景測光色を算出することもできるから，単純条件での知覚色の研究が進めば，測光色コントラスト評価図を用いて知覚色に基づいた実環境の見え方評価を行うことが可能となる．今後の展開が待たれる．

2.8.4　ウェーブレット変換の利用

視環境は一般に，①視認性，②グレア，③明るさ，④雰囲気や空間の印象，という四つの側面から評価される．視認性，グレア，明るさ知覚の三つは，コントラストプロファイルを基にした評価画像を用いることで，定量的に評価できる．残るは雰囲気や空間の印象の評価だが，これを定量的に評価することは難しい．ただ，視環境を最終的に評価しようとする者，たとえば施主やデザイナーが，自分の目で実環境を見れば評価できるはずだから，実環境の見え方をできるだけ正しく保存した測光色画像を生成して，これを提示する環境を作ることができれば，これで全ての主要な側面から視環境が評価できることになる．

これを実現する一つの方法が，**ウェーブレット変換**の利用である．離散ウェーブレット変換を利用すれば，測光色コントラストをほぼ完全に保存した測光色画像を生成することができる．またさらに，設計という立場から求められる逆の手順，すなわち，まず評価の高い状況を想定し，次にそれを実現する環境を推定するという逆のプロセスを，ウェーブレット変換は近似的に可能とする．

ここでは，視環境評価に利用するという立場からウェーブレット変換を解説する．分かりやすさを優先するために厳密性を犠牲にしていることから，正確なウェーブレット変換の理解には，専門書を参照することを進める．

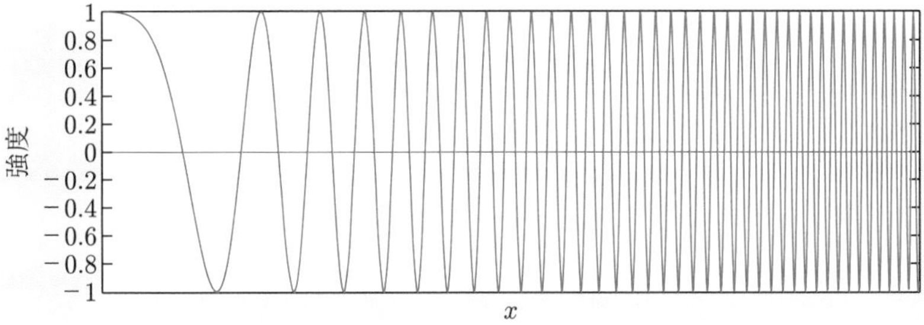

図 2.50　正弦波関数 $f(x)$

(1)　ウェーブレット変換とは

まず二つの関数 $f(x), \varphi(x)$ を考える．例として，$f(x)$ が図 2.50 に示すような周波数が x とともに変化している正弦波関数であるとし，$\varphi(x)$ が図 2.51 のような局所的な関数であるとする．$\varphi(x)$ は，次式のようなガウス関数の 2 次微分で，N-フィルタとほとんど同じバンドパスフィルタ関数である．

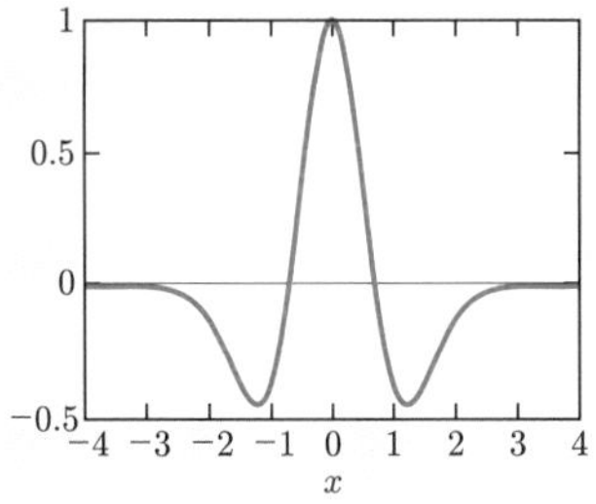

図 2.51　局所関数 $\varphi(x)$

$$\varphi(x) = (1 - 2x^2)e^{-x^2} \tag{2.32}$$

二つの関数 $f(x), \varphi(x)$ の似ている程度は，$\int_{-\infty}^{\infty} f(x)\varphi(x)\,dx$ で表されることが知られている．$\varphi(x)$ は図 2.51 のような局所的な関数であるから，

$\int_{-\infty}^{\infty} f(x)\varphi(x)\,dx$ の計算は，N-フィルタと同じように，中心と周辺のコントラストを算出するものであるとみなせる．さらに，$\varphi(x)$ を関数 $f(x)$ に沿って順次移動させてこの積分を行えば，$\varphi(x)$ を使ったフィルタリングとほとんど同じ結果になることは明らかだろう．この $\varphi(x)$ を，ウェーブレット変換では**マザーウェーブレット**と呼ぶ．ウェーブレット（wavelet）という言葉は小さい波やさざ波を意味し，$\varphi(x)$ のような局所的な小さい波を利用した変換が，ウェーブレット変換である．ウェーブレット変換では，関数 $f(x)$ に沿って $\varphi(x)$ を順次移動させる行為を**トランスレート**（平行移動，シフトともいう）といい，$\varphi(x)$ を $\varphi(x-b)$ として，b の値を変化させることで移動させる．

一方，フィルタリングを使った分析では，周波数を変化させることが重要で，コントラストプロファイル法では，N-フィルタの検出サイズを変化させることで検出周波数を変化させた．このような検出周波数の変化を，ウェーブレット変換では，マザーウェーブレット $\varphi(x)$ を $\varphi(\frac{x}{a})$ のように伸縮させることで実現し，この操作を**スケール**，a を**スケールパラメータ**という．**図 2.52** を見れば明らかなように，a の値に対応して $\varphi(x)$ の幅が a 倍になることから，$\frac{1}{a}$ が周波数に対応していることが分かる．すなわち，ウェーブレット変換では，$\int_{-\infty}^{\infty} f(x)\varphi(\frac{x-b}{a})\,dx$ を実行することによって，周波数を変化させたフィルタリングに近い計算を，変換として実現する．

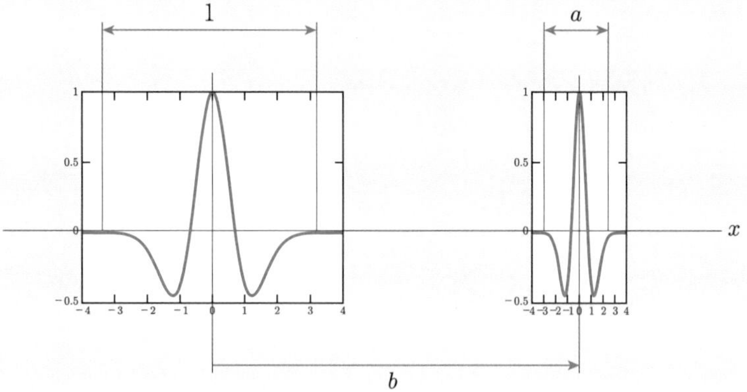

図 2.52　マザーウェーブレットのトランスレートとスケール

ウェーブレット変換はこのような事情を定式化したもので，マザーウェーブレット $\varphi(x)$ によるウェーブレット変換は，次のように定義される．

$$(W_\varphi f)(b,a)=\int_{-\infty}^{\infty}\frac{1}{\sqrt{|a|}}\overline{\varphi\left(\frac{x-b}{a}\right)}f(x)\,dx \tag{2.33}$$

$\varphi(x)$ が実関数であれば複素共役との区別はいらないので，$\frac{1}{\sqrt{|a|}}$ を除いては積分 $\int_{-\infty}^{\infty} f(x)\varphi(\frac{x-b}{a})\,dx$ と同じものである．ウェーブレット変換 $W_\varphi f(b,a)$ の値を，b を横軸，$\frac{1}{a}$ を縦軸とした図（信号平面という）にプロットすることで，どのような周波数の変化がどの位置で生じているかを把握することができる．

ウェーブレット変換を利用する一番大きな利点は，ウェーブレット変換から元の関数 $f(x)$ を復元できることである．つまり逆ウェーブレット変換が存在し，それは次式で与えられる．

$$f(x)=\frac{1}{C_\varphi}\iint_{R^2}(W_\varphi f)(b,a)\frac{1}{\sqrt{|a|}}\varphi\left(\frac{x-b}{a}\right)\frac{dadb}{a^2} \tag{2.34}$$

この式が定義できるためには，次のアドミッシブル条件が満たされなければならない．

$$C_\varphi=\int_{-\infty}^{\infty}\frac{|\widehat{\varphi}(\omega)|}{|\omega|}\,dx<\infty \tag{2.35}$$

$\widehat{\varphi}$ は φ のフーリエ変換である．

通常は，このアドミッシブル条件の代わりに次の条件式が使われる．

$$\int_{-\infty}^{\infty}\varphi(x)\,dx=0 \tag{2.36}$$

ウェーブレット変換は 2 次元に拡張することができる．画像に対し **2 次元ウェーブレット変換**を行うと，x 方向のトランスレート（b_x），y 方向のトランスレート（b_y），x 方向のスケール（a_x），y 方向のスケール（a_y）という四つの次元を持つ関数が得られるが，$a_x=a_y$ という条件を導入すると次元を一つ落とすことができる．マザーウェーブレット $\varphi(x)$ をガウス関数の 2 次微分とし，輝度画像に 2 次元ウェーブレット変換を行い，その結果を，a_x（$=a_y$）を固定して b_x-b_y 平面に強度としてプロットすると，コントラストプロファイル法で得られるコントラスト画像と同じような意味を持つ画像を生成することができる．

(2)　離散ウェーブレット変換と多重解像度解析

ウェーブレット変換は，通常，トランスレートを b，スケールを a とすると，

$$\left(b, \frac{1}{a}\right) = (2^{-j}k, 2^{j}) \tag{2.37}$$

とおいて**離散化**される．ウェーブレット変換を $dk(j)$ と書くことにすれば，式 (2.33) は

$$\begin{aligned}(W_\varphi f)(b, a) &= (W_\varphi f)(2^{-j}k, 2^{-j}) = d_k^{(j)} \\ &= 2^j \int_{-\infty}^{\infty} \overline{\varphi(2^j x - k)} f(x)\, dx\end{aligned} \tag{2.38}$$

となり，逆変換は

$$f(x) \approx \sum_j \sum_k d_k^{(j)} \varphi(2^j x - k) \tag{2.39}$$

と表現される．ただし，逆変換が可能であることは無条件には保証されず，適切なマザーウェーブレット（基底関数を作ることができるウェーブレット）を選択することが必要となる．

離散ウェーブレット逆変換の右辺に現れる2重和の一方を

$$g_j(x) = \sum_k d_k^{(j)} \varphi(2^j x - k) \tag{2.40}$$

と書き，

$$f_j(x) = g_{j-1}(x) + g_{j-2}(x) + \cdots \tag{2.41}$$

と書くことにすると，

$$f_j(x) = g_{j-1}(x) + f_{j-1}(x) \tag{2.42}$$

という再帰的な形で表現できる．ここで整数 j は**レベル**と呼ばれる．

式 (2.42) は，$f_j(x)$ が g_{j-1} と f_{j-1} に**分解**できると解釈できるから，関数 $f(x)$ を何らかの方法で $f_0(x)$ とみなすことができれば，関数 $f(x)$ は，レベルを一つずつ下げながら，次々と分解できることになる．

このような分解を実現する方法が**多重解像度解析**である．多重解像度解析では，入力関数 $f(x)$ を，解像度を半分に落としながら分解していくが，この分解アルゴリズムは，二つの**ディジタルフィルタ**を通した後**ダウンサンプリング**する（解像度を落とす）過程とみなすことができる．すなわち多重解像度解析では，**図 2.53** に示すように，入力関数を，**ローパスフィルタ**（LPF）をかけた後にダウンサンプリング（$\downarrow 2$）した関数（近似係数，L 成分，f_{j-1} に対応）と，**ハイパスフィルタ**（HPF）をかけた後にダウンサンプリングした関数（細部係数，H 成分，g_{j-1} に対応）に分解する．**図 2.53** は，このような分解を近似係数（L 成分）に対して次々と進めていく様子を表している．図で示す過程は，入力関数から高周波成分を次々と抜き取っていくという過程とみなせることは明らかだろう．

一方この手続きを**図 2.54** のように逆にたどり，分解されたそれぞれの成分を**アップサンプリング**（$\uparrow 2$）した上でローパスフィルタ，もしくはハイパスフィルタをかけて合成するという手続きを踏んでいくこともでき，このような手続きを踏んで最終的に生成される出力は，分解される前の入力関数と一致する．

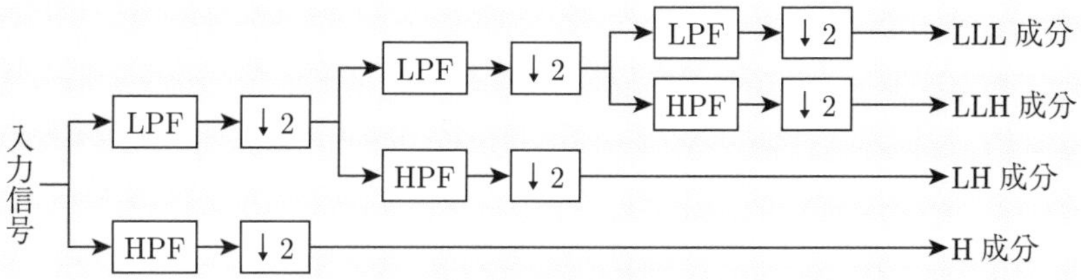

図 2.53　多重解像度解析での分解

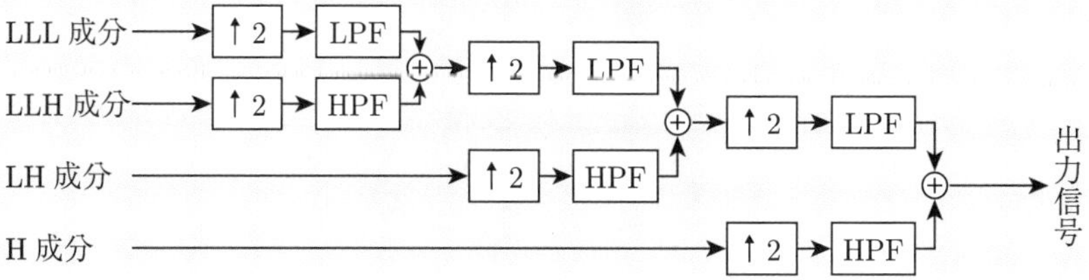

図 2.54　多重解像度解析での合成

このように，多重解像度解析を使えば，入力情報を変化させることなく，自由なレベルで分解と合成が行え，それらをさまざまな形で利用することができる．

(3) 視環境評価への利用

視環境評価では測光色画像（輝度画像を含む）を扱う必要があるため，基本的には2次元に拡張した多重解像度解析を利用することになる．解析には，N-フィルタにできるだけ近く，かつ基底関数となるマザーウェーブレットが必要であるが，完全な対称性を持つ直交ウェーブレットは作れないことが知られており，できるだけ対称性の高い直交ウェーブレットとしてドブシー（Daubechies）によって開発された**Symlet6**（図2.55）を使うことが多い．

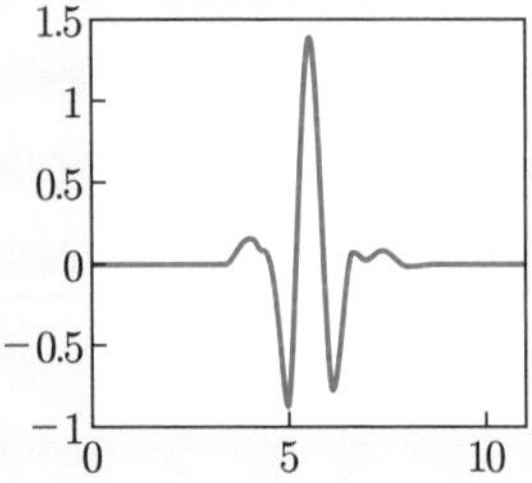

図2.55　マザーウェーブレット Symlet6

Symlet6を使って，図2.56に示す均一背景の中央に四角形指標が置かれた対数輝度画像を分解すると，図2.57に示すような四つの画像，すなわち**近似画像**（A），水平成分の**細部画像**（H），垂直成分の細部画像（V），斜め成分の細部画像（D）が得られる．三つの細部画像は，分解で抽出できる最も高周波の成分，すなわち最も細かい輝度変化を抽出したものであり，これら三つを合成すれば，抽出できる最も細かい**輝度コントラスト画像**が得られる．近似画像は，オリジナルの対数輝度画像から，これらの輝度変化が抜き取られた後の画

図2.56　単純な対数輝度画像

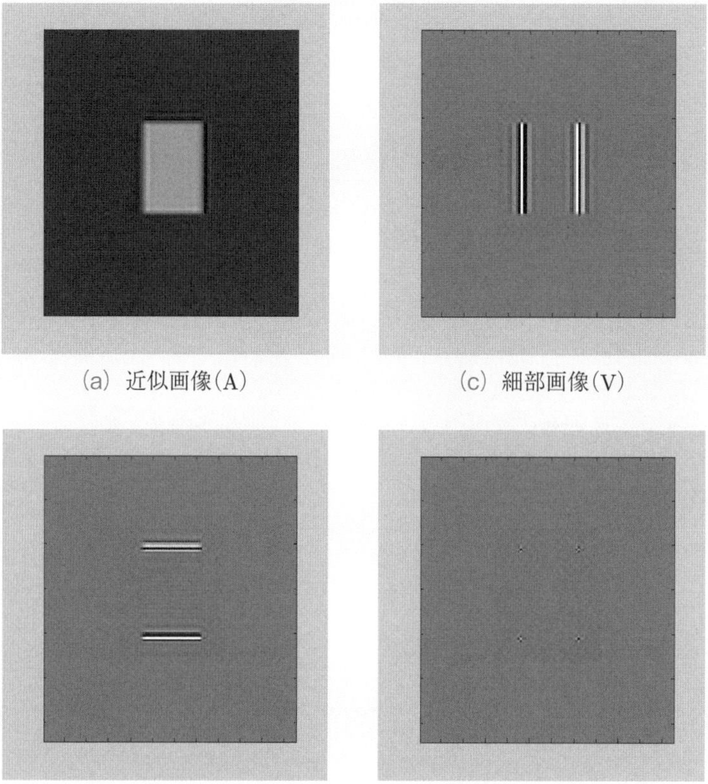

(a) 近似画像(A)　(c) 細部画像(V)

(b) 細部画像(H)　(d) 細部画像(D)

図 2.57　分解で得られる画像

像である．すなわち，対数輝度画像は図 2.58 のように，**近似画像**と**コントラスト画像**に**分解**されることになる．この近似画像をさらに分解していくと，分解レベルに対応した粗さのコントラスト画像が次々に抜き取られ，最終的に 1 ピクセル近くまで分解すると，ほとんどの輝度変化が抜き取られた，画像全体の対数平均に近い近似画像だけが残る．

これらの分解でどのような輝度コントラストが抽出されたかを確認するためには，分解された画像だけをアップサンプリングすればよい．図 2.59 の左に示すのが Symlet6 を使った分解によって得られたコントラスト画像で，右に示す

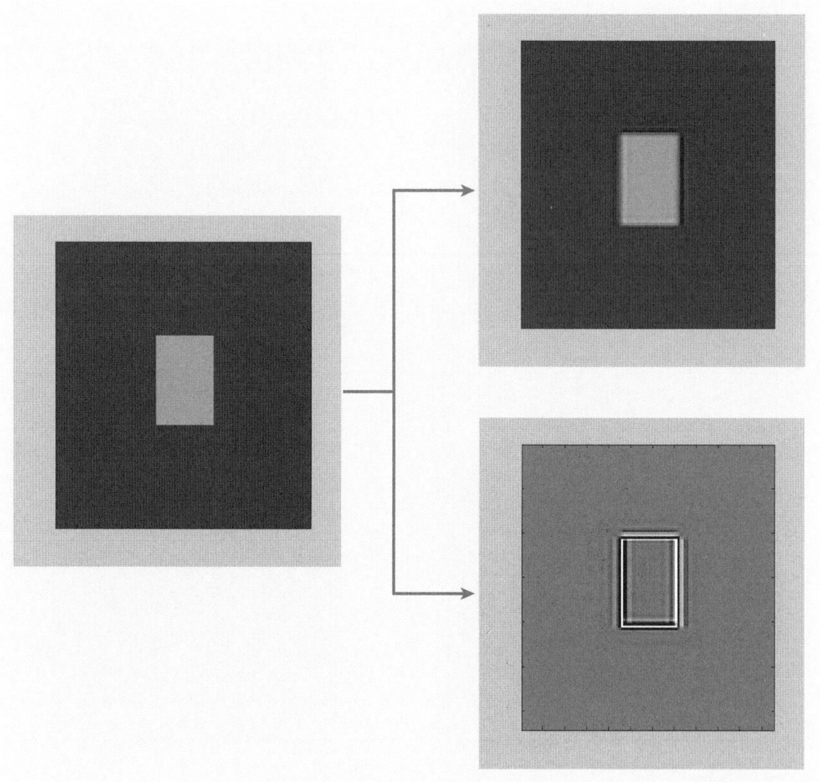

図 2.58　対数輝度画像の分解

のが N-フィルタを使ったコントラスト画像である．コントラスト画像としてみると，分解で得られたものは歪みが大きいことが分かる．

このように，離散ウェーブレット変換を使った分解で得られたコントラスト画像には歪みが見られるが，このコントラスト画像の最も重要な特徴は，同じようにして得られた近似画像と合成することで，完全なオリジナルの画像が復元できることである．すなわち，図 2.53 のように分解を進めて多くのコントラスト画像を生成し，それらのコントラスト画像を合成した**統合コントラスト画像**を作成すれば，この画像にはほとんど全ての粗さの輝度コントラストが保存されていることになる．図 2.60（口絵 2-4）に，実際に測定された対数輝度画像にこの処理を行って**統合コントラスト画像**と**近似画像**に**分解**した例を示す

(a) Symlet6 によるコントラスト画像　(b) N-フィルタよるコントラスト画像

図 2.59　解析法によるコントラスト画像の違い

が，空間の見え方はほぼ全て統合コントラスト画像に保存されており，この二つの画像を合成すると実測されたオリジナルの対数輝度画像が復元される．

既に述べたように，VR システムなどを使って，正しく測定された測光色画像を全視野に渡って評価者に提示できれば，ほぼ正しく雰囲気や印象の評価ができるはずである．問題は，現実の装置で提示できる測光色の絶対値に上限があることだが，これは人の眼の順応を利用することで解決できる．6 章で解説するように，視野全体の光の絶対値が大きく違っても，人の眼がその視野に順応してしまえば，その違いをほとんど知覚することができない．これは，図 2.60（口絵 2-5）に示す近似画像が多少変動しても，見え方に大きな影響を及ぼさないと解釈できる．したがって，実環境の見え方がほぼ完全に保存された統合コントラスト画像をそのまま利用し，近似画像に係数を掛けることによって実現可能な絶対値を調整すれば，実環境とほとんど同じ見え方が保存された画像を生成することができる．このような操作で作成された画像を**リアルアピアランス画像**という（図 2.61）[4]．リアルアピアランス画像は，近似画像にかける係数を調整することで，想定される提示システムで実現可能な測光色の範囲に収めた画像だが，提示システムが現実環境と同じ測光色絶対値を表示できる場合は，この係数が 1 となる．リアルアピアランス画像は，1 章で述べた，より**正確な写真**の生成法の一つであるといえよう．

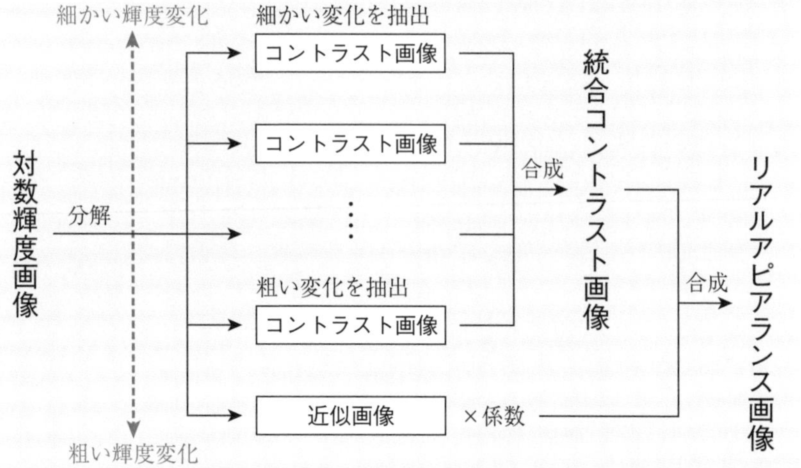

図 2.61　統合コントラスト画像とリアルアピアランス画像

なお，現実の測光色提示システムでは，原理的に，X, Y, Z で表現される全ての色範囲を表示することはできない．そのため，通常は 2.4.5 項で解説した輝度リニア sRGB の測光色空間で色を扱い，リアルアピアランス画像を生成することになる．

このような，オリジナルの対数輝度画像を統合コントラスト画像と近似画像に分解する操作は，6 章で紹介する多くの錯視画像の解決にも光を与える．図 2.62 に有名なアデルソン（Adelson）の**チェッカーシャドー錯視**を示す．図の A で示す領域と B で示す領域では，その明るさは全く異なって見えるが，二つの領域の輝度は等しい．この錯視画像を図 2.63 (a)（口絵 2-6）のように対数輝度画像に変換し，これをあるレベルで統合コントラスト画像と近似画像に分解すれば，チェッカーのパターンを示す

図 2.62*　アデルソンのチェッカーシャドウ錯視

統合コントラスト画像 (b) と，照明によって生ずる影を示す近似画像 (c) とに分解することができる．これは，われわれの知覚が，ここで紹介した多重解像度解析に似たプロセスを経ていることを暗示している．

またこのような分解の操作を利用して，近似的な評価画像を生成する変換を定義することもできる．この一つが**明るさ画像**変換 [5] で，対数輝度画像から，明るさ知覚を近似的に推定した明るさ画像に変換でき，明るさ画像から，逆に対数輝度画像に変換することもできる（図 2.64）．詳細は 6 章で解説するが，これまで紹介した画像合成との違いは，合成の際にコントラスト画像に対しても係数をかけていることで，この係数を評価に対応したもの，たとえば明るさ画像変換では**明るさ知覚**を推定するために適切な係数とすることで，近似的な評価画像の生成を可能としている．

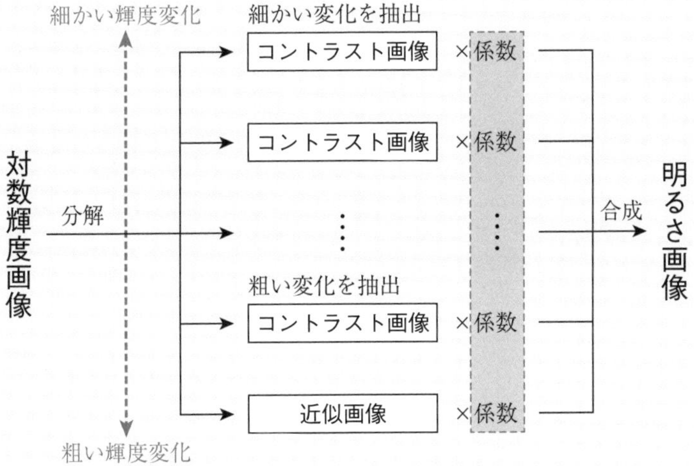

図 2.64　対数輝度画像から明るさ画像への変換

(4)　等価の視対象輝度，背景輝度

空間フィルタリングを用いれば，特定の視対象サイズのコントラスト画像と対数平均画像が得られ，これらより，等価の視対象サイズ，視対象輝度，背景輝度を算出することができた（2.8.2 項 (2) 参照）．これらを利用すれば，複雑な分布を持つ現実環境の輝度画像や測光色画像に対して，既往の単純条件での評価実験結果を展開することができるから，視認性やグレアといった詳細なアピアランスの検討（6 章で解説するフォーカルモードでの検討）が可能となる．一方ウェーブレット変換を利用すれば，統合コントラスト画像と近似画像に分解でき，空間全体のおおよその見え方は統合コントラスト画像に保存されている．ここで，視対象サイズの情報は画像を見て判断できるとすると，空間フィルタリングの場合と同様の考え方で，空間の見え方を構成するさまざまな部位について，等価の視対象輝度と背景輝度を算出することができ，空間全体のアピアランスの検討（6 章で解説するアンビエントモードでの検討）に利用することができる．6 章で後述する全方位画像の明るさ画像変換や，等価アピアランス色票の算出は，これを利用している．

2 章の問題

□**2.1** 光や色のアピアランスを定量的に検討するための基本量を示し，それらが放射束の分光分布からどのように求められるかを説明せよ．

□**2.2** 視環境評価では照度ではなく輝度を利用するが，その理由を説明せよ．

□**2.3** 光の色を表現する方法を示し，相関色温度との関係を説明せよ．

□**2.4** 光の色の表色系と物体の色の表色系が別々に存在する理由を記し，両者を結びつける方法を説明せよ．

□**2.5** 視環境設計では画像を扱う必要がある理由を述べ，その画像の各点はどのような量を持つかを記せ．

□**2.6** 視環境設計で利用する射影にはどのようなものがあるかを列記し，その特徴を記せ．

□**2.7** 視環境に関わる基礎実験の評価を実環境の視環境評価に結びつける方法を説明せよ．

第3章

昼　　光

昼間の自然光は常に変動していて，捉えどころのないもののように思えるが，その変化には客観的な構造があり，偶然に生じていると思えるものであっても，データベースで補完することにより，高い確度で推定できる．本章ではこれらを解説する．

3.1 昼光と視環境設計

地球上のあらゆるものは太陽の恩恵を受けている．その恩恵の有り様は地域によって異なり，地域に応じた生態系が生まれ，それに応じた建築が現れてきた．太陽からの恩恵とは，具体的には太陽から注がれる放射エネルギーであり，その放射エネルギーの**可視光成分**に注目するとき，その放射を**昼光**という．

これまで，昼光を積極的に利用した設計の必要性が声高に叫ばれてきたものの，視環境を整えることを意図した設計はされてこなかった．その理由は二つある．一つは視環境が整えられていることを客観的に示す**指標**がなかったためである．もう一つは変動する昼光に追従する**制御**が難しかったからである．しかし，輝度画像や測光色画像を利用した視環境設計を利用することで，現在では，昼光と人工光を分け隔てることなく，グレアや明るさ感などを客観的に評価できるようになった．さらに**調光**が容易なLED光源が行き渡って，昼光の変動に対応した**照明制御**が特別なものではなくなった．これからは，昼光を積極的に利用した視環境が設計されるようになる．その設計のためには，昼光というものの性質を知り，その扱い方を理解しなければならない．

3.2　太陽光の分光分布

太陽は，6,000 K の黒体とほぼ同じ放射を放出しているが，地表に到達する放射は，透過する大気中の空気粒子，水蒸気，塵埃などによる散乱や吸収により，太陽高度や大気の状態によってその**分光分布**が異なる（図 3.1）．

視環境設計では基本的には可視放射成分だけを検討することになるが，6 章で解説するように，可視範囲外の目に見えない放射成分も人に影響を与えることが知られており，特に**サーカディアンリズム**に与える効果は大きい．

太陽光に含まれる可視放射以外の放射は次のように区分され，それぞれ異なる性質を持つ．

（a）　**紫外放射**　可視光放射よりも波長が短い放射を指し，化学的な作用が強い．紫外放射は一般に，①波長 315 nm～400 nm の UV-A，②波長 280～315 nm の UV-B，③波長 100～280 nm の UV-C に区分される．UV-C は DNA を損傷する効果を持つが，大気層でほとんどが吸収され地上には到達しない．UV-B はオゾン層でかなりの量が吸収されるものの地上にも達し，生物への影響が大きいとされる．

（b）**赤外放射**　可視光放射よりも波長が長く 1 mm までの放射を指し，熱的な作用が強い．国際的には①波長 780 nm～1,400 nm の IR-A，②波長 1.4 μm～3 μm の IR-B，③波長 3 μm～1,000 μm の IR-C で区分されるが，波長 1.5 μm～4 μm 以下の放射を近赤外放射，波長 3 μm～5 μm 以上の放射を遠赤外放射と呼ぶことも多い．

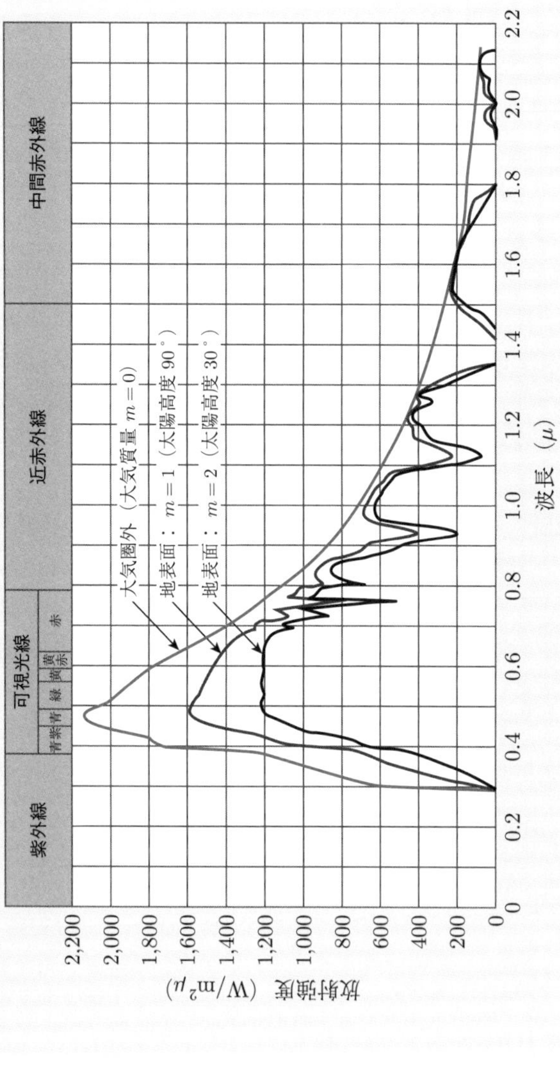

図 3.1 太陽放射の分光分布

3.3 太陽位置

ある地点での太陽光の効果を検討するには，その地点から見た**太陽位置**がまず問題となる．太陽は東から昇り西に沈む．しかし，太陽系における太陽の位置は不動であり，地球は**自転**しながら太陽の周りを**公転**している（図 3.2）．地球の公転軌道は**黄道**と呼ばれ，その半径を約 145×10^6～155×10^6 km とする円に近い楕円であるが，地球の自転軸がこの軌道面に対して 23.5 度傾いているため，太陽からの光は，**春秋分**には赤道上で南中時に地表を真上から照らし，北半球の**夏至**には北緯 23.5 度（**北回帰線**）で，北半球の**冬至**には南緯 23.5 度

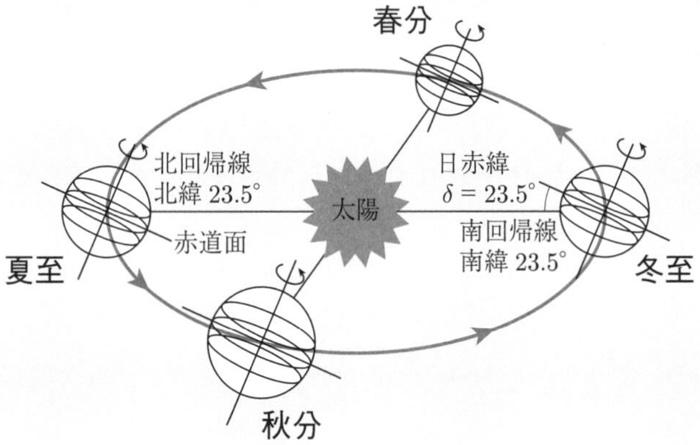

図 3.2 地球の自転と公転

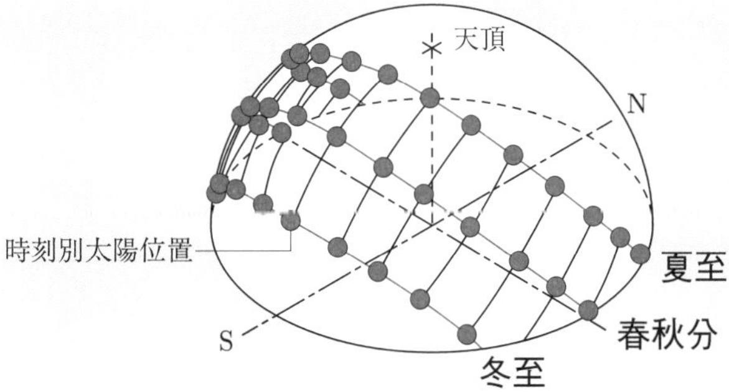

図 3.3 地上の観測点から見た太陽の動き

(**南回帰線**) で，それぞれ南中時に地表を真上から照らす．

地上から見た天体の位置は，観測点を中心とする**天球**上への射影として表される．**図 3.3** は，地上の観測点（北緯 35 度）から見た，天球上に射影された，春秋分，夏至，冬至の昼間の 1 時間ごとの太陽位置を示している．太陽位置は**高度** h（度）と**方位角** A（度）で示され，h は水平線から上向きに，A は真南から西向きに測られる．

図 3.3 に示す天球上に射影された太陽軌跡を，さらに水平面に射影（正射影）すると**図 3.4** のようになり，この図を**太陽位置図**（正射影）という．円の中心が**天頂**を表し，天空上の天の北極，天頂，天の南極を結んだ大円である**子午線**は，この図では真北と天頂と真南を結んだ直線で表される．

春秋分の南中時の太陽位置と天頂のなす角は，観測点の**緯度**に等しい．**図 3.4** は北緯 35 度の太陽位置図であるため，春秋分の太陽の南中高度は 55 度となっている．観測点の緯度が異なっているときは，この角度を緯度に応じてずらせばよい．観測点が北半球にあれば天頂から南側へ北緯分ずらし，南半球にあれば天頂から北側へ南緯分ずらす．

地球の赤道面を天球にまで延長し，天球上に交わってできる大円のことを**天の赤道**といい，太陽軌道の天の赤道からのずれを**日赤緯**という．日赤緯は夏至に +23.5 度，春秋分に 0 度，冬至に −23.5 度となり，春秋分には太陽は天の赤道上にある．

太陽位置の一日の変化は地球の自転によって生ずる．すなわち時刻によって太陽位置は異なる．太陽と子午線との角距離を時間を単位に表したものを**時角**といい，時刻に応じた太陽位置の変化は，この時角を用いて算出する．なお，地球は 24 時間で 1 回転（360 度）するため時角 15 度が 1 時間に対応する．

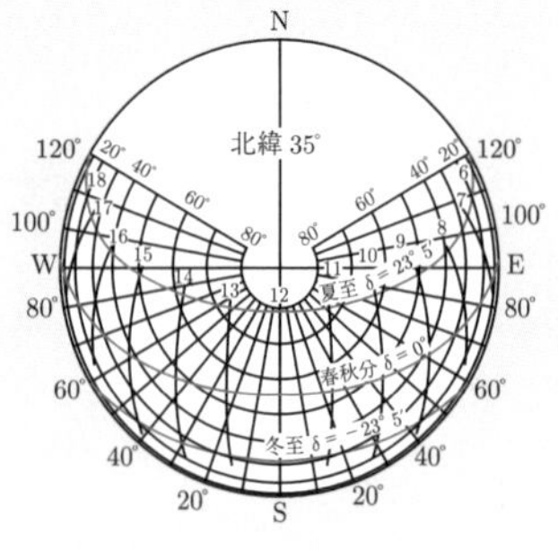

図 3.4　太陽位置図（正射影，北緯 35 度）

時角 t [度] は**日本標準時** T_s [h]，観測点の**東経** L [度]，**均時差** e [min] が分かれば次式で表される．

$$t = 15(T_s - 12) + L - 135 + \frac{e}{4} \qquad (3.1)$$

均時差 e とは，**真太陽時** T [h] と**平均太陽時**

T_{m} [h] のずれをいい，真太陽時 T は南中から次の南中までの $\frac{1}{24}$ を，平均太陽時 T_{m} は T の年平均をいう．日本標準時 T_{s} は，日本で日常使用している時刻で，東経 135 度の平均太陽時である．

太陽位置を具体的に求めるとき，太陽の高度 h と方位角 A を，観測点の**北緯** ϕ [度]，日赤緯 δ [度]，時角 t [度] から次式を用いて算出する．

$$\sin h = \sin\phi\sin\delta + \cos\phi\cos\delta\cos t \tag{3.2}$$

$$\cot A = \sin\phi\cot t - \cos\phi\tan\delta\ \mathrm{cosec}\ t \tag{3.3}$$

なお，方位角の算出式は上式以外にも複数ある．

δ と e の計算には幾つかの方法がある．たとえば，観測日が 1 月 1 日から起算して N 日目ならば，下記により略算できる．

$$\omega = \frac{360\cdot N}{366} \tag{3.4}$$

$$\delta = 0.362 - 23.3\cos(\omega + 8.8) - 0.337\cos(2\omega - 11.9) - 0.285\cos(3\omega + 35.5) \tag{3.5}$$

$$e = -0.0167 + 7.37\cos(\omega + 85.8) - 9.93\cos(2\omega - 72.3) - 0.321\cos(3\omega - 66.3) \tag{3.6}$$

太陽位置の算出式は，今ではさまざまな CAD に組み込まれており，次節で解説する日影の検討などに用いられることが多い．それらを利用する際には，標準時を日本標準時に正しく設定しておくこと，建築物の**緯度**，**経度**を正しく入力することに注意が必要である．

3.4 日照・日影

3.4.1 日　　照

太陽から地表に到達する放射は，大気を透過して直接地表に到達する成分と，大気および微粒子で散乱され地表に到達する成分からなる．昼光を考える場合は前者を**直射日光**，後者を**天空光**といい，日射を考える場合は前者を**直達日射**，後者を（天空）**散乱日射**という．日照という言葉はそもそも，直達成分が受照面に当たる状態をいい，日射を考える場合は直達日射計や回転式日照計による観測値で定義される．しかしながら，昼光を考える場合はこれと異なり，日照とは，天気の良いとき，すなわち直射日光が見込める天候のときに，直射日光が入射することをいう．これは，住宅などの居住空間では，天候が良ければ日中に直射日光が入射することが，屋内の明るさ，暖かさ，乾燥による湿気の排除など，保健衛生上の観点から重視され，またそのような環境では，通常通風や眺望が確保されるからである．

都市の居住空間では，広い敷地の一軒家のように太陽光を自由に享受することはできない．都市では土地を高度に利用するため，狭い範囲に多くの高層ビルや高層マンションが建設される．都市居住者の日照を確保したいという願望と都市の高度利用という，両者の軋轢が過去に大きな問題となった．

その当時まで，**日照権**はいつでもどこでも享受できる基本的な権利であると考えられており，建築基準法の不備などもあってなかなか収拾がつかなかったが，基準法に**北側斜線制限**や**日照規制**が追加され，日照権の考え方も，日影を我慢できる限度を超えたときに初めて保障される権利へと変わっていった．

このとき，日照問題を考える一つの指標として活用されたのが**日照時間**である．ここでいう日照時間は，周辺の建物の影響を含めた日の出から日の入りまでの直射日光による**可照時間**を意味する．これは気象学でいう日照時間とは異なる点に注意が必要である．気象学では日照計によって測定される日照時数を日照時間といい，WMO（世界気象機関）は日照時間を直達日射量が $120\ \mathrm{W \cdot m^{-2}}$ 以上ある時間帯と規定している．

日照問題は，本来，単純に直射日光を享受することができるかどうかという問題だけでなく，天空率，窓からの**開放感**や眺望，前面の建物による**圧迫感**などともかかわりが深いと考えられている．しかしながら，日照時間という指標は，日照問題を検討する際の最も重要な指標として現在も有効である．大都市において，冬至の日の日照時間に対する居住者の評価を調べた調査によると，評価は日照時間の増加とともに上昇し，3 時間〜4 時間当たりで良–否の評価が分かれる．住宅の場合，居室の少なくとも一つは冬至の日の 4 時間日照が確保できることを一応の目安としている．

3.4.2　日 影 曲 線

日照時間を建築図面上で検討する場合は**日影曲線**を用いる．日影曲線とは，平面上に立てた鉛直な棒の先端がその平面上に落とす日影の軌跡を示した曲線で，**図 3.5** にその例を示す．図は，北緯 35 度の観測点において点 O に長さ 1 の鉛直棒を立てたときの，年間の**水平面日影曲線**である．時刻は観測点の**真太陽時**で，対象日時の日影点と点 O を結ぶ線がその時の日影の方向と長さとなる．長さは図中のスケールで換算する．

ある建物について，その日影が時刻によってどのように変化するかを求めた

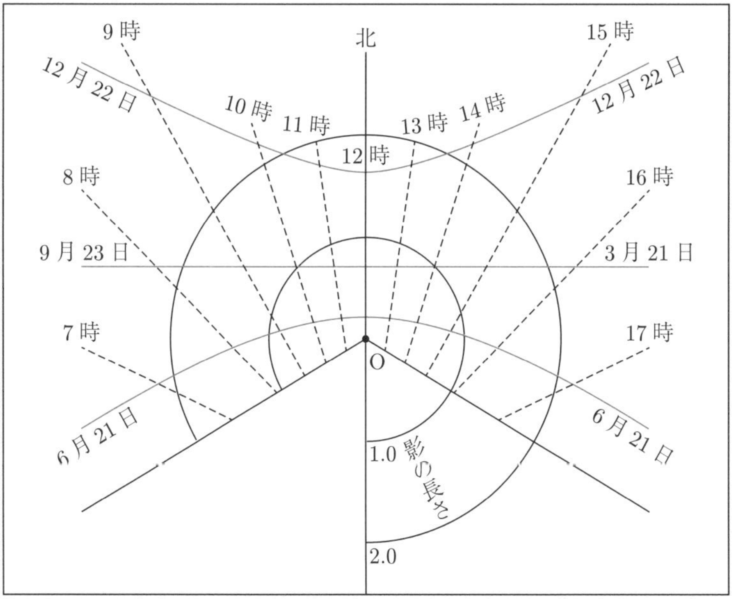

図 3.5　水平面日影曲線

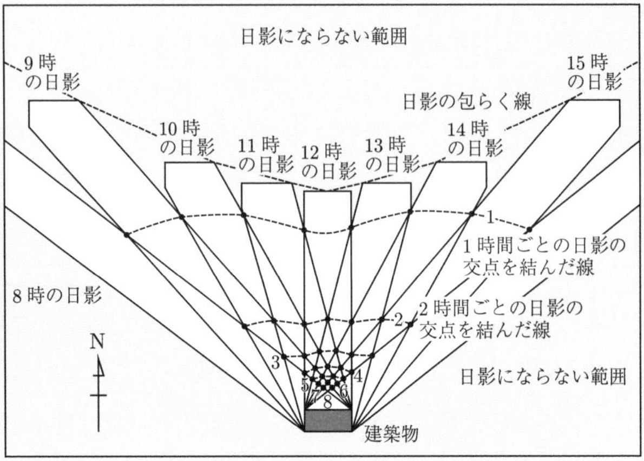

図 3.6　日影図と日影時間図

図を**日影図**といい，その例を**図 3.6** に示す．日照を検討する場合は，日影が最長になる**冬至**を対象とすることが多く，この図も冬至の日の 8 時から 16 時までの 1 時間ごと日影が示されている．

ある地点が日影になっている時間を**日影時間**という．**図 3.6** で日影になっている時間が等しいところを結ぶと等値線が得られるが，時間ごとの等値線を示した図を**日影時間図**という．日影時間図を作成すると，建物の北側の脇などに一日中日当たりの無い部分が現れるが，これを**終日日影**という．建物の平面が L 字型やコの字型の場合，その向きと高さによっては夏至の日でも終日日影を生じ，これを**永久日影**という．

実際の日照の検討では，周囲にある複数の建築物を対象としなければならないことが多いが，複数の日影領域が重なり合うことによって，日影時間の長い領域が島のように独立して生ずることがあり，これを**島日影**という．したがって，周囲に複数の中高層の建築物がある場合，個々の建物の日影を別々に検討するだけでは不十分である．

3.5　昼光照明

3.5.1　直射日光

太陽から地表に到達する光のうち，大気を透過して直接地表に到達する成分を**直射日光**という．太陽は地球から遠く離れた光源であるため，直射日光はほぼ平行な光として地表に入射する．地上から見た太陽の大きさはほぼ視角 0.5 度で，快晴の日には非常な高輝度光源となる．

直射日光の地表面での**法線照度** E_{n} は**ブーゲの式**と呼ばれる次式がよく利用される．法線照度とは光の進行方向に垂直な面における照度である（2 章参照）．

$$E_{\mathrm{n}} = E_0 P^{\mathrm{cosec}\ h} \tag{3.7}$$

ここで，P は**大気透過率**で，快晴時で 0.75〜0.85 程度，もやのかかった晴天で 0.55〜0.65 程度の値となる．E_0 は大気外の法線照度の平均で 133,800 lx とされている．また h [度] は**太陽高度**である．

直射日光法線照度は天候の影響を大きく受け，快晴で太陽高度が高い場合は 100,000 lx 以上となるが，曇りの場合はほとんど 0 lx となり，晴れでも雲の動きにより大きく変動する．

直射日光の**光色**は太陽高度によって変化し，高度 90 度で約 5,000 K（ケルビン）程度で，太陽高度が低くなるにつれて赤みを帯び色温度が下がる．これは，高度が低く透過する大気層が厚くなると，散乱によって短波長の光が大きく減衰することによる．したがって，透過する大気中の水滴や塵埃が多いと色温度がより下がり，朝焼けや夕焼けが発生する．

変動がとても大きい直射日光だが，その変動は全く無秩序にあるわけではない．拡張アメダスなどのさまざまな**気象データ**を利用すれば，地方を特定することで，その地方に特有の直射日光の発生頻度などを想定することができる．

3.5.2　天空光

太陽から地表に到達する光のうち，大気および微粒子で散乱され地表に到達する成分を**天空光**という．天空光の量を検討するには，通常まず，**全天空照度**と呼ばれる，全ての天空からの天空光のみによる**水平面照度**を考える（すなわち直射日光や地物反射光を含まない）．全天空照度も時刻と天候の影響を大きく受けるが，太陽高度 10° 以上の時間帯（採光昼間）の累積出現率は**図 3.7** のよう

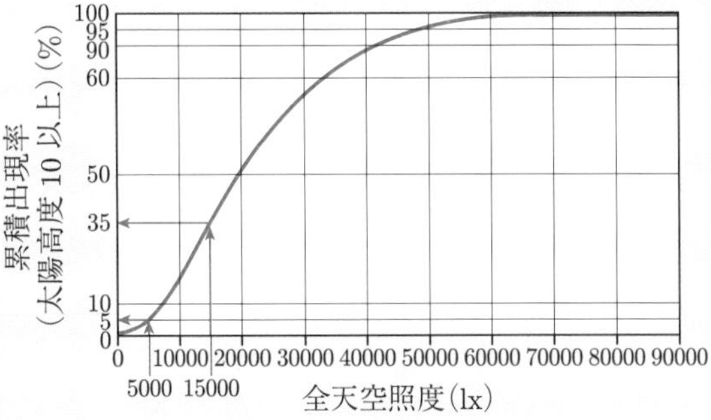

図 3.7　全天空照度の累積出現率

になり，5,000 lx 以上に約 95% が，15,000 lx 以上に約 65% が含まれることから，**暗い日**を想定する場合は 5,000 lx，**平生**を想定する場合は 15,000 lx の全天空照度とすることが多い．

このような全天空照度をもたらす天空の輝度は，天候や時間によってさまざまに変化する．全天空にわたって輝度が一定であると仮定すると（**一様輝度天空**），**天空輝度** L_{s} は全天空照度を E_{s} とすると，

$$L_{\mathrm{s}} = \frac{E_{\mathrm{s}}}{\pi} \tag{3.8}$$

によって求めることができる．

一方，天候ごとの天空輝度の分布性状は CIE によって標準が制定されている．これまで，**CIE 標準曇天空**（1955 年），**CIE 標準晴天空**（1973 年）が決められていたが，現在はそれらを含め統合した **CIE 標準一般天空**（2004 年）が制定されている．

最も頻繁に使用される CIE 標準曇天空では，高度 h の天空輝度 L_θ は，天頂輝度を L_{z} として

$$\frac{L_\theta}{L_{\mathrm{z}}} = \frac{1 + \sin\theta}{3} \tag{3.9}$$

となり，この輝度分布より全天空照度 E_{s} を計算すると

$$E_{\mathrm{s}} = \frac{7}{9}\pi L_{\mathrm{z}} \tag{3.10}$$

となる.

したがって，全天空照度 5,000 lx の暗い日を想定すると，天頂輝度は約 2,046 cd/m^2，水平線方向の天空輝度はその $\frac{1}{3}$ の約 682 cd/m^2 ということになる.

CIE 標準一般天空には，15 の天空状態のタイプがあり，タイプ毎に，天頂輝度で正規化された分布関数が与えられ，全天空照度が決まれば天空輝度分布が求められるようになっている.

天空光の**光色**は天候や方位によって異なるが，最も色温度が高い晴天の北天で 12,300 K 程度，曇天空では 6,250 K 程度である.

季節や地方によって変動する天空光の条件は，直射日光の場合と同様に，拡張アメダスなどの気象データベースを利用することで，発生確率を考慮した客観的なものとすることができる．全天空照度の絶対値に比べると天空輝度分布の影響はそれほど大きくないことから，利用範囲の広い中間天空の輝度分布を利用することも多い.

3.5.3　昼　光　率

昼光照明は，季節，天候などで変動するため，JIS などで推奨される照度の確保を保証することができない．そのためこれまでは，次式で定義される**昼光率** D を用いて検討が行われてきた.

$$D = \frac{E}{E_{\mathrm{s}}} \times 100 \tag{3.11}$$

ここで，E は対象となる点の照度，E_{s} は全天空照度である.

平生の明るさである 15,000 lx の全天空照度が与えられたときに，JIS の照明基準が満たされるよう**基準昼光率**が決められ，これを設計の一つの目安としてきた.

視環境設計で昼光を利用するとき，このような昼光率を利用することはまずないが，その意味は理解しておかなければならない.

3.5.4　昼光データベース

1年を通じた昼光の変化は地方によって異なる．日本海側では冬場に曇りが多かったり，太平洋側では晴れが多かったりするし，盆地や平地でもその天候は大きく異なる．したがって昼光を詳細に検討しようとすると，設計対象地点の気象条件に応じた昼光の発現確率が必要で，これまで述べてきたような一般的な値では不十分である．

このような需用に対して最も直接的に答える方法が，検討点付近で数年にわたり測定した昼光データから導き出された，標準的な年の**昼光データベース**を利用することである．CIE で 1991 年から IDMP（国際昼光測定プログラム）という国際的な昼光観測ネットワーク活動が進められた結果，国内でも幾つかの都市でデータベースが作成されている．特に東京については，7.4 節で後述するシミュレーションソフト **Radiance** で利用できるよう加工されたデータベース[6]も市販されている．

3.5.5　日射量データベースの利用

昼光データベースは，幾つかの都市と地方で整備されているが，国内の多くの地方ではそのようなデータはなく，世界中のほとんどの都市や地方でもそうである．しかしながら，多くの都市や地方では，**気象データ**として，水平面全天日射量の年間，時刻別データが整備されている．この**日射量**データを昼光照明の推定に利用することができる（図 3.8）．

まず**水平面全天日射量**を**直達日射量**と**天空日射量**に分離する．この分離を**直散分離**といい，多くの計算モデルや実験式が国内外で提案されているが，複雑な式になっており，手計算で算出するのは現実的でない．通常の日射量データベースの利用プログラムには，代表的な計算モデルが組み込まれているから，それを利用して算出する．たとえば**拡張アメダス**[7]では，Nagata, Udagawa, Erbs, Watanabe, Perez モデルが組み込まれており，それらを自由に選択できる．

分離された直達日射量と天空日射量は，**発光効率**を推定することで直射日光照度と全天空照度に変換できる．発光効率についてもまた，太陽高度，季節特性，大気透過率など，多くのパラメータを用いた複雑な推定モデルが提案されているが，拡張アメダスなどのさまざまなデータベースでは，発光効率の推定モデルを選択できるアプリケーションが整備されており，昼光照明設計で必要

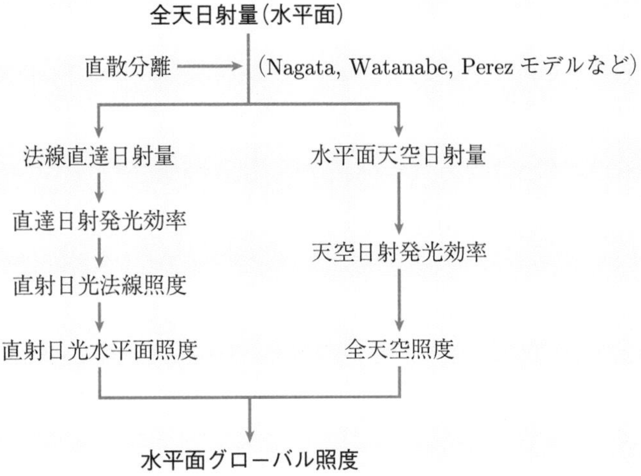

図 3.8　日射量データベースの利用フロー

とする，全天空照度，直射日光の法線照度や水平面照度，**グローバル照度**（直射日光の水平面照度と全天空照度を合わせた照度）を算出することができるようになっている．さらに，天空輝度分布を表現する数式モデルを算出できるものもある．

昼光を利用した視環境設計では，通常このようなデータベースから得られた，時刻別の全天空照度，直射日光の法線照度や水平面照度を利用して，シミュレーションを行う．

3.6 窓・開口

通常は窓を通して昼光を空間内に導入するため，窓の位置，形，大きさは重要で，**天窓**と**側窓**の違い，横長窓と縦長窓の違いなどによって，室内の照度や**照度均斉度《きんせいど》**$\left(\frac{\text{最小照度}}{\text{平均照度}}\right)$は大きく異なる．たとえば，同じ大きさの窓であっても，天窓によってもたらされる机上面照度は，側窓の3倍程度にもなる．

窓面の内外にはいろいろな設備が付加される．窓の外側には**ひさし**や**ルーバ**が，内側には**ベネシャンブラインド**，**カーテン**，**紙障子**などが置かれる．これらの諸設備と窓面を構成する材料により，光の広がり方，直射日光がそのまま入ってくるかどうか，窓外の景色がどのように見えるかなどが決定される．

従来の昼光照明では，直射日光を利用しないことが多かったが，近年は**省エネルギー**という観点から，直射日光を積極的に利用しようという試みがしばしばなされる．窓面のガラスに**指向性ガラスブロック**や**プリズムガラス**を使用したり，ベネシャンブラインドの羽根角（スラット角）を調整したりして，直射日光を室奥の天井面に反射させたり，ひさしの上面で反射させた直射日光を欄間から採光したり（**ライトシェルフ**（**図3.9**）），**グラスファイバー**や，内面に反射鏡を貼った**ライトダクト**，あるいは鏡を組み合わせて光を室内に導く**ライトガイド**などを利用して，直射日光を室奥に導入することもしばしば行われるようになった．

住宅の居室や学校，病院などでは，適切な採光を確保するため，十分な大きさの開口部が必要とされ，建築基準法第28条1項，同施行令第19条の採光規定では，開口率$\left(\frac{\text{居室の採光上有効な開口部面積}}{\text{居室の床面積}}\right)$が所定の割合より大きいこと，たとえば住宅の居室では$\frac{1}{7}$以上，学校（幼稚園，小・中・高学校）の教室では$\frac{1}{5}$以上，とする義務があるとされている．また，住宅の品質確保の促進等に関する法律の日本住宅性能表示基準・評価方法基準では，単純開口率$\left(\frac{\text{居室の総開口部面積}}{\text{居室の総面積}}\right)$と方位別開口比（各方位別の開口部面積の総開口部面積に対する割合）を表示事項として採用している．

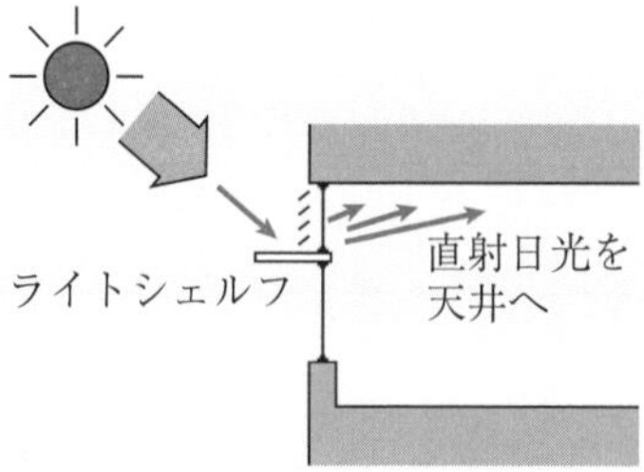

図3.9 直射日光を室内に導くライトシェルフ

3 章の問題

□ **3.1** 建設予定地に出向き，その緯度，経度より，冬至の日のある時刻の，おおよその太陽位置を推定する方法を説明せよ.

□ **3.2** 日照問題でいう日照時間を説明し，気象学でいう日照時間との違いを記せ.

□ **3.3** 天空光を物理的に想定するためのパラメータを記し，その推定方法を述べよ.

□ **3.4** 昼光を積極的に利用した視環境設計を行うとき，建設予定地の地方特性をどのように考慮すればよいかを説明せよ.

第4章

人　工　光

室内視環境の多くは人工光によって作り出される．人工光と昼光はさまざまな点で異なっており，光の特性を表現するパラメータも異なっている．本章ではこれらを体系的に解説する．

4.1 光源の種類

人工光源は，図 4.1 に示すように，**発光機構**によって分類することができる．人工光源はまず大きく**熱放射**（温度放射）を利用する光源と，それ以外の発光機構（**ルミネセンス**）を利用する光源に分けられる．ルミネセンスを利用した光源はさらに，**放電**を利用するものと**エレクトロルミネセンス**（電界発光）を利用するものに分けられ，これに**ホトルミネセンス**（蛍光）を利用したものが加わる．ホトルミネセンスは，蛍光ランプや白色 LED などで利用されているもので，ルミネセンスの発光機構で発生した紫外放射などのエネルギーを受けて発光する機構である．

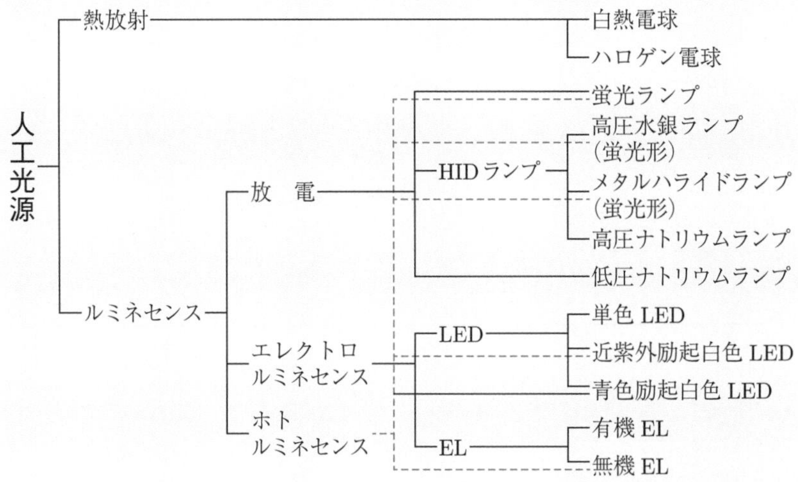

（ホトルミネセンスはこれのみではランプとならないため，破線で示している）

図 4.1 発光機構による人工光源の分類

現在主流となっている光源は LED だが，LED 以外の光源の特徴を概説すると次のようになる．

白熱電球は，フィラメントと呼ばれるコイルに通電し，コイルが高温となることにより放出される可視光を利用するものである（図 4.2）．一般照明用電球では，フィラメントが燃え尽きにくいように，アルゴンガスなどの不活性ガスを封入しているが，**ハロゲン電球**では，ハロゲン元素が封入され，長寿命，小

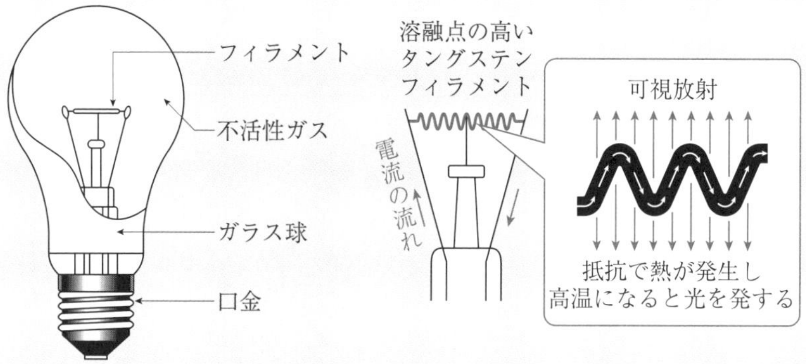

図 4.2　白熱電球の発光機構

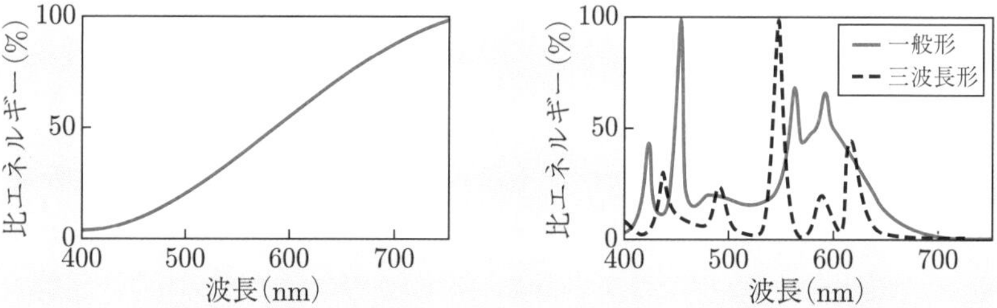

(a) 白熱電球　(b) 蛍光ランプ

図 4.3　白熱電球と蛍光ランプの分光分布の例

型化が実現されている．色温度は 2,800 K 程度で，その**分光分布**は**図 4.3 (a)** のように広い波長帯に渡って放射を満遍なく含むため，**発光効率**（$\frac{\text{全光束}}{\text{消費電力}}$）は低く，100 W 電球で 15 lm/W 程度で寿命は 1,000～2,000 時間程度である．

放電を利用したランプは，放電によって電流が流れると光や紫外放射が発生することを利用したもので，放電を制御する**安定器**と呼ばれる回路が必要となる．

蛍光ランプは，**図 4.4** のように，放電によって封入された微量の水銀原子から発生する紫外放射が蛍光体を光らせるランプで，蛍光体を変化させることによって，さまざまな相関**色温度**（電球色 2,800 K，白色 4,200 K，昼光色 6,700 K など）の，さまざまな**演色性**（三波長形，高演色形など）のランプを実現することができる（**図 4.3 (b)**）．形状も，直管形，環形，コンパクト形，電球形などが

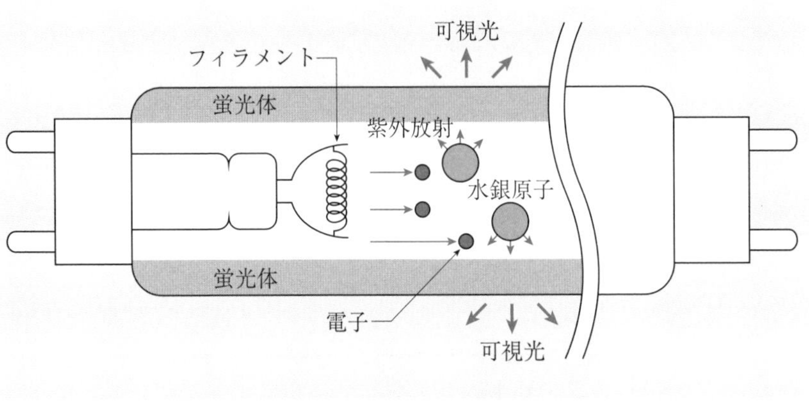

図 4.4　蛍光ランプの発光機構

あり，安定器が内蔵されているものもある．一般に**発光効率**は 50〜100 lm/W 寿命は 6,000〜15,000 時間程度である．

HID ランプ（高輝度放電灯）は，**高圧水銀ランプ**，**メタルハライドランプ**，**高圧ナトリウムランプ**の総称で，これらのランプはそれぞれ，管内に封入された水銀，水銀と金属ハロゲン化物，ナトリウムが，放電により可視光を発することを利用している．ランプ 1 個当たりの光束が大きく，発光効率も比較的高く，寿命も比較的長いという特徴があり，広い場所の照明に利用されている．

有機 EL（有機エレクトロルミネッセンス）は，次節の LED とほぼ同じ発光原理の有機物を使った**面光源**である．有機 EL は，薄く，軽くすることができるだけでなく，曲げることも可能であり，現在ではディスプレイなどへの活用が進められている．高効率化が進めば，一般照明の分野においても利用される可能性はあり，超薄型照明器具など，これまでにない使用方法が期待されている．

4.2 LED光源

LED（発光ダイオード）は，その発光効率の高さと寿命の長さ（20,000～40,000 時間）から現在主流となっている光源で，**半導体**の**PN 接合**に順方向に電流を流すことにより発光する原理を利用している．半導体にはP（ポジティブ）型とN（ネガティブ）型の2種類があるが，その二つを接合したものを**LED チップ**と呼ぶ．P型にはプラス電荷を持った正孔が，N型にはマイナスの電荷を持った電子があり，このLEDチップに順方向（P電極にプラス，N電極にマイナス）の電圧をかけると正孔と電子が移動し，PN接合面で衝突した後に再結合する．その際，正孔と電子がもともと持っていたエネルギーよりも低くなり，余分なエネルギーが光に変換され発光する（図 4.5）．

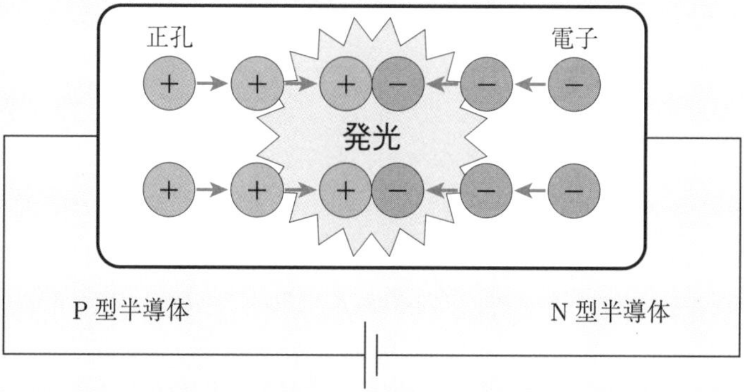

図 4.5 LEDの発光機構

赤色LEDと緑色LEDが，以前より表示用として利用されていたが，青色LEDが開発されたことで光の**三原色**が揃い，白色を発光できるようになり，環境照明用の光源として利用できるようになった．**白色光**を発生させる機構には，三原色のLEDを一つのパッケージとして実装して発光させる方法，青色LEDと黄色の蛍光体を発光させる方法，紫色LEDとRGBの蛍光体を発光させる方法などがあり，その発光機構によって**分光分布**にバリエーションがある（図 4.6）．現在主流となっている白色LEDは，最も**発光効率**が高くなる 青色LED+黄色蛍光体 のもので，その発光効率は現在では200 lm/W程度まで上がり，限界といわれる270 lm/W程度とあまり変わらないレベルに至っている．

LED光源を使った照明器具は，発光に寄与する半導体である**LED チップ**，

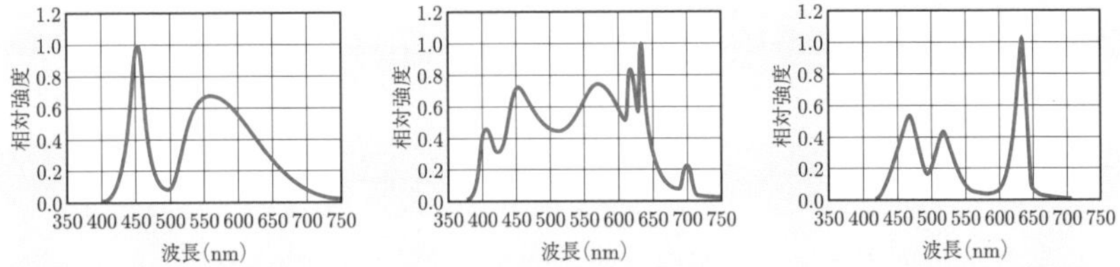

(a) 青色 LED
＋黄色蛍光体

(b) 紫色 LED
＋RGB 蛍光体

(c) 赤色 LED＋緑色
LED＋青色 LED

図 4.6　白色 LED の分光分布の例

一つ以上のチップを封じ込んだ電子部品である**LED パッケージ**，プリント配線板の上にパッケージを実装した**LED モジュール**などから構成される．

光を発生する部分は，半導体技術で製造された 0.3 mm～1.0 mm 程度の LED チップで，一つの LED チップから得られる光束は数 lm～200 lm 程度だが，LED 照明器具では，数個～数百個の LED チップを実装して所要の光束を得ている．発生する熱を適切に処理できれば実装の自由度は高く，常夜灯程度の小さなものから，スタジアムで使うような大型の照明投光器まで実現できる．

また LED は**調光・調色**が容易である．LED は流す電流を変化させることで光量を広範囲に変化させることができ，駆動電流に対する光の応答が極めて速く，駆動回路の設計次第で調光機能を実現できる．さらに，光色の異なる LED と調光を組み合わせることで調色を行うこともできる．

LED チップそのものは調光可能だが，LED 照明器具が必ず調光可能であるわけではない．調光の可否は，電源と LED チップの間に介在する**駆動回路**の設計に依存するため，調光用の駆動回路を搭載した製品以外は調光できない．

LED 照明器具は，一見しただけでは従来光源の照明器具との違いが分かりにくい．従来光源の照明器具では，口金などの機械的寸法と全光束や電気特性を標準化することで互換性が確保されており，光源が寿命に達した場合はユーザが交換できるようになっていた．しかし LED 照明器具では，①光源が照明器具に組み込まれていて交換できないタイプ，②特定の LED 照明器具だけに適合する交換可能なタイプ，③ LED 専用の標準化された口金を持ち従来のランプとは非互換のタイプ，④従来光源と同様に標準化された口金を持ち従来光源に置き換えて使用できるタイプ（レトロフィットタイプ）があり，利用しようとする LED 照明器具がどのタイプであるかを把握しておくことが重要である．

4.3 演 色 性

われわれが物体の色を知覚するプロセスを述べると，光源からある分光分布を持った放射が発せられ，その放射がある分光反射率を持った物体表面で反射し，反射した分光放射輝度画像がわれわれの目に映る．さらにそれが 3 種類の錐体で測光色画像，すなわち XYZ 刺激値画像に変換され，その情報を基に，最終的に物体の色が知覚される．したがって，光源の分光分布に大きな偏りがあると，同じ分光反射率を持った物体を見ても同じ色には見えない．光が持つ「物体の色をどう見せるか」という性質を**演色性**といい，JIS Z 8726-1990 で定められた**平均演色評価数** R_a でその特性が示される．平均演色評価数は，8 種類の**試験色**を，**基準光**で照らした場合に比べてどの程度忠実に再現できるかを判定するもので，基準光（色温度の低い場合は黒体放射，色温度の高い場合は昼光）の場合を 100 とした数値で示される．一方，食肉や赤い花，日本人の肌色のような，特殊な色の忠実度を表す**特殊演色評価数**という指標もしばしば使われ，R9（彩度の高い赤色），R15（日本人の肌色）などがある．

演色評価数の考え方は，基準となる光の下と同じ色に見える光を最終目標としているが，物理現象が分光放射で決まることを考えると，さまざまな分光反射率を持つ物体が全て基準光下と同じ色に見えるためには，原理上，基準光と同じ分光分布を持つ必要がある．すなわち，演色評価数とは，どのような分光反射率を持つ試験色を選ぶかによって値が変わるものであり，この値が少し向上することが，さまざまな分光反射率を持つ実環境の物体の見え方を改善するとは必ずしもいえない．演色評価数は，光源の**分光分布**の大きな偏りを避けるための参考値であるという理解が必要である．

既に述べたように，物体の知覚色は**測光色画像**としての分布（2 次元画像としての分布）に左右されるから，ある物体に知覚する色を，二つの異なった分光分布を持つ光源下で近いものにしたければ，2 章で紹介した，ウェーブレット変換を利用した等価アピアランス色票の考え方を利用する方が理にかなっている．

4.4 照明器具

人工光源を利用するためには，まず光源と電源とをつなぎ，さらに光源から発せられた光を有効に利用するために，不必要な方向への光をカットしたり，利用したい方向に光を集めたりする必要があるが，これらの機能を装備したものが**照明器具**である．

照明器具を，取付け構造によって分類すると次のようになる．

(a)　**直付形器具**　天井や壁に直接取り付ける照明器具で，全般照明方式用のシーリングライト，壁面や天井面を明るく照明する間接照明器具やブラケット器具などがある．

(b)　**埋込形器具**　天井や壁にその全部あるいは一部を埋め込む照明器具で，突出部分が少なく建築との一体感がある．天井面に埋め込むダウンライト，壁面に埋め込むフットライトやアップライト器具などがある．

(c)　**吊下形器具**　天井や壁からコード・くさり・パイプなどで吊り下げる照明器具で，ペンダントおよびシャンデリアなどがある．室内の目立つ位置にあるため意匠を重視したものが多い．

(d)　**移動灯器具**　電源に接続したまま，一つの場所から他の場所へ容易に動かすことができる照明器具で，卓上スタンドやフロアスタンドなどがある．

(e)　**配線ダクト取付形器具**　設置された配線ダクト器具に直接取り付けできる接続プラグを有する照明器具で，100 V 給電ダクトに使用されるタイプと 12 V 給電ダクトに使用されるタイプがある．室内の装飾品や什器の移動に合わせ柔軟に移設対応できることが特徴で，スポットライトや，ペンダントなどがある．

照明器具から発せられる光が，どの方向にどれだけの強さで発せられているかを**配光**といい，その大まかな分類区分は，発散光束の何%が作業面に到達するか，すなわち照明器具の全光束の何%が下向光束となるかによって，**表 4.1** のように直接，半直接，全般拡散，半間接，間接の五つに決められている．

照明器具の配光を正確に把握するには，照明器具からの光が空間的にどのように分配されるかを示す**配光データ**が必要となる．配光データでは，実際には大きさを持つ照明器具を**点光源**として取り扱い，照明器具を原点とした**光度**を極座標で表す．**図 4.7** は，反射笠付き蛍光灯照明器具の鉛直断面の光度を表し

表 4.1 照明器具の配光分類

分 類	直 接	半直接	全般拡散	半間接	間 接
配光曲線			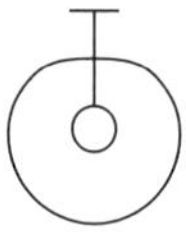		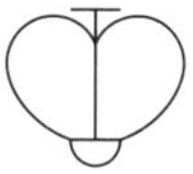
上向光束	0～10 %	10～40	40～60	60～90	90～100
下向光束	100～90 %	90～60	60～40	40～10	10～0

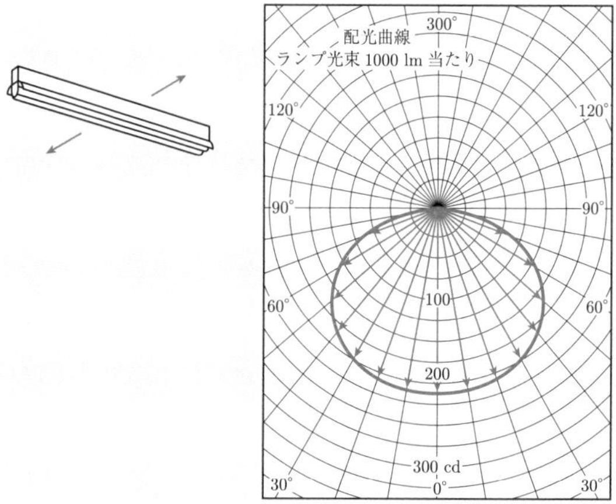

図 4.7 照明器具の配光曲線の例

たもので，**配光曲線**と呼ばれる．実際の照明計算では，さまざまな方向の鉛直断面の光度が必要となるため，照明シミュレーションで利用される配光データは，IES（北米照明学会）が規定したフォーマット（**IES フォーマット**）に準じたデータセットとして提供されることが多い．配光データは，照明器具 1 台当たりの光度を示す場合が多いが，**図 4.7** でも示されているように，ランプ光束 1,000 lm 当たりの光度で表される場合もあり注意を要する．

照明器具には，光源から発せられる光を用途に適した配光に制御するため，さまざまな工夫が施されている．それらは，意図する方向へ光を集めるための工夫と，想定される視線方向でグレアが生じないようにする工夫に分類でき，両者はしばしば相反する．

配光の制御は**反射**や**透過・屈折**を利用して行われ，照明器具には，反射を利用する**反射笠**や反射板，透過・屈折を利用する**プリズム**や**フレネルレンズ**などが装着されている．反射や透過する光は，後述するように（5.1節），正成分と拡散成分からなる．光の集光性を高めるには**正成分**が多い方が効率的だが，強いグレアが発生する危険性が高く，この危険性を下げるためには**拡散成分**を多くした方がよい．照明器具には，細い板状の部品を幾何学的に組んだルーバを装着することがあるが，これは反射光を利用するための装置で，このルーバに正反射の多い鏡面材料を使うと（**鏡面ルーバ**），集光性が高まるがしばしばグレアが発生する．また反射率は高いが拡散性の高い材料を使うと（**白色ルーバ**），グレアの程度は緩和されるが集光性が低くなる．卓上スタンドなどで利用される光源が直接見えないようにする**シェード**，ダウンライトに使われる**バッフル**（ギザギザのリング状フード），光を均一に拡散させるための**グローブ**などは，拡散成分を多くして目に見える発光面の輝度を下げるための工夫である．

白熱電球や蛍光ランプのように大型の光源を用いる器具は，特定の方向へ光を集中させるような制御が難しい．このため器具ごとの配光特徴が出にくい反面，どの器具も比較的偏りなく広い角度へ配光されていたことから，配光形状をそれほど意識する必要がなかった．ところがLED照明器具では，光源が小さくレンズなどを用いて精密に**配光制御**できることから，照射したい範囲を的確に照らすことができる．その反面，それ以外の場所に余剰な光が照射されないため，明暗の差がつきやすくなる傾向があり，適切な配光を意識して検討する必要がある．

照明器具を分類する切り口にはその他，浴室，洗面所などで利用できる**防湿形器具**，ポーチ，軒下などの屋外で使用できる**防雨形器具**，断熱施工を行った天井や屋根に使用できる**断熱施工用埋込形照明器具**などがある．

従来の住宅用の照明器具では，光出力と消費電力の関係はほとんど類似していたため，ワット数を必要な光出力の目安とすることが多かった．一方，LED照明では，技術の進歩が急速で，光出力と消費電力の関係が必ずしも一定ではないため，ランプまたは照明器具から放射される光の総量（**全光束**）で光出力を比較することが推奨されている．しかし，ランプや照明器具の全光束の値（**ルー**

メン）は，一般消費者にとってなじみが薄いため，一般照明用電球代替を訴求する電球形の LED ランプでは「電球 ** 形相当」，住宅用の主照明器具では「畳数表示」が行われている（**表 4.2，4.3**）．

表 4.2 一般照明用電球（E26 口金）代替表示区分

代替表示区分	電球 20 形相当	電球 30 形相当	電球 40 形相当	電球 50 形相当	電球 60 形相当	電球 80 形相当	電球 100 形相当
定格光束 [lm]	170 以上 325 未満	325 以上 485 未満	485 以上 640 未満	640 以上 810 未満	810 以上 1,160 未満	1,160 以上 1,520 未満	1,520 以上 2,400 未満

表 4.3 住宅用カタログにおける適用畳数表示基準

適用畳数	~4.5 畳 （約 7 m^2）	~6 畳 （約 10 m^2）	~8 畳 （約 13 m^2）	~10 畳 （約 17 m^2）	~12 畳 （約 20 m^2）	~14 畳 （約 23 m^2）
標準定格光束 [lm]	2,700	3,200	3,800	4,400	5,000	5,600
定格光束の範囲 [lm]	2,200 以上 3,200 未満	2,700 以上 3,700 未満	3,300 以上 4,300 未満	3,900 以上 4,900 未満	4,500 以上 5,500 未満	5,100 以上 6,100 未満

4.5 照明方式と建築化照明

オープンオフィスのように，多くの人が同じ室内のさまざまな場所で同じような仕事をする建築環境を想定すると，部屋全体が均一に照明された視環境を目指すことになり，比較的広い配光を持った照明器具を天井に均等配置するという照明計画となる．このような部屋の隅々まで均一に照らす照明方式を**全般照明**という．これに対して，部屋の隅々まで均一に照明するのは経済的ではないと考え，視作業を行う部分だけに限定して光を照らすような照明方式を**局部照明**（局所照明）という．

従来オフィスは，明るい曇天の下での屋外視環境，すなわち高照度で均一な照明が理想とされ，経済的，技術的な理由から，理想が実現できない場合もあると捉えられてきた．しかしながら，実際の利用者の立場からするとそうともいえない．今のオフィスでは，紙面だけでなく，スマートフォンやTV，PCといった発光するディスプレイ画面を見ることが多く，発光ディスプレイ面は明るく照らされると見え方が損なわれる．さらにディスプレイ画面の背景として目に入る壁などを，適切な明るさに調整することも求められる．すなわち，快適な視環境を作り出すためには，均一で十分な量の光という単純な物差しでは不十分で，個々の部位や状況に応じて，適切に明るさを設定することが必要となっている．

このような背景と，**省エネルギー化**の要請から，現在オフィスで推奨されている照明方式が**タスクアンビエント照明**である．タスクアンビエント照明では，照明を作業用の照明（**タスク照明**）と環境用の照明（**アンビエント照明**）に分け，それらを適切に組み合わせることで，視作業性が高くかつ快適で，省エネルギーな照明環境を実現することを目指している．

このような事情は住宅照明でも同じである．従来は，天井中央に部屋全体を均一に照らす**シーリングライト**を設け，光が不足する周辺壁付近にダウンライトやブラケットライトを配置する照明が一般的であり，十分な量の光を，均一に確保することがまず第一とされた．しかし今は，省エネルギーを考えた上で，個々の部位や状況に応じて照明設計を行うことが求められている．これを実現する具体的な手法が，同じ消費エネルギー量で照明器具を分散する**多灯分散**という考え方である．多灯分散は，適時，適所，適光という照明の基本原則を具体的に実現する手法であるといえる．

視環境設計では，われわれの目に実際の環境がどのように見えるか，すなわち，実際の環境がどのような**アピアランス**となるかを評価して設計を進めるから，視環境設計は上記の考え方の変化を取り込んだ設計法であるといえる．視環境設計の具体的な設計過程では，6 章で説明するように，視環境をフォーカルとアンビエントに分けて考える．これは，われわれは実環境で視線を固定して意図的に見たり（**フォーカルビジョン**），全体をゆっくり見まわしたりするが（**アンビエントビジョン**），それぞれで求められるアピアランスが異なるからである．視環境設計という観点からは，照明器具は視環境を構成する重要な要素である．照明器具には，空間に光を提供する器具という側面と，照明器具そのもののアピアランスを提供するという側面があり，設計意図によって，二つの側面のどちらを重視するかは異なる．リチャード ケリーが手掛けたシーグラムビルやキンベル美術館では，光を提供して**空間のアピアランス**を演出する側面に重点が置かれているが，エミール ガレのカメオガラスのランプ，あるいはホテルのロビーや宴会場で設置されるシャンデリアは，**照明器具のアピアランス**が重視されている．

空間のアピアランスを作り出す照明手法の一つが建築化照明である．建築化照明とは，天井，壁，造り付け家具などの建築物の一部と一体化した照明をいい，建築空間のデザインと調和した視環境を作り出すために利用される．

建築化照明にはさまざまなものがあるが，コーブ照明，コーニス照明，バランス照明，光天井などが主なもので，これらの建築化照明には主にライン形の照明器具が利用される（図 4.8）．

(a)　**コーブ照明**　全ての光を上方に照射し，天井や壁から反射した光を利用する間接照明で，反射面は無光沢の高反射率の素材を使用することが望ましい．

(b)　**コーニス照明**　壁と天井の接続部に設置される照明で，光は主に下方に照射され，壁やカーテンを美しく見せる．天井が低い場合に適した照明である．

(c)　**バランス照明**　窓の上部や壁に，壁と平行に照明器具を取り付け，それを遮光板で隠すことで光が上下に照射されるようにしたもので，上方の光は天井および壁を，下方の光はカーテンや壁を照らす．

(d)　**光天井**　天井全面に照明器具を配置し，乳白プラスチックなどの拡散板で覆って照明する方法で，影がなく，室全体に柔らかい均一な光が得られるが，

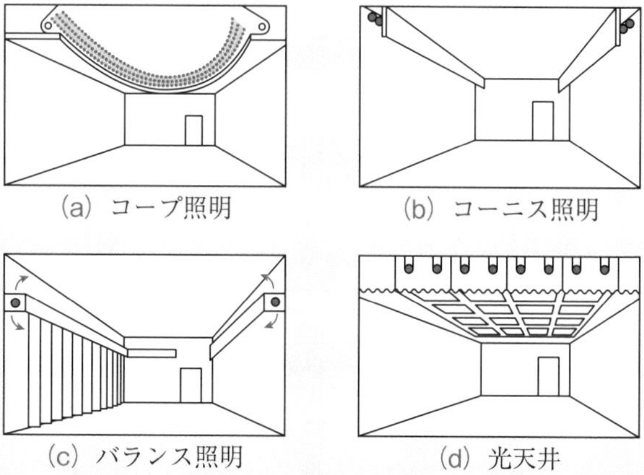

(a) コーブ照明　(b) コーニス照明
(c) バランス照明　(d) 光天井

図 4.8 建築化照明

照度が低いと陰気なイメージになる．

一方，空間のアピアランスを作り出すには，複数の照明器具を組み合わせる方法もある．たとえば，壁側を主に照射するように配光制御された照明器具（ウォールウォッシャー）を，壁面と平行に複数配置することにより壁全体を照らし，空間の明るさ感を向上させることもできる．

4 章の問題

□ **4.1** 発光機構にはどのようなものがあるかを記し，人工光源の種類との関係を説明せよ.

□ **4.2** LED 光源の特徴を具体的に示せ.

□ **4.3** 平均演色評価数とは何かを示し，それが利用できる範囲を説明せよ.

□ **4.4** 照明器具の配光と照明器具の種類との関係を説明せよ.

□ **4.5** 照明方式とそれが実現する光環境の特徴を説明せよ.

第5章

光と色のシミュレーション

光や色は電磁放射であり，その物理的な挙動が視環境を形作り，視環境は輝度画像や測光色画像として表現できる．本章では，簡易的に輝度や測光色を推定する方法を整理し，詳細に推定するためのシミュレーション法について紹介する．

5.1　照明計算の基礎

5.1.1　反射，透過，吸収

ガラスのような透過面に光が入射するとき，入射した光の一部は**反射**し，ガラス内部に入り込んだ光の一部は内部で**吸収**され，残りが反対側に**透過**する（図5.1）．光は物体に当たると，反射されるか，透過されるか，吸収されるかのいずれかであり，反射率＋透過率＋吸収率＝1となる．光は放射であり，これら反射率などは**波長**によって異なるが，一般的な視環境評価では光束を用いて物理量を単純化して表現し，入射光束を F，反射光束を F_{r}，吸収される光束を F_{a}，透過光束 F_{t} として，**視感反射率** ρ，**視感透過率** τ を次のように定義する．

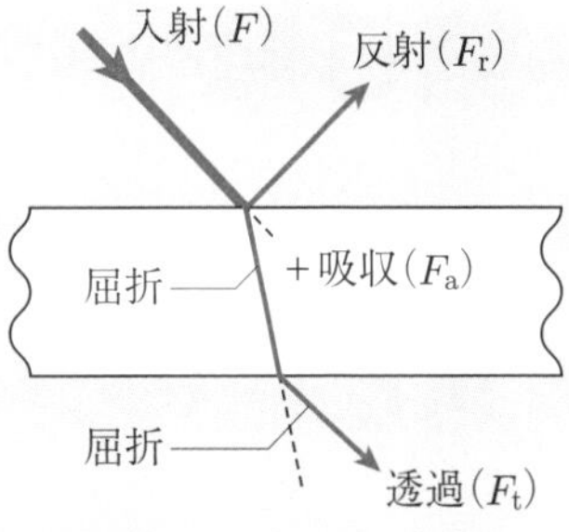

図5.1　反射，透過，吸収

$$\rho = \frac{F_{\mathrm{r}}}{F} = \frac{F_{\mathrm{r}}}{F_{\mathrm{r}} + F_{\mathrm{a}} + F_{\mathrm{t}}} \qquad (5.1)$$

$$\tau = \frac{F_{\mathrm{t}}}{F} = \frac{F_{\mathrm{t}}}{F_{\mathrm{r}} + F_{\mathrm{a}} + F_{\mathrm{t}}} \qquad (5.2)$$

(1)　反射

図5.2(a)に示す鏡面のように光の**反射の法則**に従う反射，すなわち入射角と反射角が等しくなる反射を**正反射**あるいは**鏡面反射**といい，拡散する反射を**拡散反射**（図5.2(b)）という．金属面では境界面での**表皮反射**のみが起こるが，非金属面では境界面での表皮反射と内部での**層内反射**が起こる．金属・非金属とも境界面が平滑であれば正反射が強くなり光沢となる．層内反射は拡散反射で，物質特有の色によって反射する波長域および反射率が異なる．主な建材の視感反射率は**表5.1**のようである．

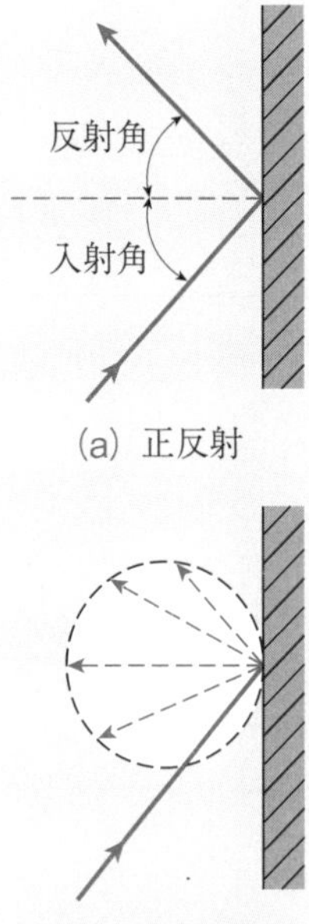

(a)　正反射

(b)　拡散反射

図5.2
正反射と拡散反射

視感反射率は，マンセル表色系のバリュー値より推定することができる．**表5.2**に示すのは，マンセ

表 5.1　材料の視感反射率

材料	反射率 ρ [%]	材料	反射率 ρ [%]
乳白ガラス	60–70	杉板（新）	30–50
すりガラス	15–25	桧板（新）	55–65
ケント紙（白色）	70–80	赤レンガ（新）	25–35
障子紙（白色）	30–50	赤レンガ（古）	5–10
木綿・麻（白色）	60–70	コンクリート	20–30
ベルベット（黒色）	1– 3	たたみ（新）	50–60
ペイント（白色）	70–85	タイル（白色）	70–80
ペイント（濃色）	15–40	タイル（濃色）	10–20

表 5.2　マンセルバリューと視感反射率の関係

V	Y	V	Y
10.00	102.56	4.50	15.57
9.50	90.01	4.00	12.00
9.00	78.66	3.50	9.003
8.50	68.40	3.00	6.555
8.00	59.10	2.50	4.614
7.50	50.68	2.00	3.126
7.00	43.06	1.50	2.021
6.50	36.20	1.00	1.210
6.00	30.05	0.50	0.581
5.50	24.58	0.00	0.000
5.00	19.77		

ルバリューと反射率の関係であるが，2.5.3 項で解説したように，実用上，次の式を使って反射率を算出することで足りる．

$$Y \cong V(V-1) \qquad (5.3)$$

ここで，Y：反射率 [%]，V：マンセルバリューである．

色を考慮した照明シミュレーションでは，**色の反射率**を定義する必要があるが，通常は，視感反射率と同様に，sRGB 値で表された**入射測光色**に対する**反射測光色**の比を求め，これを R, G, B の反射率とするが，もちろん，XYZ 表色系を用いて色の反射率を定義することもある．

(2)　透過

透過も，反射と同様に，**屈折の法則**に従う**正透過**（**図 5.3 (a)**）と，光が拡散して透過する**拡散透過**（**図 5.3 (b)**）がある．ガラスのように，主として正透過しその透過率も高い物体を**透明体**と呼ぶ．主な建材の視感透過率は**表 5.3** のような値になる．また，色を考慮した照明シミュレーションでは，**色の透過率**を，**入射測光色**に対する**透過測光色**の比と定義し，sRGB，あるいは XYZ を用いて表す．

透過性材料を通して景色を見ると，透過光の**正透過成分**が多い場合には，景色によって作り出される輝度画像の輝度変化が保存され，たとえ透過率が低くて

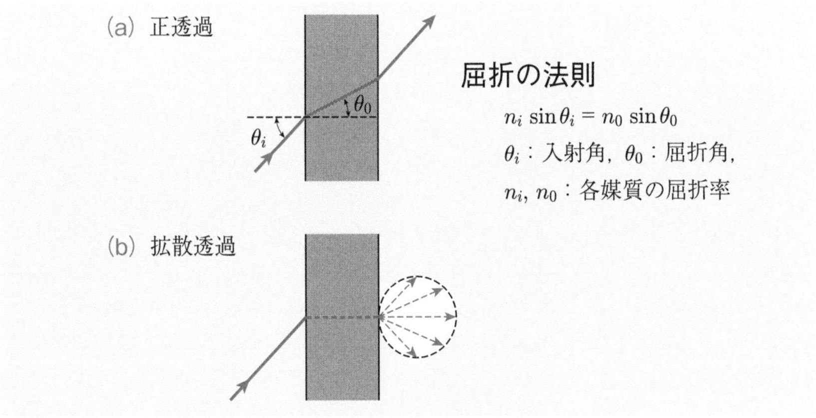

図 5.3　正透過と拡散透過

表 5.3　各材料の視感透過率（拡散入射に対する値）

材料	透過率 τ（%）
透明ガラス	70–85
すりガラス	60–70
吸熱ガラス	50–75
トレーシングペーパー	65–75
障子紙	35–50
新聞紙	10–20
透明アクリライト（無色）	70–90
透明アクリタイト（濃色）	50–75

も景色の様子がそのまま見えるが，拡散透過成分が多いと，一定輝度が**重畳**した輝度画像となり，向こうの景色は見にくくなる．

光が真空中を伝播するときの速度は一定だが，媒質中を伝播するときは**屈折率**に応じてその速度が変化する．屈折率の異なる媒質，たとえば大気と霧（微小な水滴）との境界を光が伝播するときには屈折が生じ，この屈折する角度が光の波長によって異なるため，空に水滴があると七色の虹が架かることがある．

5.1.2　直接照度の計算

光源から受照面に直接入射する光による照度を**直接照度**という．一方，光源からの光のうち，室内の仕上げ面や什器で反射したり，反射を繰り返したりした後，受照面に入射する照度を**間接照度**という．間接照度は，非常に単純な条件以外では手計算で算出することは難しく，通常はコンピュータシミュレーションを用いて算出する．ただ，後述するように，微小な受照面の法線方向の 180 度視野の輝度画像が得られれば，視野内全ての領域を光源とみなした直接照度が算出できるから，180 度魚眼の実測やコンピュータシミュレーションを行えば，空間の点であってもその点の照度，すなわち直接照度と間接照度を足し合わせた照度を算出することができる．

微小な受照面の法線上に光度 I [cd] の**点光源**があるとして，光源から受照面に達する光束を dF [lm]，微小部分の面積を dS_n [m^2]，その照度を E_n [lx]，微小部分と光源の距離を r [m]，光源から受照面に張る立体角を $d\omega$ [sr] とすると（図 5.4 参照）

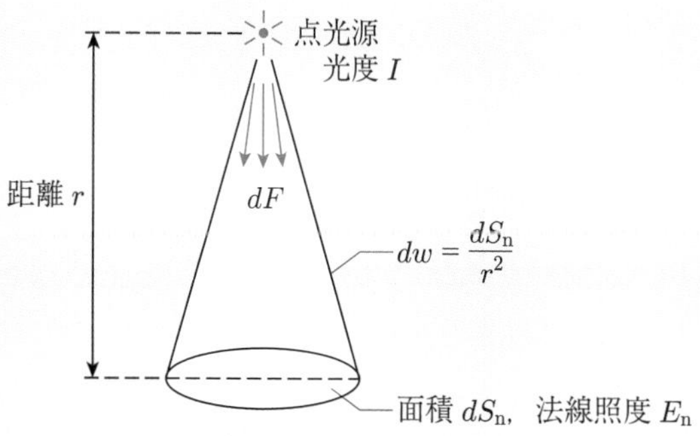

図 5.4　照度の逆二乗則

$$I = \frac{dF}{d\omega} = \frac{dF}{dS_{\mathrm{n}}} r^2 = E_{\mathrm{n}} r^2 \tag{5.4}$$

したがって，

$$E_{\mathrm{n}} = \frac{I}{r^2} \tag{5.5}$$

これを**照度の逆二乗則**という．

ここで，**図 5.5** のように微小な受照面の法線と角度 i の方向に光源があるとき，すなわち受照面への光の入射角が i のとき，光束 dF [lm] を $dS' = \frac{dS_{\mathrm{n}}}{\cos i}$ の面積で受けることになるから，i だけ傾いた受照面の照度 E_i [lx] は，

$$E_i = \frac{dF}{\dfrac{dS_{\mathrm{n}}}{\cos i}} = \frac{dF}{dS_{\mathrm{n}}} \cos i = E_{\mathrm{n}} \cos i \tag{5.6}$$

これを**照度の余弦則**という．

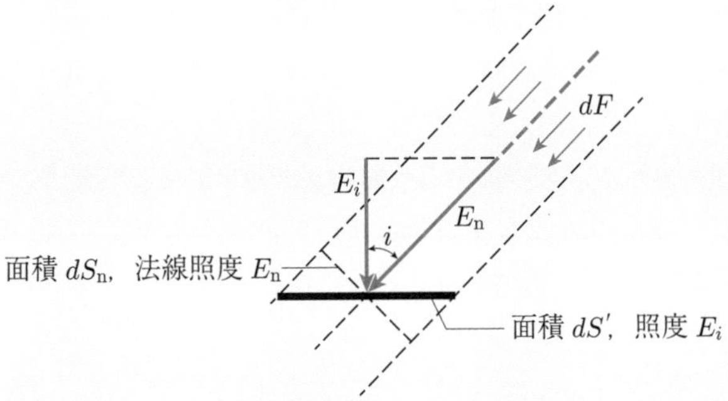

図 5.5　照度の余弦則

式 (5.5) と式 (5.6) より，

$$E_i = \frac{I}{r^2} \cos i \tag{5.7}$$

となり，点光源による直接照度の基本式が求まる．点光源とは大きさを持たない光源を指すが，光源の直径の 5 倍～10 倍以上離れた位置の照度を考える場合，その光源を点光源とみなして計算しても実用上支障はない．

光源の大きさが無視できない場合，**面光源**とみなして照度を計算する．受照点を P とし，面積が S [m^2] の面光源を考え，その微小部分の面積を dS [m^2]，

受照点方向への輝度を L [cd/m^2] とし，その微小部分の法線と受照点方向とのなす角が θ であるとすると，微小部分の見え掛かりの面積は $dS\cos\theta$ となるから，その微小部分を点光源と考えた場合の光度 dI [cd] は $dI = L\,dS\cos\theta$ となる．

ここで，**図 5.6** のように，微小部分から受照面への光の入射角が i で，距離が r [m] である場合，式 (5.7) より，受照点における照度 dE [lx] は

$$dE = \frac{dI\cos i}{r^2} = \frac{L\,dS\cos\theta\cos i}{r^2} \tag{5.8}$$

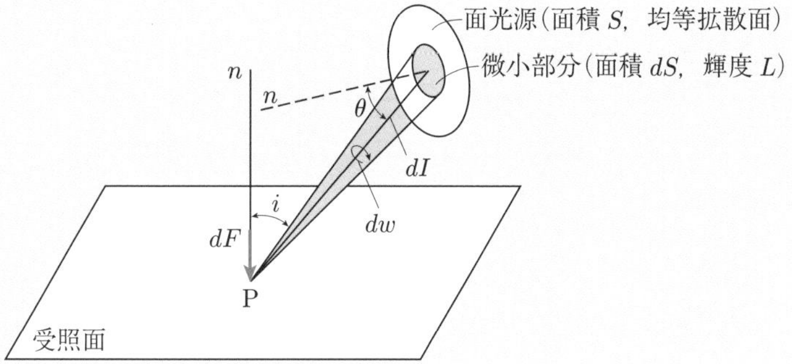

図 5.6　面光源の直接照度

したがって，面光源による照度 E [lx] は，

$$E = \int_S dE = \int_S \frac{L\cos\theta\cos i}{r^2}\,dS \tag{5.9}$$

また，受照点に対する面光源の微小部分の立体角を $d\omega$ とすると，$d\omega = \frac{dS\cos\theta}{r^2}$ であることから

$$E = \int_\omega L\cos i\,d\omega \tag{5.10}$$

ここで，面光源が全体に渡って輝度が一定であるとすると，

$$E = L\int_\omega \cos i\,d\omega \tag{5.11}$$

式 (5.9)〜(5.11) は，面光源による直接照度を求める基本式である．

次に，**図 5.7** のように受照点を中心に半径1の**半球面**を考える．既に解説した「**目に映る画像**」との関係でいうと，この半球面は，点Pの位置から法線方向を見た180度視野の半球面である．

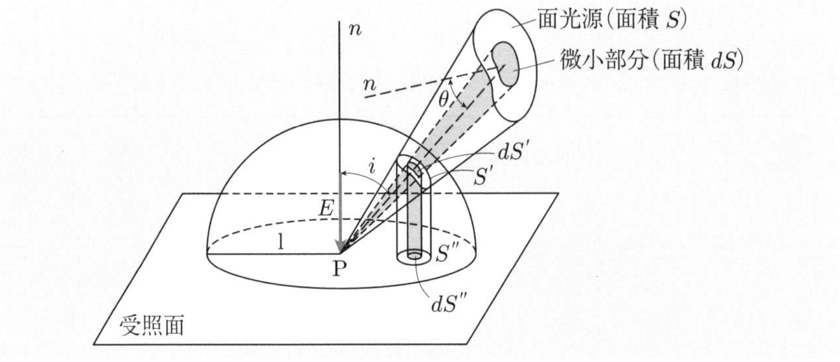

図 5.7 立体角投射の法則と立体角投射率

ここで，面光源の微小部分を底面とし受照点を頂点とする錐体が切り取る球面上の面積を dS'，すなわち微小部分を半球面に射影した面積を dS' とし，さらにこれを受照面に正射影した面積を dS'' とする．受照点に対する面光源の微小部分の立体角 $d\omega$ は $\frac{dS\cos\theta}{r^2}$ で，また半径1の半球面に射影された面積 dS' は $d\omega$ に等しいから，$dS' = d\omega = dS\,\frac{\cos\theta}{r^2}$，したがって dS' を受照面に正射影した面積 dS'' は，$dS'' = dS'\cos i = \frac{dS\cos\theta\cos i}{r^2}$ となる．ここで微小部分の輝度を L とすれば，式 (5.9) より

$$E = \int_S dE = \int_S \frac{L\cos\theta\cos i}{r^2}\,dS = \int_{S''} L\,dS'' \qquad (5.12)$$

すなわち，点Pの位置から法線方向を見た180度視野の半球面に射影した輝度分布を得て，それより半径1の正射影輝度画像を作成し，射影された円内について，輝度 × 射影面積 を足し合わせれば，点Pの照度が算出できる．

ここで，面光源が等輝度で一定の場合

$$E = LS'' \qquad (5.13)$$

これを**立体角投射の法則**といい，S'' を π（半径1の射影円面積）で除した値を**立体角投射率**という．立体角投射率は，分野によっては**形態係数**と呼ばれるが，

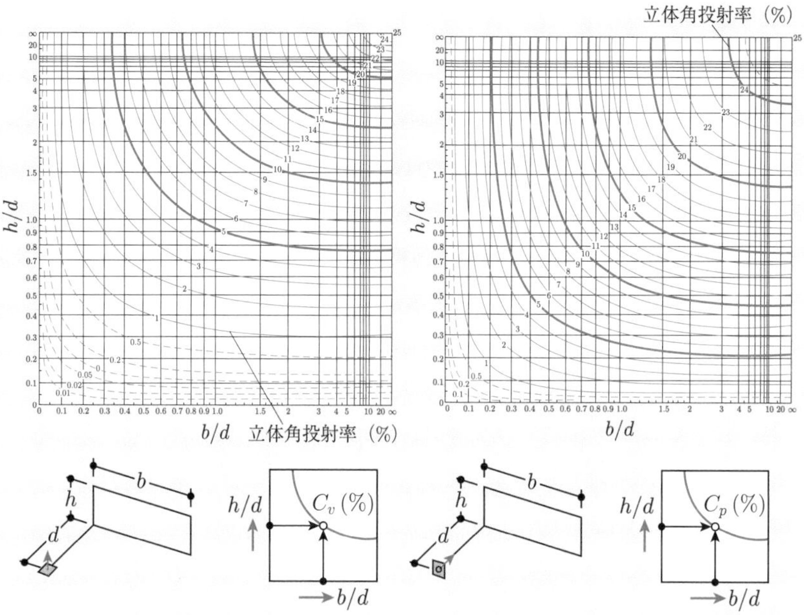

(a) 対象面と測定面が垂直な場合　(b) 対象面と測定面が平行な場合

図 5.8　長方体対象面の立体角投射率

光源と受照面の幾何学的な関係が決まれば一つに定まる量である．そのため，単純な形をした面光源の形態係数がしばしば図表で与えられ，これらを使って面光源からの直接照度を計算することもできる（図 5.8）．

5.1.3　全方位輝度分布

光の量を詳細に検討するにはコンピュータシミュレーションを利用することになるが，エスキース段階でざっくりと窓や照明器具の位置の効果を検討したり，簡単なシミュレーションでルーバーの角度効果などを検証するときには，検討点を中心とした半径 1 の**全球**を考え，球面上に射影された輝度分布，すなわち**全方位輝度分布**をイメージすると，式 (5.13) を利用することで，ざっくりとした照明効果を推定することができる．

天井面，壁面，作業面，床面などの照度を検討するとき，検討したい点を決めた後，図 5.7 のような，検討点の位置から検討面の法線方向を見た半径 1 の半球，天井面なら下向き，壁面なら横向き，作業面や床面なら上向きに見た半球面をイメージし，窓や照明器具といった主たる光源が，球面上のどの位置に射影され（S'），さらに受照面のどの位置に正射影されるか（S''）を推定する．S'' の面積に想定される輝度をかけて照度を推定するが，このとき $dS'' = dS' \cos i$ となるから，光源が法線に近いほど照明効果は大きく，法線から離れるほど効果は小さくなる．

この方法で窓によって得られる照度 E を検討すると，**天空輝度**を L，窓の受照面への正射影面積を S'' とすると LS'' となる．一方，均一輝度 L の全天空を望む状況を想定すると，受照面に正射影される面積は π となるから，そのときの**全天空照度** E_{s} は

$$E_{\mathrm{s}} = \pi L \tag{5.14}$$

これは，天空輝度が一定のとき，**昼光率** $D = \frac{E}{E_{\mathrm{s}}} = \frac{S''}{\pi}$ となることを示している．ここでいう昼光率は，窓からの直接照度だけを考慮したもので，**直接昼光率**と呼ばれる．

一方，天空の立体角投射率を**天空率**といい，しばしば開放感などと関連付けられる．天空の受照面への正射影面積を S'' とすると，天空率は $\frac{S''}{\pi}$ となり，天空が均一輝度の場合，天空率と直接昼光率は一致する．ただ，実際の窓にはガラスが入っており，さらにガラスには汚れなどもあるため，窓面輝度を若干低めに想定した方がよい．

従来，昼光照明の設計では，昼光照度が季節・時刻・天候によって変動するため，昼光の量的な指標として昼光率を検討してきた．しかし現在の昼光照明では，①直射日光も何らかの形で利用しようとしていること，②昼光が不足する際には補助として電気照明を使うこと，などから，3次元CADを使って形状を入力し，**昼光データベース**によって環境条件を設定し，シミュレーションソフトを用いて照度分布や輝度分布を出力し，これを用いて検討することが多い．

一方，検討点を空間の点とすると，その点での**モデリング**がざっくりと検討できる．その点を含む受照面を設定すると，その表側と裏側の照度は，前述のイメージする方法でおおよそ検討できるから，その面の方向をさまざまに回転させれば，照度差が最も大きくなる方向とその照度差を推定すること，すなわち**ベクトル照度**を大まかに求めることは容易で，さらにそれらの平均値を用い

て**スカラー照度**も大まかに推定することができる.

一方，空間にある検討点を人の視点とすると，視点を中心とした球面上に射影された輝度分布は，その視点から見た全方位の輝度分布であるから，任意の視線方向の**アピアランス**が検討でき，**全方位輝度画像**（正距円筒面画像）を用いたり，特定の視線方向の**中心射影**（**透視投影**）輝度画像を生成したり，**グレア**源などの立体角を算出したりすることで，測光量に基づいた定量的な検討ができる．さらに全方位のアピアランス画像を生成すれば，**VR** を用いて疑似的にその空間を体験できる.

このように，視環境評価では，全方位の輝度分布や測光色分布を用いることの意義は大きい.

5.1.4 均等拡散面と輝度

発光面，反射面，透過面などの面で，全ての方向の輝度が等しいものを**均等拡散面**という．理想的な均等拡散面は現実には存在しないが，快晴時の青空，一様な曇り空，良質な乳白色パネルの表面などは均等拡散面に近く，通常の照明シミュレーションでは，極端な光沢材料が想定される場合を除けば，窓以外の構成部材を均等拡散面とすることが多い.

図 5.9 に示す均等拡散面上にある面積 dS $[\mathrm{m}^2]$ の微小部分の法線方向の光度を dI_{n} $[\mathrm{cd}]$，輝度を dL_{n} $[\mathrm{cd/m}^2]$ とすると，

$$dL_{\mathrm{n}} = \frac{dI_{\mathrm{n}}}{dS}$$

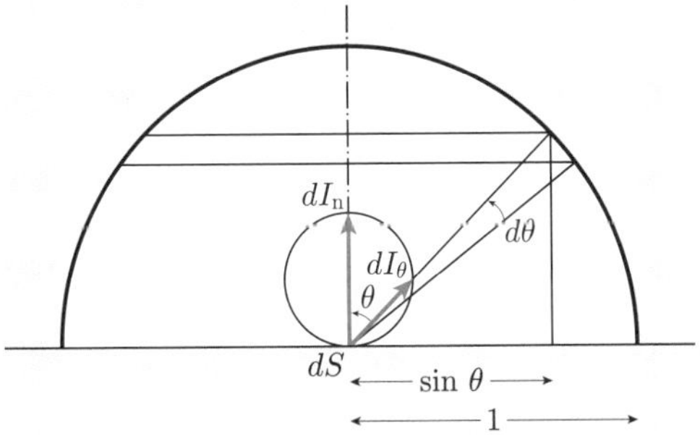

図 5.9 均等拡散面

である．一方，法線と角 θ をなす方向の光度を dI_θ，輝度を dL_θ とすると，

$$dL_\theta = \frac{dI_\theta}{dS\cos\theta}$$

であり，均等拡散面では $dL_{\mathrm{n}} = dL_\theta$ となるので，

$$dI_\theta = dI_{\mathrm{n}}\cos\theta = L\,dS\cos\theta \tag{5.15}$$

すなわち，均等拡散面の各方向への光度分布は，I_{n} を直径とする球で表すことができ，これを**ランバートの余弦則**という．

図 5.9 のように，検討点から法線方向を見た 180 度視野の半径 1 の半球を考えると，θ 方向に発散する光束（図の球面上にある帯状の輪の方向に発散する光束）は $L\,dS\cos\theta\cdot 2\pi\sin\theta\,d\theta$ となるので，均等拡散面から発散する全光束 dF [lm] は，

$$dF = \int_0^{\frac{\pi}{2}} L\,dS\cos\theta\cdot 2\pi\sin\theta\,d\theta = \pi L\,dS\left[\sin^2\theta\right]_0^{\frac{\pi}{2}} = \pi L\,dS \tag{5.16}$$

ここで $\frac{dF}{dS}$ はこの面の光束発散度 M にあたるから，

$$M = \pi L \tag{5.17}$$

となり，反射率 ρ の均等拡散面が照度 E で照らされたとき，この面の光束発散度は ρE で表されるから，その輝度 L は，

$$L = \frac{1}{\pi}\rho E \tag{5.18}$$

となる．

すなわち，**均等拡散面**を仮定すれば，**照度**を検討することは，**反射率**を介して**輝度**を検討することと同じである．

均等拡散面を仮定すると，さまざまな**測光量の相互関係**は，図 5.10 のように，とてもシンプルなものになる．光の効果を大まかに把握するときは，均等拡散面を仮定して必要な測光量を推定し，その後光沢などの効果を加味することが多い．

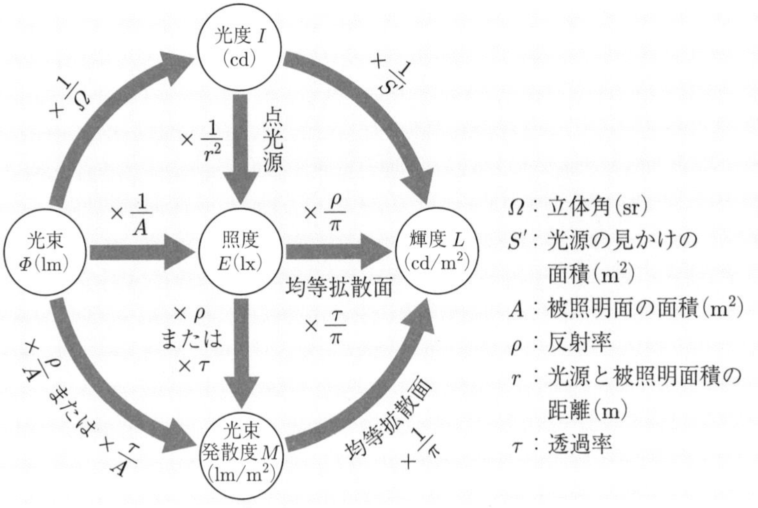

図 5.10 基本的な測光量の相互関係

5.1.5 光束法を用いた平均照度の計算

通常のオフィス照明のように，天井に均等に照明器具を配置し，部屋の隅々まで均一に照明する**全般照明**方式を計画するときは，次を用いて作業面（通常机上面とする）の平均照度を求める．この照度計算の方法を**光束法**という．

$$E = \frac{NFUM}{A} \tag{5.19}$$

ここで，E：作業面照度 [lx]，N：ランプの数，F：ランプ 1 灯当たりの光束 [lm]，U：照明率，M：保守率，A：床面積 [m^2] である．照明率 U は，

$$U = \frac{(\text{作業面に到達する光束})}{(\text{光源から発する全光束})} \tag{5.20}$$

と定義される．

市販されている照明器具には，**表 5.4** のような**照明率表**が与えられており，この表から，天井，壁，床の反射率と**室指数**に基づいて照明率を読み取る．照明率は照明器具の配光，室内面の反射率，室の形により異なるが，室の形による効果が室指数という指数によって示されている．室指数は，室の間口と奥行き

表 5.4　照明率表

照明器具	配光曲線 (ランプ光束 1000 lm)	保守率 器具間隔 最大量	反射率 天井	80%			70%			50%			30%		0%
			壁	50	30	10	50	30	10	50	30	10	30	10	0
			床	10%			10%			10%			10%		0
			室指数	照明率											
埋込み型 (下面プリズム パネル) 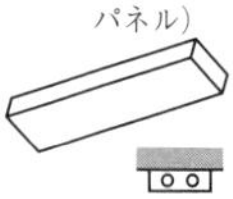	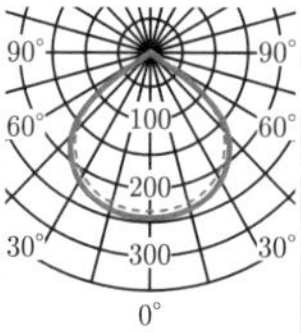	保守率 良　70 普通　65 不良　55 器具間隔 最大限 1.25 H	0.5	32	29	26	32	29	26	32	29	26	29	26	25
			0.8	39	35	32	38	35	33	30	34	32	34	32	31
			1.0	42	30	34	42	38	36	41	38	35	38	35	34
			1.25	45	42	39	46	42	40	45	41	39	41	39	33
			1.5	48	45	42	48	45	42	47	44	42	43	41	40
			2.0	52	49	47	52	40	47	50	48	46	47	46	43
			2.5	55	52	50	55	52	50	53	51	40	50	46	42
			3.0	56	54	52	56	54	52	55	58	62	52	51	49
			4.0	58	56	55	58	56	55	55	55	54	54	53	52
			5.0	59	58	56	59	58	56	59	58	53	55	55	53

を X, Y, 作業面から照明器具までの高さを H として次式で表される.

$$k = \frac{XY}{H(X+Y)} \tag{5.21}$$

保守率は, **光源の設計光束維持率**（M_l）（点灯時間による光束低下の影響）と, **照明器具の設計光束維持率**（M_d）（光源・照明器具の汚れによる光束低下の影響）によって決まる. 屋内作業場の照明基準（JIS Z 9125:2007）では, 保守率が 0.7 以上であることが望ましいとしているが, その場合は, それに合わせた光源の交換時間と器具の清掃間隔を設定しなければならない.

ただ, 計算に保守率を含めることは, **初期照度**を上げることを意味しているから, 調光などで省エネルギーを考える場合は, 保守率を除いて照度を検討する.

5.2 照明シミュレーション

5.2.1 照明シミュレーションの必要性

(1) 視環境評価と照明シミュレーション

視環境評価では，われわれの目に映るアピアランスを定量的に評価するため，輝度画像や測光色画像が必要となる．これらの画像は画素ごとに輝度や測光色を保持するから，たとえ光源が一つであっても，この画像を得るための計算量は膨大となり，さらに多数の照明器具があり昼光などもある実環境を考えると，この計算を人が行うのは現実的でない．

検討しなければならない光は，光源からの**直接光**だけではない．ある領域に入射した光は，反射あるいは透過することでそのエネルギーの一部が吸収されるが，その光はエネルギーが全て吸収されてしまうまで，環境内で相互に反射や透過を繰り返す．このようにしてもたらされる**間接光**を，視環境評価では無視できない．たとえば埋込型の照明器具を天井に取り付けると，天井面に光源からの直接光は与えられないが，床や壁で反射した間接光が天井面に与えられて輝度，明るさを持ち，この明るさが部屋の印象に大きな影響を与える．

光源から放射された光の挙動は本来波長によって異なり，正確なシミュレーションには分光分布を考慮する必要があるが，これは高速コンピュータであっても計算負荷が高い．そのため，建築空間の視環境を評価するためのシミュレーションでは，光放射を光束という一成分の放射に**単純化**したり，XYZ や RGB といった三成分からなる放射に単純化したりする．また，多くの物体では，物体表面に入射した光は内部で散乱して異なる点から出射したりするが，このシミュレーションも計算負荷が高すぎて実現することが難しいため，通常は，全ての物体表面の反射・透過を均等拡散だけとしたり，**正反射**（透過）と**均等拡散**の二つの成分だけからなるとしたり，入射方向と反射方向の違いを考慮するが入射点と反射点は一致するとしたりする．

非常にシンプルな反射や透過のモデルを採用したとしても**照明シミュレーション**が必要であり，現実に近づけようとすればするほど，その計算負荷は指数関数的に増えていく．照明シミュレーションでは，より物理的に正しいことと計算負荷はバーター関係にあり，必要に応じてそのバランスを調整することになる．

(2)　CGと照明シミュレーション

コンピュータ処理によって作成された画像情報を総称して**CG**（コンピュータグラフィックス）というが，CAD（computer aided design），リモートセンシング，CTスキャン，画像処理といった工学的な分野から，コンピュータアート，アニメーション映画，コンピュータゲームといった文化，娯楽の分野まで，とても幅広い分野で利用されている．これらのCGのうち，**3次元CG**（3DCG）と一般に呼ばれているCGは，特に視環境設計と関わりが深い．その作成プロセスを見ると分かるように，仮想環境の中で光を操作し，リアルな見え方の画像を作り出し，今では写真と区別ができないほどの仕上がりを持つCGを作ることもできる．

しかしながら，多くのCGソフトは視環境設計には使えない．たとえ写真のように美しい画像を作成できたとしても，実環境での見え方との対応関係が不十分であるからである．

CG画像生成の計算プロセスを，本来の意味を考慮して書き出すと**図5.11**のようになる．まず，仮想的な空間に物体を設置し（**形状データ**），物体表面の反射特性（**材料データ**）を与える．そして，仮想的に設置された光源からの光（**照明データ**）が，直接あるいは相互反射を繰り返した後，視点の前に設定された仮想的なスクリーン上の画素を通過する量を，さまざまなアルゴリズム（計算方法）で予測する．光源や反射率の設定が測光量に基づいていて，さらにアル

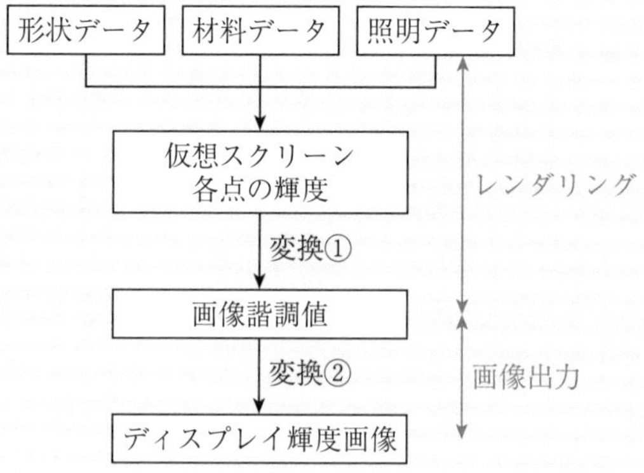

図5.11　CG画像生成プロセス

ゴリズムが光の挙動に則っていれば，この通過する光の量が**輝度**や**測光色**となるが，CG 画像生成ではこの点が非常に曖昧である．出力される画像データは画像**階調値**であり，利用者が実際に目で見ることになるディスプレイ輝度との関係（2.4 節で解説している変換②の部分）については，何も考慮はない．さらに，スクリーン各点の輝度や測光色を推定するプロセスと，画像階調値に変換する（変換①）プロセスという，二つのプロセスを合わせて**レンダリング**と呼んでおり，これがブラックボックスとなっている．最近では，画像階調値に落とす前の数値データを **HDR 画像**として出力するものもあるが，これも輝度や測光色との対応関係が明示的に示されておらず，利用できない．

照明シミュレーションとは，たとえ簡略化したモデルを採用したとしても，信頼に足る**光源データ**と物体表面の透過や**反射特性**を用い，発せられた光がコンピュータ内で採用したモデル通りに挙動し，最終的に得られる輝度画像や測光色画像が信頼に足るものとなるシミュレーションをいい，きれいな絵を作ることを目的とした CG ではない点に注意が必要である．

5.2.2 照明計算のアルゴリズム

直接光の照明計算は，手計算でも可能なことから分かるように，解析的に行うことができる．ところが，**間接光**の計算は，光が物体表面に当たって散乱する様子を物理法則に基づいてシミュレートする必要があり，直接光の計算と比べものにならない高度なアルゴリズムと計算時間が必要となる．このような間接光の計算を CG の分野では**大域照明**（global illumination）と呼ぶ．大域照明の計算アルゴリズムは，**光束伝達法**（ラジオシティ法）と**光線追跡法**（レイトレーシング法，ポイントサンプリング法）という二つに大別され，光束伝達法は分割した面相互の光の授受を扱い，光線追跡法は光を光線の集合として扱う（図 5.12）．

光束伝達法は CG の分野ではラジオシティ法と呼ばれ，輻射熱の伝達において**形態係数**（**立体角投射率**）を求めて熱の授受を推定する計算と原理は同じである．対象空間の表面が均等拡散面だけで構成されるとし，分割した全ての小領域の間の光束のやり取りの平衡状態を**行列計算**で求める．ラジオシティ法の良さは，視点位置を考慮することなく間接光の計算を行うことができることで，一度の収れん計算で各面の輝度が求められれば，視点位置を次々に変えて空間

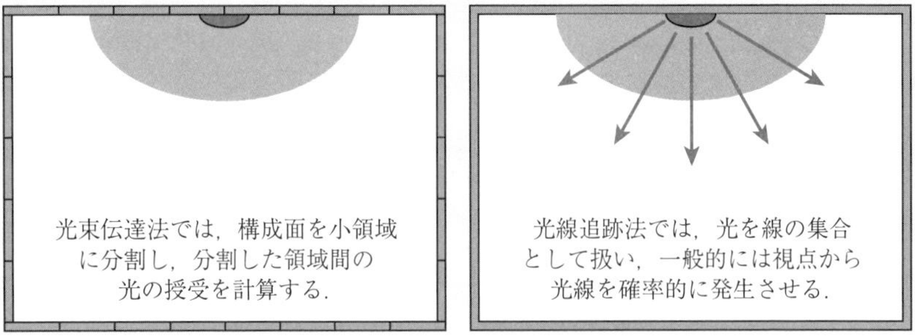

図 5.12　光束伝達法と光線追跡法の考え方

の中を歩き回るような画像を，単純な射影変換だけで生成することができる．一方，形態係数を計算する際には，途中に障害物があることを考慮する処理プロセスが必要で，さらに分割した面内では光量が一定として計算を進めるため，面内の光が不均一である場合は面を細かい**パッチ**と呼ばれる領域に分割する必要があり，画像生成の際には面間の輝度がスムーズに変化するように見せるための**内挿処理**が必要となる．隠面処理や面の分割には手間や技術が必要で，面分割を細かくすると計算量が急激に増加するという問題がある．

光線追跡法は，イメージベースと表現されることもある計算方法で，光を線の集合として扱う．一般的には計算負荷を減らすため，視点から光線を確率的に発生させ，その 1 本 1 本を独立のものとして計算する．視点から発生された光線が**拡散反射面**に到達すると，そこで光線の追跡を終了し（パストレーシング法と呼ばれる方法ではさらに追跡），その輝度を光源との幾何学的条件から求める．到達した面が**正反射面**や**正透過面**であるときは，正反射や正透過の方向にさらに光線を追跡し，拡散面に到達するまでこれを繰り返す．そのため，面の輝度を一定とする光束伝達法の制約が解消され，より汎用的な現象，たとえば鏡面反射や屈折などを扱うことができ，面の分割も不要である．実際の計算では，対象とする光線を確率的にサンプリングして数を増やしていき，精度が得られたと判断した時点で計算を打ち切る．すなわち，サンプリングされた光の挙動だけをシミュレーションしてその結果から全体を推測するので，推定誤差が必ず生ずる．

光束伝達法は，さまざまな制約条件はあるものの実用的な手法であり，光線追跡法は，制約条件が少なく汎用的であるものの，計算負荷が高い．そのため，この二つの計算手法の優れた点を混ぜ合わせて利用する手法，たとえば，間接照明の計算のためだけに光束伝達法を用いて，最終画面を作成する段階で光線追跡法を利用するというような計算手法が多く提案されてきている．

照明器具の光学設計で利用されるシミュレーションは，光源から光線を発してその経路を追跡する光線追跡法であり，現在では，**光源からの光線追跡**と，**視点からの光線追跡**の二つを組み合わせて画像を生成する手法が主流となっており，前者をダイレクトシミュレーション，後者をインバースシミュレーションと呼ぶこともある．**フォトンマッピング法**もこの方法の一つで，一定の臨界値に到達するまで，光源からと視点からの光線をそれぞれ独立して追跡し，輝度画像を生成する段階で結合する．フォトンマッピング方法では，光線光学に基づいて光を離散化したものを**フォトン**と呼んでおり，物理的な意味でのフォトン（光子）とは異なる点に注意が必要である．

5.2.3　照明シミュレーションのためのデータ

(1)　反射・透過特性データ

物体表面の最も単純な反射・透過のモデルは，均等拡散だけからなるとし，**視感反射率**や**視感透過率**を定義する方法，すなわち光束という 1 成分だけで表現する方法である．反射物体の場合，視感反射率はマンセルバリューより式 (5.3) を用いて算出すればよい．一方，XYZ あるいは RGB の三成分からなるとする場合は，マンセル表色系の付属資料，たとえば D65 光源で照射した場合の各マンセル色票の測光色一覧から，均等拡散を仮定して **$\boldsymbol{XYZ}$ の反射率**を求めればよい．

材料表面の特性が，**正反射**（正透過）と**拡散反射**（拡散透過）で表されるとする場合は，日本工業規格 JIS Z 8722「色の測定方法–反射及び透過物体色」や，国際照明委員会（CIE）が発行している技術報告書 CIE 15“COLORIMETRY”で解説されている方法に従って測定する．たとえば反射特性は，材料からの反射光を**積分球**内で拡散させ，正反射と拡散反射を含む成分と，**ライトトラップ**を用いて正反射成分を除いた拡散反射のみの成分を測定し，拡散成分は理想的な拡散反射・拡散透過面（ランバート拡散）とする．

光学設計や，材料表面の詳細な見え方を評価したい場合でも，通常は入射点と出射点が一致するモデルを採用し，**双方向反射率（透過率）分布関数**（BRDF：Bi-directional Reflectance Distribution Function, BTDF：Bi-directional Transmittance Distribution Function）を求める．BRDF や BTDF は，光が入射する角度毎に，反射角毎の輝度を測定したもので，専門機関に測定を依頼することができる．一方，入射点と出射点が異なるとする場合は，**双方向散乱面反射率分布関数**（BSSRDF：Bi-directional Scattering-Surface Reflectance Distribution Function）が必要となるが，現在のところはこれを正しく測定することは難しい．

(2)　光源データ

昼光データは，建物を建てる地方の特性を考慮したものとする必要があるため，何らかの方法でその地方の実測値に関連付ける必要があり，実測値に基づいたデータベースを利用することになる．最も好ましいのは，CIE の IDMP（国際昼光測定プログラム）に基づくデータベースだが，このデータがあるのは一部の限られた地域であるため，通常は，**気象データベース**として整備されている**水平面全天日射量**の年間，時刻別データを利用する．手続きとしては，水平面全天日射量を**直達日射量**と**天空日射量**に分離し，さらに**発光効率**を推定することで，**直射日光照度**と**全天空照度**を求め，全天空照度に対応させて**天空輝度分布**を推定する（3 章を参照）．

一方**人工光源**のデータは，照明各社が配布している**配光データ**を利用するのが最も手っ取り早い．通常利用される配光は，実際には大きさを持つ照明器具を**点光源**として取り扱い，照明器具を原点とした光度を極座標で表したもので，正確には**ファーフィールド配光**という．一方，大きさを持った光源として定義する配光データも現在では取得可能となっており，これを**ニアフィールド配光**という．ニアフィールド配光では，光源や照明器具の発光部を微小面素（画像）に分け，それぞれの面素の配光（点光源としの配光）が定義され，シミュレーションでは，これらの面要素の一つひとつを点光源として計算する．

通常の照明シミュレーションで利用される配光データは，IES（北米照明学会）が規定したフォーマット（**IES フォーマット**）に準じたデータセットとして提供されることが多い．この配光データの例を**図 5.13** に示す．

図の 6 行目の「TILT = NONE」までは名称の羅列であまり意味はなく，実際のデータは図の 7 行目から始まり，それぞれ次のような意味を持つ数値となっ

```
01 IESNA91
02 [TEST] TEST
03 [MANUFAC] IEIJ-CG
04 [LUMINARE] TEST
05 [LAMP] TEST
06 TILT=NONE
07 1 10000.0 1 37
08 1 1 2
09 0.0 0.0 0.0
10 1.0 1.0 1.0
11 0 5 10 15 20 25 30 35 40 45
12 50 55 60 65 70 75 80 85 90 95
13 100 105 110 115 120 125 130 135 140 145
14 150 155 160 165 170 175 180
15 0.0
16 9679 8934 8347 7862 7419 6939 6298 5279 3464 0
17 0 0 0 0 0 0 0 0 0 0
18 0 0 0 0 0 0 0 0 0 0
19 0 0 0 0 0 0 0
```

図 5.13 IES フォーマットで記載された配光データ

ている．

〈ランプ数：1〉〈ランプ当たりの光束量：10000 lm〉〈補正係数（通常は 1）〉〈鉛直方向の配光データ数：37〉〈水平方向の配光データ数：1〉などのデータが並ぶ．

11 行目からは，鉛直方向の角度が配光データ数だけ並ぶ（この場合は 0 度から 5 度ピッチで 180 度まで 37 個のデータが並んでいる）．そのデータの後，15 行目に水平方向の角度が並ぶが，この場合 0 度の一つとなっていて，法線を軸とした回転体のような配光になっていることがわかる．

この後，各角度の光度の値が角度毎に並んでいく．この場合，真下（鉛直角 0 度）向きの光度が 9,679 cd，斜め 5 度の方向の光度が 8,934 cd であることが分かる．

一方，ニアフィールド配光データは，共通規格が整備されれば，それを用いた照明計算の負荷は現在でもそれほど大きくないことから，今後の活用が期待されている．

現実にシミュレーションを使って視環境設計を行う場合のボトルネックは，実はソフト自体にあるのではなく，形状を入力する手間と，正確な光源データや反射率データなどを揃える手間にある．

5.2.4　生成画像の評価

視環境評価のための照明シミュレーションでは，より物理的に正しいことと計算負荷が**バーター関係**にあり，どのような照明シミュレーションであっても，両者のバランスが調整されたものである点を認識しておく必要がある．視環境評価に当たっては，利用するシミュレーションが，光源の設定，反射率や透過率，光の挙動などについて，どのような**モデル化**を行っているかを十分把握しておく．評価の方法には，評価に関連する物理的な**指標**を用いて評価する方法と，計算の結果得られた輝度画像や測光色画像をディスプレイに**表示**して見て確認する方法があるが，それぞれについて，次のような注意が必要である．

物理的な指標を用いた評価では，正確な評価が行われると考えてしまいがちだが，必ずしもそうではなく，特に照明器具の**グレア評価**には注意が必要である．通常の照明シミュレーションでは照明器具を点光源としてモデル化するが，その場合，グレア評価の際に必要とされる照明器具の輝度は，照明器具の見え掛かりの面積で光度を割ることで求められる．すなわち，見え掛かり面積の**平均輝度**を求めており，現実の照明器具で，光源が直接見えたり，反射板の一部が鏡面反射したりしてまぶしいという特性は失われる（図5.14）．照明器具の正確なグレア評価にはニアフィールド配光を用いたシミュレーションが必要となる．

(a) 実測値　　(b) 照明シミュレーション

実際には見えている高輝度部分が照明器具を点光源とした照明シミュレーションでは均一化されている．

図5.14　実測と照明シミュレーションの照明器具の輝度分布の違い

輝度画像や測光色画像をディスプレイで**表示**して確認する際は，提示するディスプレイに限界がある点に注意が必要である．通常のディスプレイは**最高輝度**が

200～300 cd/m^2 で実環境よりかなり低いため，計算で得られた測光色画像などの絶対値をその範囲に収めて提示することになるが，アピアランスに最も大きく影響する**コントラスト**が保存されていない方法，すなわち CG 分野でいう**トーンマッピング**と呼ばれている方法では，アピアランスが異なっている点に注意が必要である．コントラストが保存される方法には，写真のように**一定比率で減光**する方法と，**リアルアピアランス画像**を生成する方法があり，リアルアピアランス画像では，一定比率で減光したときに実際よりも暗く見えてしまう領域の見え方を，現実に近い見え方に補正する．さらに，どのような方法であれ，ディスプレイは低い輝度を正確に表示できないこと，輝度変化の様子が 8 ビットなどのディジタル値に落とされ階段状に表現されていること，さらに空間的にも，ディスプレイが持つ解像度にディジタル化されていることから，アピアランスが近似されているという認識が必要である．

5章の問題

□**5.1**　床面のある点の照度に及ぼす天窓と側窓の効果の違いを，立体角投射の法則を利用することで説明せよ．

□**5.2**　室内の間接光を簡易的に算出する方法として，次の公式が知られている．この導出を試みよ．

$$E_{\mathrm{r}} = \frac{\rho_{\mathrm{m}}\phi_{\mathrm{d}}}{S(1-\rho_{\mathrm{m}})} \tag{5.22}$$

ここで，E_{r}：室内の平均的な間接照度 [lx]，ρ_{m}：室内の平均反射率 [-]，ϕ_{d}：光源から室内に与えられる光束 [lm]，S：室内全表面積 [m^2]．

□**5.3**　均等拡散面を仮定することで，さまざまな測光量がどのような関係となるかを示せ．

□**5.4**　視環境設計には，フォトリアリスティックなCG画像であっても利用できないが，その理由を説明せよ．

□**5.5**　照明シミュレーションで生成された測光色画像を評価する二つの方法を示し，それぞれの注意点を説明せよ．

第6章

視環境の評価

視環境の評価はアピアランスに基づいて行われるが，本章ではまず，アピアランスをフォーカルとアンビエントという二つのモードで検討する必要性を解説する．さらに，様々なアピアランスを決める要因と，多様なアピアランスの事例を紹介し，評価との関係を解説する．

6.1　視環境とアピアランス

視環境の評価や設計では，現実環境の視覚体験を確認するため，視野の一部を切り取った測定画像などを利用し，それを表示したり解析したりすることで評価を進め，設計に当たっては，シミュレーションを用いて同様の画像を生成するか，あるいは画像を思い浮かべることによって，設計が現実化したときの視覚的な体験を推定しながら設計する．このような方法で設計を進める必要があるのは，建築や物体の見え方，すなわち**アピアランス**を検討するには，本来**画像としての表現**が不可欠であるからである．しかしながら，全てのアピアランスが画像の情報だけで決まるわけではない．本章では，画像以外の情報も含めて，アピアランスに影響を与えるさまざまな要因を整理する．

われわれが実環境を見るとき，図 6.1 に示すように，意図的に目の焦点を対象物に合わせ中心視で見る場合と，個々の対象物には目の焦点を合わせることなく，無意識的に見る場合があり，それぞれの場合で求められるアピアランスは異なる．視線を固定して焦点を合わせて意図的に見ることを**フォーカルビジョン**といい，全体をざっと見まわしたり，周辺視で見たりすることを**アンビエントビジョン**という．われわれがある環境に初めて訪れたとき，まず全体をざっと見渡し（アンビエントビジョン），その後必要な部分をしっかりと見る（フォーカルビジョン）というプロセスをとる．それぞれに役割があり，中心視だけが重要というわけではない．視環境設計では，空間を利用する人が空間の中を移動し，ある方向に意識的あるいは無意識的に視線を向けるという行為を想定し，その

フォーカルビジョン

見ようとする対象に焦点を合わせ，中心視を用いて意図的に対象を見るときの見え方

アンビエントビジョン

景色を見まわしたときに，さまざまなものが自然に目に入ってきたり，視対象の周辺にあるものが自然に目に入ってきたりするときの見え方

図 6.1　フォーカルとアンビエント

ときにどのようなアピアランスが必要とされるかを考え，設計を進めていく．

従来の照明設計では，実環境でのアピアランスを直接検討することはなく，一般的には**照明の量**と**照明の質**という二つの側面から検討してきた．ここでいう照明の量とは照度値のことで，それ以外の側面は全て照明の質と呼ばれ，本章で詳しく解説するが，それらはグレア，光幕反射，演色性，フリッカ，光の方向性などであり，さらに照度分布や輝度分布を含めることもあった．

これらの項目をアピアランスという観点から整理すると，アピアランスに直接結びつく項目とアピアランスに間接的に結びつく項目に分類することができる．アピアランスに直接結びつく項目とは，目で見ることでその良し悪しが判断されるもので，グレア，光幕反射，演色性，フリッカ，室内輝度分布，さらに机上面の照度分布（実際には反射率を想定した輝度分布）などである．これらのアピアランスは，本来は目に見える画像を推定しなければ検討できないのだが，これまでの照明設計では，これを間接的な方法で評価，検討してきた．一方，照度値，光の方向性などは，アピアランスに影響を与えるものの，それらだけで具体的なアピアランスを推定することはできず，視対象を想定することが必要となる．特に照度値は，視認性という重要なアピアランスを確保するために検討されるものだが，想定する視対象があいまいなことが，7 章で解説するように，最適な視環境が設計されない要因となっていた．

視環境の評価，設計では，これまで照明設計で検討されてきた項目を，今までとは異なった方向から検討することになる．

6.2　アピアランスを決める要因

6.2.1　順　　応

アピアランスの基本となる目で感じる光や色の強さは，心理物理量としての光の量だけでは決まらないが，その大きな要因の一つが順応の効果である．人の感覚器官は，外からの刺激に応じて感受性を変化させ，過度に強い刺激から感覚器官を保護し，非常に弱い刺激の変化に対しても敏感に反応できるようになっている．このような感覚器官の感受性の変化の過程，または変化した状態を**順応**といい，視覚系もこの性質を持っている．

われわれが順応できる光量の範囲は，晴天の直射光下の 100,000 lx から星明りの 0.001 lx という，10^8 もの範囲である．環境の光量が変化したとき，まず眼球の光の取り入れ口である**瞳孔径**が変化し，眼球に入る光量を調整する．しかしながら，瞳孔径の変化範囲は 2〜8 mm にすぎず，それによる瞳孔面積の変化は 16 倍程度にすぎない．これ以上の変化に対応するため，われわれの眼は**錐体**と**桿体**《かんたい》という 2 種類の視細胞を持ち，その間を移行することで順応を達成する．錐体は 10^{-2} cd/m^2 以下の光を知覚することはできないが，棹体は 10^{-4} cd/m^2 程度の光まで知覚することができる．順応には，この移行以外にもさまざまな機構が関係しており，視細胞に含まれる視物質の状態が変化したり，視細胞の応答性が変化したり，網膜細胞の神経的なつながりが変化したりすることで，順応が成し遂げられていると考えられている．

視覚系が明るい状態から暗い状態に慣れる順応を**暗順応**，逆の場合を**明順応**といい，図 6.2 に示す通り，明順応は極めて速やかに行われる．それに対して，暗順応は 30 分程度の時間を要し，最初の 5 分間程度で錐体の感度が上昇し，続いて棹体の感度が上昇する．

視覚的な順応は，光量に対してだけでなく色に対してもあり，これを**色順応**という．たそがれ時に色温度の低い照明をつけると，初めは全体がオレンジがかった色に見えるが，夜になるとそのような感じがなくなる．これが色順応の効果である．色順応の効果の大きさを体験するには，目に二つに割ったピンポン球をかぶせ，外から色光を照射すればよい．このとき視野全体が均一な色光で満たされる**等質視野**となるが，こうして作った赤や緑の等質視野は，数分で色味が全く失われ，グレイまた黒に見えるようになることが知られている．

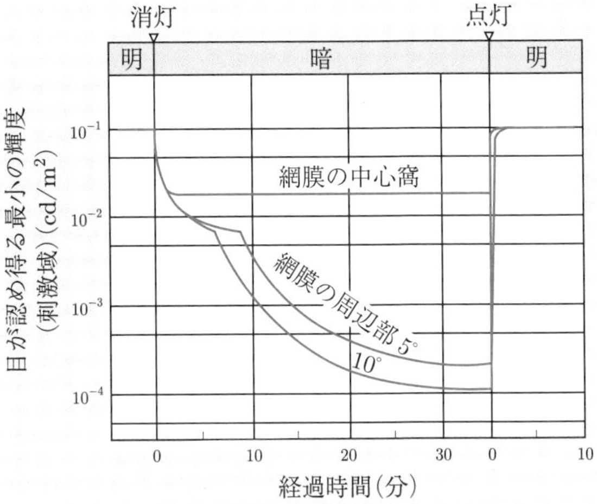

図 6.2　明順応と暗順応

6.2.2　知覚量の非線形性

ある量の光や色が刺激として提示されたとき，われわれがその刺激から感じる強さは，刺激の心理物理量と比例するわけではない．両者の関係は**対数関数**，あるいは**べき乗関数**を使って表現される．

対数関数を使った表現は**ウェーバー–フェヒナの法則**に基づいている．

ウェーバの法則とは，物理的な刺激量（L）と感覚量（S）の関係について，刺激量が ΔL だけ増加すると感覚的には $\frac{\Delta L}{L}$ に比例した量だけ増加したように感ずる（$\Delta S = k\frac{\Delta L}{L}$）というもので，通常の範囲では，刺激と感覚の関係の概略を示すといわれている．フェヒナは，この増分に注目したウェーバの法則を数学的に変換して（両辺を単に積分する），感覚量と刺激量の直接的な関係を導いた（$S = k\log\frac{L}{L_0}$，L_0：知覚できる最小の刺激量（**刺激閾**））．この関係式はウェーバー–フェヒナの法則と呼ばれ，感覚量は刺激量の対数に比例するという，感覚と刺激の間の一般な関係を示すものとして有名である．

一方，べき乗関数を使った表現は，**スチーブンスの法則**に基づいている．

スチーブンスらは，感覚量は刺激の増分知覚に基づくという仮説を経ることなく，感覚量を**直接評価**させることによって刺激と感覚の関係を探り，感覚量は刺激のベキ乗に比例するとする（$S = k(L - L_0)^n$）スチーブンスの法則を導いた．n の値は対象とする刺激によって変化し，明るさを対象とした場合，$n = 0.33〜0.5$ となるという．

二つの法則は，図 6.3 のように物理刺激を横軸に知覚量を縦軸にとって考えると，どちらも比例せず上に膨らんだ関係であることを示し，特別に大きな違いはないといってもよい．通常は，数学的な操作のしやすさから，対数が使われることが多いが，べき乗関数は物理量が 0 の点が感覚量が 0 となるという利点がある．そのため，反射率とマンセルバリューの関係式，均等色空間の表現式，ディスプレイの sRGB のガンマ値などで利用されている．

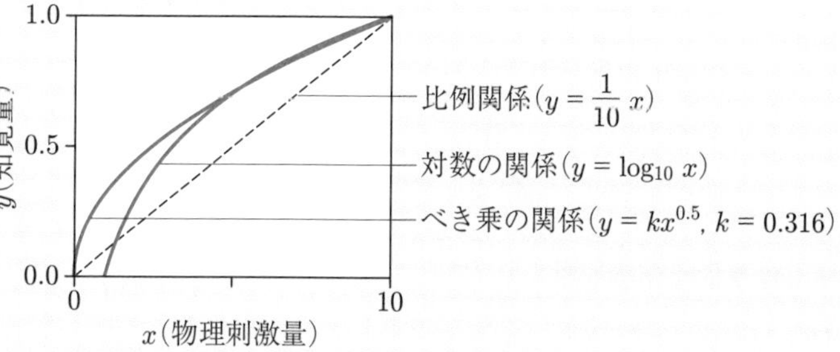

図 6.3 べき乗表現と対数表現

測光色の色味の見え方が xy 色度図で表現できるとすると，XYZ 表色系の定義から，光の強度（輝度）とは無関係に色味が算出できるが，現実には，光の強度によって色味の知覚が変化する現象が報告されている．光の強度によって知覚される色相に変化が生じる**ベゾルド–ブリュッケ現象**，同じ輝度であっても，色の純度（彩度）が上がると明るく見える**ヘルムホルツ–コールラウシュ効果**，同じ主波長（色相）でも純度（彩度）によって色相が異なって見える**アブニー効果**などが報告されているが，これらは S, M, L 錐体の非線形性がそれぞれで少し異なることにより生ずる可能性が高い．

6.2.3 測光色分布

実環境でのアピアランスの体験の多くは，実環境と同じ**測光色分布**を眼前の十分広いスクリーン上に再現すれば追体験できる．ここでは，そのような形で追体験できる，測光色分布と関連する多くのアピアランスを解説する．なお，主に明るさだけが問題となる場合は測光色分布ではなく輝度分布と表現するが，色を考える場合は輝度分布を測光色分布に読み換えればよい．

(1)　同時対比と同化

同じ輝度の対象物であっても，その対象物周辺の輝度の高低によって，われわれが知覚する対象物の明るさが変化する．この効果を明るさの**同時対比**という．図 6.4 の左右の中央グレー部分の反射率は等しく，したがって輝度も等しいが，周辺が黒い左側のグレー部分の方が，周辺が白い右側のグレー部分より明るく見える．

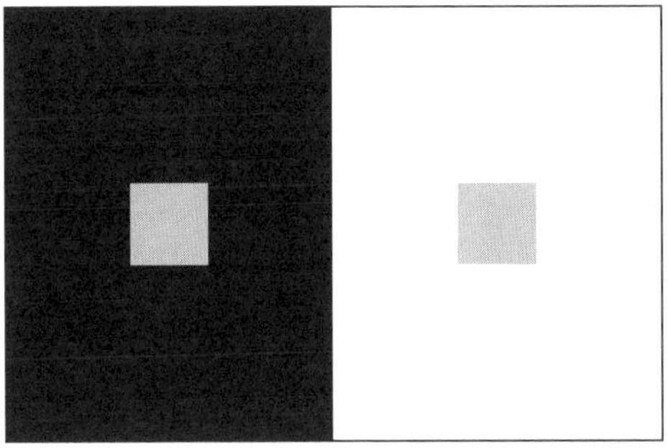

中央のグレーの反射率は物理的には同じだが左の方が明るく見える．

図 6.4　明るさの同時対比

このような同時対比は色味についても生じ，図 6.5（口絵 6-1）の中央部分のマンセル色は等しいが，周辺の色彩によって異なった色に見える．

同時対比の効果は，背景が大きいほど，また中央の対象がある程度まで小さいほど大きく，背景との違いが大きくなる方向，すなわち変化を強調する方向に知覚がずれることが知られている．一方，状況によっては，逆に近づく方向に変化して見える場合があり，これを**同化効果**という（図 6.6（口絵 6-2））．どのような場合に同化効果が発生するかについては十分解明されているとはいえないが，対象が非常に小さくなると同化効果が生ずることは確かで，テレビ画面の三原色を考えれば，**混色現象**の一つであると推察できる．

同時対比の効果は，実環境に存在するさまざまな物体を効果的に検出することに利用されていると考えられ，後述する恒常性と深く関連している．

一方，図 6.7 のような輝度が変化する部分のエッジが強調されて見える**マッハバンド**と呼ばれる現象もある．この現象は，人の視覚系がある特定の粗さの

左から右へと輝度は階段状に増加しているが，境界部分が強調されて見える．

図 6.7　マッハバンド

白い格子の輝度は一定だが，周辺視で見ている交点部分にはグレーの点が見える．

図 6.8　ハーマングリッド

輝度変化を強調する機構（**バンドパスフィルタ**と呼ばれる）を持っているためであると解釈されている．特に網膜上の視細胞にエッジ部分を強調する機能，すなわち**コントラスト**を強調する機能があることは生理的にも確認されており，これは**側抑制**と呼ばれている．さらに，この側抑制の効果は，中心視と周辺視で異なっていることが知られている．**図 6.8** に示す**ハーマングリッド**の白い格子の交点を中心視で見ると，その部分は白いだけだが，周辺視で見えている他の格子の交点にはグレーの点が見える．この現象は，中心視と周辺視で側抑制の効果が異なっているためであると解釈されている．

(2)　恒常性

炎天下であっても黒い物体は暗く，薄暗い屋内でも白い物体は明るく見える．ところが，両者の輝度を測定してみると，前者の黒い物体の輝度は，しばしば後者の白い物体に比べて高い値となる．この現象を見ると，われわれは，ある対象物に照射された光の量（**照度**）と対象物の**反射率**を分離して知覚することができ，その推定された反射率によって**明るさ知覚**が決まると解釈することもできる．すなわち，反射率の同じ物体は，照射されている光の量によらず常に同じ明るさに知覚されると解釈できるため，このような現象を**明るさの恒常性**と呼ぶ．恒常性は，色についてもあり，自分の衣服の色は，室内であっても屋外であっても，常に同じような色に見える．

このような明るさと色の恒常性は，輝度分布や測光色分布を考え，ある対象の明るさや色の知覚が，周辺とのコントラストによってほぼ決まると考えることで説明することもできる．

一方，**大きさの恒常性**という現象もある．これは，図 6.9 のように，物理的に同じ大きさのものが，パースの効いた，すなわち中心射影された図の中では異なった大きさに見えることをいう．これは射影の結果生ずる消失点に近いほど実空間での距離が離れているという事実を利用しているからだと解釈すればよい．

これら恒常性は，空間の 3 次元情報や身のまわりの物体を検出するなど，われわれが実環境で生きていくために必要な情報を，左右の目の網膜情報から抽出することを可能とする，極めて優れた機能であるといえる．

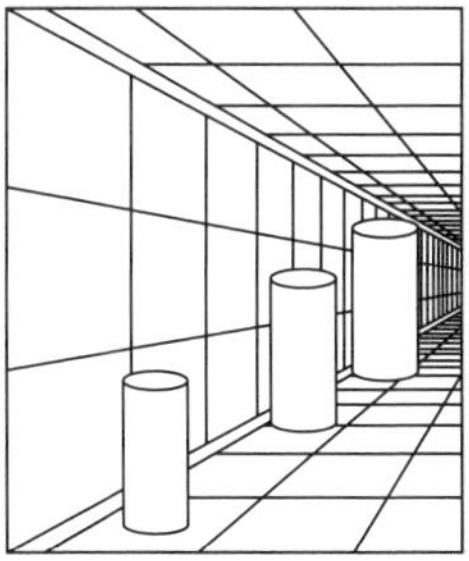

三つの円筒の高さは同じだが，
右側の円筒の方が大きく見える．

図 6.9　大きさの恒常性

(3)　シルエット現象

明るい窓面などを背景として人の顔を見るとき，その人の顔が暗く見え，顔の表情も見にくくなる．このような現象を**シルエット現象**という．

シルエット現象は，背景と視対象である顔との**輝度コントラスト**によって顔が暗く見え（明るさの同時対比），さらに，高い輝度を持つ背景領域からの光が眼球内で散乱し，その散乱光が網膜上に射影される顔の輝度分布に**重畳**することで画像内のコントラストが下がり顔の表情の視認性が下がる（減能グレア），という現象であると考えられる．このとき重畳する光を**光幕**といい，重畳する輝度を**光幕輝度**という．

シルエット現象を軽減するためには，背景輝度を下げるか，顔の照度を上げればよい．前者は顔全体と背景の輝度コントラストを下げ，光幕輝度を下げる．一方後者は，顔全体と背景の輝度コントラストを下げるが，光幕輝度は変わらず，ただ顔の画像内コントラストの低減を緩和する効果はある．

シルエット（フランス語：silhouette）とは，もともと輪郭の中が塗りつぶされた単色の画像のことをいい，視環境設計では**シルエット視**という用語も使われる．シルエット視は，道路照明などでしばしば使われる用語で，視対象を背景より暗く見せることによって視認性を確保する場合の見え方をいう．

(4) 光の方向性とモデリング

立体的な視対象が適切なアピアランスとなるよう光を調整すること，あるいは光の調整によって視対象を立体的なアピアランスとすることを**モデリング**という．アピアランスは視対象の表面やその周囲に生ずる輝度分布によってもたらされる．その輝度分布は視対象の立体的な特徴と光の方向性，すなわち，視対象の彫の深さ，形状の複雑さ，形状を構成する面のエッジの鋭さなどといった視対象の特徴と，どのような方向からどのような強さの光が照射されているかという**光の方向性**によって決まる．

一般的にいえば，拡散性の高い照明で立体物が照射されているときや，あらゆる方向から均等に照明されているときは，立体物に生ずる影が弱くなって平板なアピアランスとなるが，逆に平行光線のように方向性の強い光に照射されると強い影がつき，どぎついアピアランスとなる．

立体物のアピアランスを検討するために，これまで**平均球面照度**（スカラー照度），**平均円筒面照度**，**平均半円筒面照度**などが提案され，スカラー照度と**照度ベクトル**（ベクトル照度ともいう）を組み合わせたモデリング指標（**ベクトルスカラー比**）もあった．しかしながら現実には，これらの指標を求めるよりも，具体的な照明条件を入力した照明シミュレーションにより輝度画像を生成し，これを検討する方が手間がかからない．

建築空間は，空間内部に存在する視対象を照らす光環境を作り出すとともに，自らも立体的な視対象といえるから，空間自体のモデリングという考え方もできる．たとえば障子を利用したり，壁面を反射率の高い色としたりすると，空間全体に光が拡散され，空間内の視対象に平板なアピアランスをもたらすとともに，空間全体の明暗差を小さくし，空間自体も平板なアピアランスとなる．

(5)　材質感とテクスチャ

建築空間を構成する材料表面のアピアランスはデザイン上とても重要とされる．コンクリートの粗い打ち放し面，杉などの型枠の地模様を持つコンクリート面，さまざまな木目を持つ木肌，ざらざらした大谷石，つるつる光る大理石など，建築空間は一般に，さまざまなアピアランスを持つ表面から構成される．それらのアピアランスは見て判断できるものであり，表面の測光色分布によって決まる．

表面の特性は一般に，**光沢**，**テクスチャ**，**地模様**，**パターン**などで分類される．光沢は反射光の光り方で，光る面を**グロス**，光らない面を**マット**と呼ぶ．テクスチャは物質表面の粗さの程度で，ざらざらした感覚を生ずる表面をテクスチャのある表面と呼ぶ．地模様は表面の地色の変化の程度で木目などがそれに当たり，パターンは地模様と同じような意味で使われるが，材料を構成する繰返しが多い図柄でしばしば使われ，障子の格子，れんが積み，目地などがパターンと呼ばれる．

これ以外に，**材質感**という言葉があり，これは自然材料の固有の感じを持っていることをいい，光沢，テクスチャ，地模様，パターンでは完全には説明しきれないものであるとされる．これはおそらく，視線方向の変化や表面を照らす光源の特性（光源の大きさや方向性など）の変化によって，測光色分布が変化する様子を総合的に判断したものであろう．

視線の方向や表面を照らす光源の特性の変化は，テクスチャ，すなわち材料表面の凸凹の見え方にも大きな影響を与える．立体物の見え方の変化と同じ傾向を持ち，方向性の強い光を斜めから照射するとテクスチャの印象が強くなる．

(6)　光幕反射

視対象の表面に光源が映ると見やすさは損なわれる．最も極端な状況は，高輝度の光源像が，光源をじかに見たときと同じようなまぶしさを伴う場合で，これを**反射グレア**という．一方，光源の輝度が比較的低くとも，物体表面に光沢がある場合に，表面の輝度や色彩が変化して見やすさを損なうが，これはグレアともいえないので**光幕反射**と呼ばれる．光幕反射は光源からの光が視対象表面で鏡面反射することによって生ずるので，光源の位置を注意することで未然に防ぐことができる．

(7)　天使のはしご

台風が過ぎた後などに，雲の隙間から直射日光が指す様子が帯のように見えることがあるが，このような光の帯を**天使のはしご**と呼ぶことがある．天使のはしごが発生する機構は，1章で既に紹介したMITチャペルと同様で，目に入る光，すなわち**輝度**が発生することで光を感じるからである．具体的にいえば，直射日光が空気中に浮遊した細かい水滴に当って散乱することで，帯状に輝度を持つ領域が生ずる．

天使のはしごというロマンチックな表現がなされるように，**直射日光**が差し込むというアピアランスは，自然との一体感を強く感じさせ，デザイン上有効なものである．しかしながら，よく紹介されるパンテオンの天窓から入射する直射日光の帯は，空気中にある塵や埃などによって直射光が**散乱**した結果であり，空気環境としてはいかがなものかという判断もできる．

(8)　輝きとグレア

光源の**グレア**（まぶしさ）は視環境では避けるべきものだが，全く平板な視環境よりも，小さな，少しまぶしい部分，すなわち**輝き**があると，楽しさや活動性を感じ，視環境として質が上がる．輝きはグレアと同じように，視対象のサイズ，視対象の輝度，背景輝度によってその程度は推定できるが，グレアではなく輝きと判断されるためには，視対象サイズが小さく，グレアの程度が低いことが必要となる．

好ましい視環境では，照明器具が見えないように作り込まれている場合が多いが，**シャンデリア**など，照明器具自体の美しさを見せることによって好ましい視環境を構成することもでき，このときに必要なのが輝きである．輝きを感じる例としては，夜の星空，宝石のきらめきなどがあり，都市の夜景では，高速道路の街灯の配列が流れるような線としてつながり，その滑らかな形状や，密にちりばめられた，たくさんの輝きが，美しさや楽しさを醸し出す．輝く**点光源**の粗密，そしてそれらが作り出す**形態**は，われわれが環境から感じる印象と深い関連がある．

(9)　モアレ

モアレとは元来，織物に現れた波型の模様のパターンをいうが，このパターンは，二つあるいはそれ以上の規則的な模様（輝度画像）を，**図6.10**のように角度を変えて重ね合わせることにより発生し，その組合せや方向によりさまざまに変化する．モアレとは二つの輝度分布が持つ空間周波数の**うなり現象**であるともいえる．

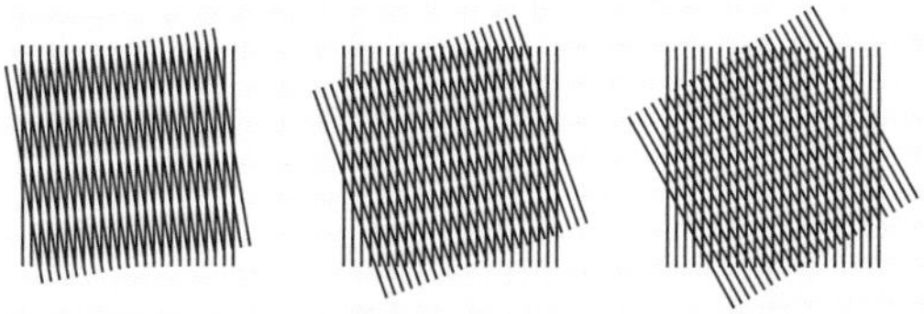

2枚の縞模様を重ね，一方を回転させると存在しない模様が出現する．

図6.10　モアレ

ルイ・ヴィトン名古屋ではこの現象をファサードに利用している．外のガラス面に構成された透明と半透明の市松模様と，ガラス面から1m程奥にある壁に施された市松模様が重なって見えることにより，実際には存在しない模様，すなわちモアレが見える．二つの輝度分布の重なり方は，視線方向や距離によって変化するため，モアレのパターンは，観測者の動きとともに変化して動く．

(10)　重畳，映り込み，透視

アピアランスは輝度分布（測光色分布）によって決まるが，見える輝度分布はしばしば二つの輝度画像が合成されて作り出される．二つの輝度画像が合成される方法には大きく二つあり，一つは**重畳による画像合成**，もう一つは**切り貼りによる画像合成**である．

金沢21世紀美術館では，昼間屋外から室内を見ると，ガラス越しに室内の様子が見える．これは室内の輝度画像をガラス越しに**透視**して見ていることになるため，ガラスの透過率が画像に一様な比率としてかかる．このとき，輝度値は下がるものの画像内の**輝度コントラスト**はほぼ完全に保存され，見え方，すなわち透視性能に大きな影響は及ぼさない．しかし現実には，この画像に外部の景色が正反射してできる輝度画像が重ね合わされ，目に見える輝度画像に合成される．二つの輝度画像は単純に足し合わされる，すなわち一つの輝度画像に別の輝度画像が重畳されるため，画像内の輝度コントラストは下がり視認性が下がる．

美術館や博物館でしばしば体験される**映り込み**も，このようにして生成され，視対象が構成する輝度画像に，観賞者自身や室内の様子が，正反射した輝度画像として重畳されることで，視対象が見にくくなる．正反射はガラス面と光源（反射物体を含む）との幾何学的な関係で決まるから，この見にくさを回避する最も簡単な方法は，ガラス面の角度を変化させることである．

このような重畳とは異なった形で，輝度画像が合成される場合もある．たとえば駿府教会では，水平ルーバー越しに中空壁の明るい色の木のトラスが見えることによって，蜃気楼のような見え方が作り出されるが，この場合，中空壁の奥にある木のトラスで構成される輝度画像から，水平ルーバーと重なった部分が横ストライプ状に切り取られ，ルーバーによって切り取られた部分にはルーバーの輝度が与えられる．すなわち，実際に見える輝度画像は，中空壁内部のトラスで校正された輝度画像と，手前の水平ルーバーからなる輝度画像が組み合わされたものとなる．

(11)　色の見えの様相（モード）

現実の環境で色がどのように見えるかをよく観察すると，必ずしも色票のような見え方をするものばかりではないことに気がつく．この実環境での色の見え方を，吉澤ら[8]はカッツの研究を発展させ図6.11のような九つの様相（モード）に分けて整理した．

最もなじみのある色の見え方が**表面色**で，紙や建材などの見え方はここに入る．観測者との位置関係が明確であり，面は固く，そこに突き当たるように見える．表面色の見え方は，焦点がその位置にあった測光色画像のアピアランスとして定義でき，微妙な細かいテスクチャが保存された測光色分布を持つ．

面色は，雲一つない青空の見え方が典型例といわれ，観測者との距離が不明確で，柔らかく，突き入ることができるように見える．面色の見え方は，細かいテクスチャが失われたほぼ均一な測光色画像で再現できる．たとえば，スクリーンに小さな穴を開けて表面色を見た場合も面色に見えるが，この場合，目の焦点がスクリーンに合ってしまっていることから，穴の内部から見える表面色の微妙なテクスチャは失われ，ほぼ完全に均一に見える．

次に，**透明面色**，**透明表面色**，**空間色**はかなり似た見え方の様相である．透

図 6.11　色の見えの様相（モード）

明面色はカラーフィルタ越しに，透明表面色は模様の入ったカラーフィルタ越しに，空間色はコップの中に満たされた色のついた液体越しに，向こう側を見たときの色の見え方で，向こう側の測光色画像に，均一に近い測光色が重畳している状態のアピアランスであるといえる．

一方**光輝**は，その面自身が発光しているように見える見え方をいうが，その面（視対象）と周辺との**コントラスト**が非常に大きい測光色画像のアピアランスといえよう．建築デザイン上，表面色と光輝の中間の見え方が重要であるとされることも多い．たとえばキンベル美術館の光って見える天井ボールト面や，直射日光が当たって発光したように見えるルトロネのテクスチャのある壁面は，周辺とのコントラストが大きいことで，表面色と光輝の中間のアピアランスを作っている．

(12)　明るさ，明るさ感，白さ

明るさという普段使い慣れた言葉には，視対象の明るさの知覚（アピアランス）を指す場合と，全体から感じる明るさの印象（impression）を指す場合があり，混同を避ける意味で，前者を**明るさ知覚**，後者を**明るさ感**という．明るさ知覚は，図 6.4 のような中央の四角い部分に知覚する明るさをいい，ある視対象（小領域）を見たときに知覚する明るさである．明るさ知覚は，視対象のサイズ，視対象の輝度，視対象と背景との対比によって決まることがわかっている．

明るさ感は，**視野全体**から感じる**明るさの印象**をいう場合と，**部屋全体**から感じる明るさの印象をいう場合がある．通常は後者の，部屋を見まわして感じる明るさの印象をいう．注意が必要なのは，たとえ明るい印象を持つ部屋であっても，部屋の内部には必ず黒い物体や影もあり，明るさ知覚は必ず分布（**明るさ分布**）を持っている点である．暗いアピアランスを持つ部分，すなわち知覚する明るさが低い部分には，対比の効果により明るい部分の明るさ知覚を上昇させ，明るさ感を上げる効果がある．しかし一方，暗いアピアランスを持つ領域は夜の陰気な印象につながることもあるため，設計には細心の注意が必要である．

一方**白さ**（lightness）は，明るさ知覚（brightness）と近い意味を持つ言葉である．日々の体験では，白いものはほとんど明るいため，この二つの知覚の違いを認識することはなかなか難しい．しかし，白い色は，反射率のとても高い物体色と定義できるから，周辺には必ずより反射率の低い色が存在することになり，結果として白い色を持つ視対象と周辺（背景）との**輝度コントラスト**は高くなる．輝度コントラストは，明るさ知覚を推定する三つのパラメータの一つであるから，白さの知覚は，明るさ知覚のうち，輝度コントラストに重点を置いたアピアランスであるといえよう．また白さには，色味を感じないという意味も含まれ，後述する色味のコントラストがとても小さいことも必要とされる．

(13)　色と印象

マンセル表色系で指定される物体色は，反射率などの物理量との対応関係が明らかなのだが，通常われわれが利用する色の印象を表す言葉との対応関係はそれほどよくない．たとえばわれわれは，明るい色といえば白っぽい色ではなく色味がついた明るい色を想像するが，青系統や赤系統の明るい色のマンセルバリューはそれほど高くない．これは，色の印象としての明るさと，色に知覚される明るさ，すなわち色味のない光とのマッチングで定義される明るさ知覚とは，若干異なるからである．このようなことから，色をデザインする際は，**図2.31**（再掲）に示す系統色名の「**明度・彩度の修飾語**」に対応する**トーン**（tone）を用いることが多く，このようなデザインでの利用を想定した表色系が，**PCCS表色系**（**図6.12**（**口絵6-3**））である．

色の印象を考えるとき，検討しようとするその色は，色票を扱う場合であっても実環境であっても，必ず別の色を背景として存在するので（色票の場合は

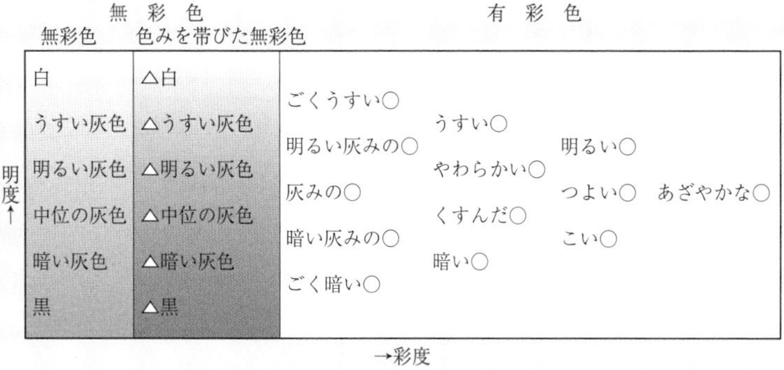

図 2.31　明度・彩度の修飾語の関係（再掲）

N5 の無彩色などが多い），それらの色の印象は測光色分布によって決まると考えるべきである．色のアピアランスは，6.3 節で解説するように，測光色コントラストと測光色対数平均からほぼ推定できるが，大まかなアピアランス，特に照明が均一に当たった状態での物体色のアピアランスは，測光色コントラストだけから推定できる．すなわち，**輝度コントラスト**（LC）と色味の二つのコントラスト（aC：**赤–緑成分コントラスト**，bC：**黄–青成分コントラスト**）によって，色のアピアランスは大まかに表現され，アピアランスで決まる色の印象はこの三つのコントラストから推定することができる．

トーンの概念は，マンセル表色系に慣れていると少し分かりにくいが，**図 2.31** に示す系統色名の「明度・彩度の修飾語」の説明図で，縦軸を輝度コントラスト（正負を保存），横軸を色味のコントラスト（たとえば $\sqrt{aC^2+bC^2}$）として，この二つの軸で色の印象が決まるというものである．色の印象は，色相の特徴を最も端的に表す「あざやかな」色（ビビットトーン），すなわち色味コントラストが最も大きい色を中心に組み立てられる．ここで，N5 の無彩色を背景として色票を考えるとすると，色票の分光反射率は 100% 以上にはなりえない．このことから輝度コントラストを非常に高くする，すなわち色票のマンセルバリューを非常に高くするには，全ての波長帯の反射率を高くする必要がある．そのため必然的に色味が失われ，**図 2.31** の上側の三角形の領域が失われる．一方，負の輝度コントラストを実現する場合にはこのような制約条件は無いが，暗く見える色票では，物理的には色味のコントラストが存在しても，われわれの目には色味を感じられないため，図の下側の三角形の領域が失われる．

物体色の色の印象であるトーンは，注目する色相で実現できる最もあざやかな色（**ビビットトーン**）から，輝度コントラストが上がり色味コントラストが少し下がると「明るい」色（**ブライトトーン**）となり，さらに輝度コントラストが上がり色味コントラストが下がると，「うすい」色（**ライトトーン**），それがさらに進むと「ごくうすい」色（**ペールトーン**）となる．このような関係は他のトーンでも同様で，トーンは輝度コントラストと色味コントラストの組合せで決まる印象であるといえる．

実環境では，物体色と光源色は区別なく混合している．光源色の場合は，あざやかな色であっても，発光体の出力を上げれば容易に高い輝度を作り出せる．よって，高い色味コントラストを確保したままで，正の高い輝度コントラストを作り出すことができ，物体色では実現できなかった図の上側の三角形領域が実現可能となる．現在，この領域の印象を表現するトーンは定義されていないが，これが色のモードで言う光輝に近い見え方になることは明らかで，今後の対応が望まれよう．

一方，日々の生活の中でわれわれは，野菜の色を見て新鮮かどうかを判断するように，色情報を用いてさまざまな物を見分けている．すなわち直観的には，色は物体に付属したものと認識されており，そのため色の印象には，色のアピアランスに直接結びついたものだけでなく，色が付着した物に結びつくものもある．

色のアピアランスに結びついた印象には，まず前述のトーンがあげられるが，それ以外にも，周囲より飛び出して見える**進出色**，周囲より遠ざかって見える**後退色**，実際の図形よりも大きく見える**膨張色**，実際よりも小さく見える**収縮色**などがあり，視対象が識別できるかどうかを問題とする**色の視認性**や，視線を誘導する効果に注目する**色の誘目性**なども，色のアピアランスに直接結びつくものである．

色彩設計の現場で重要となる**安全色**は，通常の環境で誘目性が高く，かつ色彩連想が適切であることを組み合わせて決められたもので，JIS Z 9103 で**表6.1**のように規定されている．また，安全標識の規格（JIS Z 9104 など）や，配管を識別させるための**識別色**（JIS Z 9102）なども，同様の考え方で使用すべき色が規定されている．

表 6.1　安全色

色	意味		基準色（一般材料）
	一般材料など	信号灯	
赤	防火，禁止，停止	防火，停止，危険，緊急	7.5R 4/15
黄赤	危険，明示（航海・航空の保安施設）		2.5YR 6/14
黄	警告，明示	注意	2.5Y 8/14
緑	安全状態，進行	安全状態，進行	10G 4/10
青	指示，誘導		2.5PB 3.5/10
赤紫	放射能		2.5RP 4/12
白	（対比色）通路		N9.5
黒	（対比色）		N1

進出，膨張，後退，収縮というアピアランスに結びついた色の印象も，測光色コントラストで推定できると考えられる．進出，膨張が生ずるのは，正の輝度コントラストを持ち，赤–緑成分コントラスト（aC），黄–青成分コントラスト（bC）がとも正の場合であり，後退，収縮という色の印象は，輝度，赤–緑，黄–青の三つのコントラストがともに負のときに生ずると考えればよい．

一方，色の**重量感**（軽く見える色，重く見える色），**温度感**（暖色，寒色），**感情効果**などは，色のアピアランスに結びついてはいるものの，物（抽象的なものも含む）の印象を若干含むものであり，さらに，**色彩連想**，**色彩象徴**などは基本的に色が付着した物の印象で，そのため文化によって異なる場合も多い．

(14)　色彩調和

色彩調和とは，複数の色が組み合わされているにも関わらず，それらに**統一性**や**秩序**が感じられ，美しさを感じる状態をいう．単色の好みについては個人差は大きいが，色の組合せの良し悪しには，ある程度の普遍性があるように思われ，学者によっては客観的な真理があるとする者もいる．

色彩調和は，ギリシャ時代からの長い歴史のある学問分野で，主な色彩調和論だけでも，シュブルール，オストワルト，ビレン，ムーン–スペンサーなどがあり，よく知られた**ムーン–スペンサーの色彩調和論**では，配色される二つの色の差があいまいでない場合に，すなわち図 6.13 に示すように，色相，明度，彩

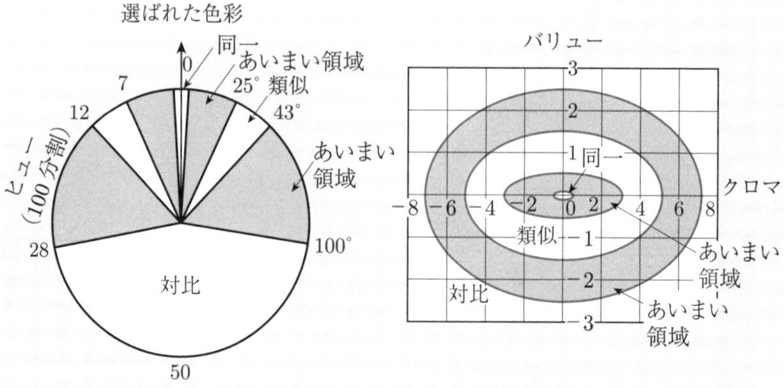

(a) ヒューによる調和　(b) バリューとクロマによる調和

図 6.13　ムーン－スペンサーの色彩調和の考え方

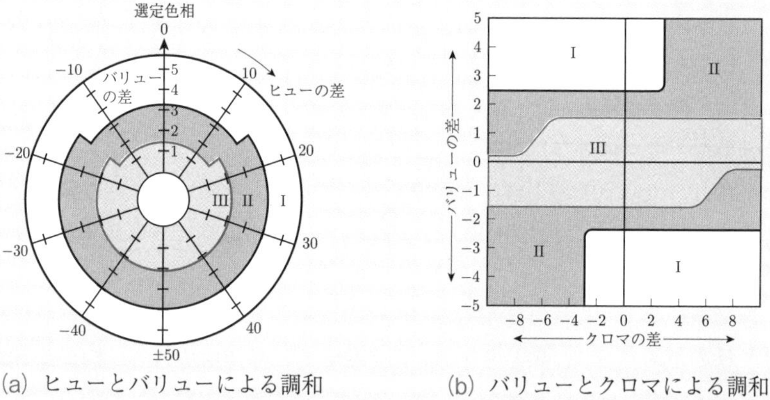

(a) ヒューとバリューによる調和　(b) バリューとクロマによる調和

領域 [I]：比較的良調和の得やすい領域
領域 [II]：中間調和域
領域 [III]：比較的不調和となりやすい領域

図 6.14　納谷らの色彩調和の考え方

度のいずれにおいても，同一，類似，対比の関係のときに調和するとし，さらにまた，他の多くの色彩調和論と同じように，色空間で単純な幾何学的図形として表現される色の組合せが調和するとする．一方国内では，納谷らが 2 色調和を一対比較法を用いて組織的な実験を行い，**図 6.14** に示すように，バリューの差の効果が支配的でヒューの差はあまり関係しない，バリューとクロマの差と調和が対称的でない，という結果を得ている．

これまでの色彩調和論は，基本的に複数の色票（四角い色チップ）を並べたときの調和感を扱っているため，視環境評価にそのまま展開することはできない．実環境では，物には形や大きさがあり，光沢やテクスチャも伴うからである．しかしながら，色彩調和理論を空間内に配置する色を選定する方法と考えると，視環境設計での利用価値は高い．そこで，乾が，ジャッドの見解に基づいて提案した色彩調和の四つの原理，①**秩序**，②**親近性**，③**共通性**，④**明白性**を参照しつつ，色選定の考え方を紹介する．

視環境設計で色を選定していくとき，利用可能な多くの色の中から使う色を絞っていくことになるが，このときにまず利用するのが③の共通性の原理で，共通の属性として利用されるのは主に色相とトーンである．配色の分野では，支配的な色の属性をドミナントという用語で表現し，色相を共通とした配色を**ドミナントカラー配色**，トーンを共通とした配色を**ドミナントトーン配色**という．色相をドミナントとした色の選定が最も間違いが少なく，後はトーンをバランス良く分散させるだけでよい．一方，トーンをドミナントとした場合は，色相を変化させることになるが，その際に利用するのが①の秩序である．ここでいう秩序とは，色立体の中で幾何学的な関係になる色を配色すること，あるいは混色すると白やグレーになる色を配色することと表現されるが，これは，測光色コントラスト画像を考えた場合，輝度，赤–緑，黄–青のそれぞれの**コントラスト**が，画像全体で見ると**相殺**されることを意味している．二色配色の場合，④の明白性を利用して，補色関係にある色を選ぶことになるが，このとき，赤–緑，黄–青という色味のコントラストはほぼ完全に相殺されるし，色相環で等間隔で多色を選んでいっても，同様に色味のコントラストは相殺される．一方②の親近性は自然の色の変化は調和するというもので，われわれが自然の中で日々体験している色の組合せを選べばよいから，簡単に応用できる．ただ，この親近性を使った色の選定方法として，黄色相方向は高明度，青紫色相方向は低明度とするナチュラルハーモニーという考え方が紹介されることがあるが，これはトーンドミナント配色では自然にそうなるから，特に取り上げる必要性を感じない．

色彩調和は，しばしば音楽の和音と比較しながら語られることが多い．しかし色彩調和は，和音（コード）だけではなく，それを組み合わせて作られた楽曲に近く，楽曲にさまざまなジャンルがあり，さまざまなコード進行があり，その流行り廃りがあるように，色彩調和にもジャンルがあり，ジャンルに特有のコード進行があり，流行り廃りがあると考えるべきであろう．

(15)　空間の雰囲気と印象

空間の雰囲気や印象は，空間の測光色画像を見せることで初めて正しく伝えることができる．一方これまで，測光色分布と空間の雰囲気や印象との関連を探ろうとして，多くの多変量解析や因子分析を利用した研究が行われてきた．ここではその代表的なものを紹介するが，空間の雰囲気や印象は，設計者が自分の目で見て確かめることが必要であり，あくまでも参考として利用する程度にとどめるべきであろう．

フリン[9)]は，複数の形容詞対を使って光環境の異なった多くの空間を被験者に評価させ，その結果に**因子分析**を適用し**印象の構造**（印象を説明する軸）を探り，その結果を**表6.2**のようにまとめた．このような方法をSD法（**セマンティックディファレンシャル法**）と呼ぶが，印象の軸はそれほど安定したものではなく，たとえば中村ら[10)]は「明るさ」「落ち着き」「変化」の軸を得ている．

フリンら[11)]はさらに，会議室の照明をさまざまに変化させ，それぞれの光環境の似ていない程度を被験者に評価させ，その評価値を距離データとして**多次元尺度構成法**（MDS）を適用し，照明パターンの違いを表現する次元を求めた．解析の結果得られたのが**表6.3**に示す**光環境のモード**，言い換えれば，人から見た光環境の違いを表現する次元である．前述のSD法を用いた評価と同様に，この結果もそれほどの信頼性があるわけではないが，**図6.15**のように考えると，照明と雰囲気の関係は理解しやすい．図にあるのは「リラックスした–緊張した」の印象カテゴリー（一点鎖線の両端として示されている）の場合であるが，図より，光環境をリラックスした印象を持つものにしようとする場合，空間の明るさを暗くするよりも，頭上からの照明を周辺の壁照明に変更したり，均一な照明を不均一にしたりする方が，より効果的にそのような雰囲気

表 6.2*　印象カテゴリー

知覚的な印象	行動のセッティング	総合的な印象
知覚的明瞭性	パブリック–プライベート	好ましさ
開放感	リラックスした–緊張した	楽しさ
空間的複雑性		快適性
色彩のトーン		
グレア		

表 6.3　光環境のモード

中央照明–周辺照明

中央の天井から照明され室内中央の水平面照度が高い照明

–鉛直面照度が高く周辺の壁が明るく照らされている照明

均一照明–不均一照明

① 室内照明の均一性，あるいは室を構成する天井，床，壁といった各面の明るさの均一性

② 拡散された光による照明–強い方向性を持った光による照明

明るい–暗い　水平面における照明量の印象

暖かい–冷たい　照明の光色

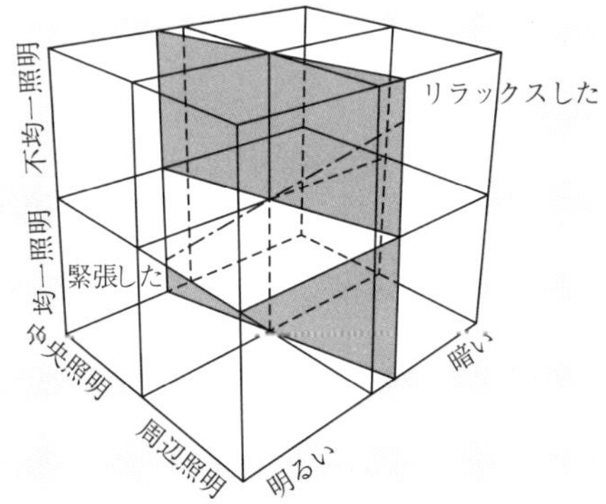

図 6.15　光環境のモードと印象との関係

を作り出せるといえる．

フリンのいう照明の不均一さは，視環境としてとらえると明るさ分布の不均一さであり，不均一な明るさ分布が落ち着いた印象を醸し出すことはよく知られている．さらに，明るい領域が空間の上方にあるか下方にあるかによっても印象は変化し，明るい領域を下方に作りだす方が（明るさの重心を下げるという），より落ち着いた雰囲気になる．

フリンの光環境のモードにもあるように，光色の違いは空間の印象に影響を与える．色温度の低い光色は暖かみのある落ち着いた雰囲気を作りだし，色温度の高い光色はすがすがしい印象をもたらす．一方，光色によって適切な照度が異なるとする意見もあり（クルーゾフ効果），低い照度には低色温度が，高い照度には高色温度が好ましいとされる．

(16)　形とゲシュタルト

小さな光源が幾つか集まったとき，たとえ全くバラバラに配置されていたとしても，われわれはそれらをあるまとまりとして見ようとする．たとえば図6.16で示されるような点の集まりがあると，円として連続した図形は存在しないが，おそらく円形の配列と見なされる．われわれには，どんな形態も，それをできる限り単純に，明快に，分かりやすく見えるような形で知覚しようとする傾向があり，これを**プレグナンツの法則**という．また，図6.17は一見無意味な明暗パターンのように見えるが，木漏れ日の中を歩く犬であることを説明されると，突然そのシーンが見えてくる．このような視覚系の効果は，心理学では「**図と地**」の話題としてしばしば取り上げられ，感覚的であると思えるような視覚系の反応であっても，認識と密接に結びついていることが分かる．

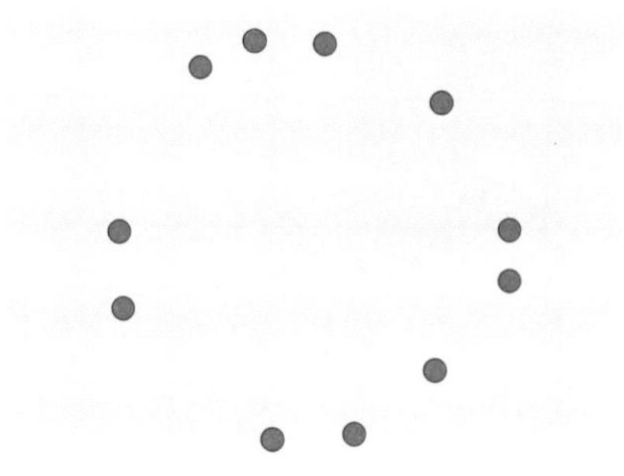

図6.16　プレグナンツの法則（閉鎖性の要因の例）

図6.17*　形態の知覚

このような知覚の持つ特性を押し進めて行けば，全体は部分の寄せ集めではなく，全体をひとまとまりにとらえることが重要である，あるいは部分から作り出された構造こそが重要であるということになるが，このような全体，あるいは構造を**ゲシュタルト**といい，このような形で心理現象を扱う学説を**ゲシュタルト心理学**という．

(17)　奥行感覚と包囲光配列

われわれの視覚系が，網膜に投影された測光色画像から3次元的な**奥行き感覚**を生成する仕組みはまだ十分解明されてはいない．投影画像の消失点を利用していると考えられるが，それ以外にも，左右の眼の網膜上の画像の差（両眼視差），輻輳，かすみの程度，肌理《きめ》の勾配，動きの効果などが知られている．

現実の環境でわれわれは，さまざまな情報を手がかりとして，常に対象物を3次元空間にきちんと位置づけた形で知覚しており，ギブソン[12]は，このような3次元空間の構成は，われわれを包み込む光の配列（**包囲光配列**）から読みとられる不変構造の一つであり，視知覚そのものに不可欠の条件であるとした．ギブソンのいう包囲光配列は，全方位測光色画像（全方位輝度画像）に対応するが，写真のように静止した輝度分布を考えるのではなく，身体の動きと連動した輝度分布の変化が重要であり，それによってリアルな3次元の構造が知覚される．たとえば，移動する列車の窓からの景色を示す**図6.18**を見ると，

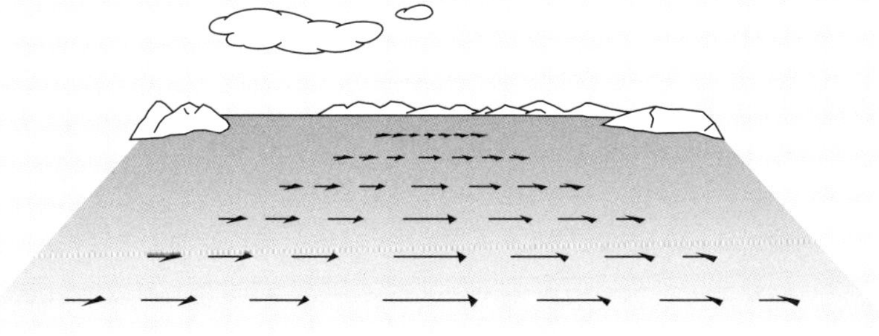

図6.18　動きによる奥行知覚

手前の地面のテクスチャが奥の地面のそれより粗いこと（**肌理の勾配**），手前の景色が奥の山に比べて速く矢印の方向に動いて見えること（**動きの効果**）が，強い奥行き感覚を生じさせることが分かる．

(18)　空間の知覚

輝度分布などを利用して空間が知覚的に構成されると，**垂直**と**水平**という特別の意味を持った方向が生ずる．垂直は重力の方向であり，垂直に立った物体は自立することができる．一方水平は，もちろん垂直に直交し，水面や地平線によって示され，これも物体がそのままの状態で静止できる方向である．そしてこの二つの方向が視覚や行動の最も基本的な枠組みとなる．たとえば，図 6.19 の (a) は安定しているが，(b) は不安定な印象を受ける．

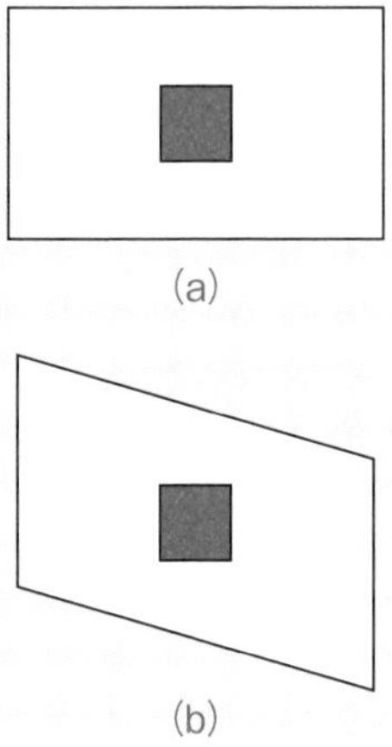

図 6.19　枠組みの効果

室内空間は，われわれの頭上を覆う天井と，足場を作る床と，行動や視線を遮る壁から構成され，それぞれ特別の意味が付与されることになる．そしてそのため，たとえば天井が明るく照明された場合と，床が明るく照明された場合とでは全く異なった印象を受ける．

空間が構成されるとまた，その空間に広さという属性が付与され，**開放感**を感じたり**閉鎖感**を感じたりする．乾らによれば，空間の開放感は，室内の明るさと容積，窓の大きさで説明され，空間の快適性評価と深い関係にある．

6.2.4　時 間 変 化

現実環境で人は，視線方向を頻繁に変え，空間内を移動することも多く，さらに周辺環境には移動する物体も多い．それらにより，網膜に射影されている測光色画像には，時間的な変化がもたらされるが，この時間的な変化もアピアランスに影響を与える．

(1)　残像

一つの色，あるいは明るい光をしばらく見つめた後，目を大きな白い面へ動かすと，そこに色相環の反対近くに位置する色（**補色**，逆の色味コントラストを持つ色）が見えたり，黒い点が見えたりする．このような現象を**残像**といい，白い壁をさらにしばらく見続けているとやがて消える．

残像は，分布を持つ測光色画像を見続けたあと，白い壁のような均一な測光色画像を見たとき，そのコントラストと**逆（負）のコントラスト**が見える現象であるといえ，空間的な変化と時間的な変化によって，われわれの知覚が変化する様子を示している．残像は順応と深い関係にあることは明らかで，われわれの眼の**順応状態**が局所的に異なっているときに生ずる知覚であるといえる．

(2)　フリッカ

刺激を周期的に明滅させたとき，その変化があまりにも速いと明滅していることを知覚できないが，その変化がだんだん遅くなると次第にちらつきを感じる．このちらつきを**フリッカ**といい，60 Hz（1 秒間に 60 回の変化）の明滅ならばちらつきを感じないが，20 Hz の明滅になるとちらつきを感じ，10 Hz になると非常にわずらわしく感じる．これは，通常の範囲の光に順応している状態では，10 Hz から 20 Hz で最も感度が良く，それよりも速い変動や遅い変動では感度が悪くなることに対応している．

(3)　ストロボスコピック効果

直接知覚できないような高い周波数で明るさが変動しているときでも，対象物を高速で移動させたり回転させたりすると，移動とともに数多くの残像を生じたり，回転している物体の回転状況を見誤らせる残像を生ずることがある．これはストロボを回転させるとそれが止まったり，遅く見えたり，逆回転して見えたりするのと同じ現象であり，**ストロボスコピック効果**と呼ばれている．この効果は知覚的というよりも認知的な効果で，ゲシュタルト心理学（個々の要素ではなく全体性や構造が重要とする心理学）のヴェルトハイマーが行った**仮現運動**（異なる場所にある二つの静止対象を短い時間間隔で継時的に呈示すると運動が生じているように見える現象）と同じ効果である．

(4)　主観色

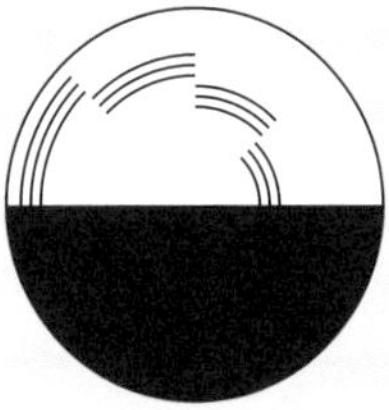

図 6.20　ベンハムの独楽

図 6.20 に示すのは**ベンハムの独楽**と言われるもので，白黒模様だけでできた円板だが，これを回転させると，特に回転の終わり頃，かなり明瞭な有彩色が現れる．ただ，見える色には個人差が大きいことが知られている．同じような現象は，無彩色刺激に時間的な変化が与えられたときにも生ずることが知られており，このような色知覚は，マンセル色票など色票の反射率で表現できないことから，**主観色**と呼ばれてきた．しかしながら，色知覚はそもそも主観的なものであることからこの命名はあまり適切ではない．この色知覚の出現は，S, M, L 錐体で，時間変化に対する感度，すなわち時間レスポンスの特性が異なっているからであるとすると，おおよそ説明がつく．

6.2.5　個　人　差

眼前に同じ測光色分布が提示されても，あらゆる人が同じ評価を下すわけではない．これには，捉え方や考え方といった認知的な違いによるものもあるが，それ以前に，同じ測光色画像が同じアピアランスを提供していない場合がある．

空間的な（2 次元画像としての）輝度変化があっても，その変化が細かすぎれば人の目には見えない．人がどの程度の細かい変化を識別できるかを示す一つの指標に**視力**がある．視力は**ランドルト環**（図 6.21）を用いて測定され，図の黒で描かれた切れ目の方向が判別できる，最小の切れ目幅の視角サイズ（単位：分）の逆数で示される．視力は眼がよい人で 2.0 程度であるから，視角で 0.5 分（約 0.008 度）以下の輝度変化は，眼が良いといわれる人でも知覚できない．よく知られているように，視力は個人によって異なっている．眼鏡やコンタクトレンズなどによって矯正されていることも多いが，視機能が弱く，矯正もできない人も少なくなく（**ロービジョン**），一律に高い視力の人を想定することは避けなければならない．

色を知覚する能力にも個人差が大きい．色知覚は，S, M, L と呼ばれる三つの錐体細胞の働きによって生ずるが，一般色覚者であっても，中心視野の S 錐体の分布密度は L 錐体や M 錐体と比べ低いため，非常に小さい視対象では菫

図 6.21　ランドルト環

色の色知覚が低くなる（**小視野トリタノピア**）．人の網膜のL錐体とM錐体の存在比率はおおよそ2：1とされているが，個人差が大きく，L錐体が機能していないもしくは機能が弱い**1型の色弱者**や，M錐体が機能していないもしくは機能が弱い**2型の色弱者**は，比較的人数が多いため注意することが必要である．なお，各錐体の分光感度はおおよそ分かっているため，色の見え方の推移を推定することもでき，色度図など，測光色を表現する図表の中で，分光感度に対応した**混同色**中心と背景色を直線で結ぶことにより（**混同色線**），色の違いが見えやすいかどうかを検討することができる．

6.3 アピアランスの推定と評価

6.3.1 フォーカルモードとアンビエントモード

われわれが実環境を見るとき，4章で解説したように，視線を固定して意図的に見たり（フォーカルビジョン），全体をゆっくり見まわしたりするが（アンビエントビジョン），それぞれの場合で目の使い方が異なり，この違いをモードという．意識して物を見るとき，すなわち文字を読んだり，商品をチェックしたりといったときの目の状態を**フォーカルモード**といい，景色をゆっくり眺めたり，部屋全体の雰囲気を楽しんだりするときの目の状態を**アンビエントモード**という．この二つのモードの境界はそれほど明瞭なものではなく，日常生活の中でわれわれの目は，二つのモードの間を行ったり来たりしているが，目のモードによって求められるアピアランスは異なる．フォーカルモードでは，正しく，機能的なアピアランスが求められるのに対し，アンビエントモードでは，雰囲気や印象の良さといった，意匠的でバランスの取れたアピアランスが求められる．

アピアランスの推定と評価には，どちらのモードであっても**測光色画像**が必要で，現実環境の評価には画像測定が，設計段階での評価には**照明シミュレーション**が必要となる．設計の現状を見ると，それだけの手間をかけることはできないという意見もあろう．しかし写真撮影は誰でもできるし，ある程度の規模の設計なら，必ず完成後のイメージパースを作る．既に述べたように，写真画像は簡易的な測光色画像であるし，彩色された**イメージパース**は簡易的に推定された測光色画像である．大切なのは，それらが測光色画像であることを認識し，少しずつ正確なものに移行していくという意識である．実際のところ，どれだけ正確を期したシミュレーションであっても，どれだけ精度の高い画像測定であっても，必ず限界があり，誤差を伴う．これらの限界や誤差は，明示的にとらえられない場合もあり，[現実環境–測定画像–シミュレーション画像]という三つの関係を常に確認しながら，検討を進めることが必要であろう．

6.3.2 フォーカルモードのアピアランス

(1) 視認性の推定

視環境設計では，実環境に存在するさまざまなものの視認性を推定，評価することが必要となる．

視対象が漠然としていて，それらが主に床や作業面にある反射物と考えられる場合，JIS Z 9110（2011）の**推奨基準**（**表 6.4**）を用いて視認性を確保しようとすることが多い．これは**表 6.5** のような一般的な**視作業**と**照度**の関係を使って，室内で想定される視作業の内容によって決められたもので，細かい文字を見ることが多い視作業や，コントラストが低くて見えにくい視対象が想定されるとき，必要とされる照度は高くなる．

表で高めの照度が必要とされるオフィス視作業は，現在は電子データをディスプレイ表示する視作業がほとんどであるため，高い机上面照度が視認性の確保につながるわけではない．しかし一方，机上面を高照度とすると，机で反射した光が天井面に当たり，空間全体が明るく見える．すなわち推奨照度は，実態として，部屋全体のアピアランス，すなわち**アンビエントモード**のアピアランスの評価も含んでしまっている．より少ないエネルギーで質の高い視環境を作りだすためには，この効果は視認性とは分離して検討すべきである．

検討すべき視対象が明確な場合，その視認性は**視対象サイズ**，**輝度コントラスト**，**背景輝度**で決まる．測光色を扱えば，色を含めた視認性も評価すること

表 6.4*　JIS Z 9110（2011）の推奨基準（事務所）（抜粋）

領域，作業または活動の種類		E_{m} [lx]	U_{o}	UGR_{L}	R_{a}
作業	設計，製図	750	0.7	16	80
	キーボード操作，計算	500	0.7	19	80
執務空間	設計室，製図室	750	—	16	80
	事務室	750	—	19	80
	役員室	750	—	16	80
	診察室	500	—	19	90
	印刷室	500	—	19	80
	電子計算機室	500	—	19	80
	調理室	500	—	22	80
	集中監視室，制御室	500	—	16	80
	守衛室	500	—	19	80
	受付	300	–	22	80

（日本工業規格 照明基準総則（JIS Z 9110：2010）表 9）

表 6.5* 一般的な視作業と必要照度の関係（抜粋）

領域，作業または活動の種類	E_m [lx]
ごく粗い視作業，短い訪問，倉庫	100
作業のために連続的に使用しない所	150
粗い視作業，継続的に作業する部屋（最低）	200
やや粗い視作業	300
普通の視作業	500
やや精密な視作業	750
精密な視作業	1,000
非常に精密な視作業	1,500
超精密な視作業	2,000

（日本工業規格 照明基準総則（JIS Z 9110：2010）表5）

ができるが，色知覚には個人差も大きいことから，輝度を中心に検討した方がよい．

実環境でわれわれの目に映るのは，さまざまな視対象が混在する複雑な画像である．一方，視対象サイズ，輝度コントラスト，背景輝度を操作した単純な条件での**視認性**は，既に明らかになっている．これら単純条件での視認性評価を現実の複雑な画像に適用する方法が，2章で紹介した画像フィルタリングを利用した方法である．

視認閾値（視認できるかどうかの限界値）を測定する方法には，円形視対象を提示し，視対象サイズ，輝度コントラスト，背景輝度を変化させて測定する方法だけではなく，さまざまな粗さを持つ正弦波の縞パターンを提示して測定する方法もあり，後者の方法で測定された結果を**コントラスト感度関数**という．コントラスト感度関数は図6.22のようなグラフで表され，図の縦軸は目の感度（視認閾値の逆数）を，横軸は縞の粗さ（空間周波数，細かい変化は値が大きくなる）を示している．図より，最も感度の高い粗さがあることが分かるが，これは視認しやすい視対象サイズがあることを示している．

図6.23に示すのは，**輝度コントラスト評価図**（CA 図）で，直径2.5分（≒ 0.0417 deg）の円形視対象の視認閾値である．縦軸は**輝度コントラストの値**（$\boldsymbol{C}$ **値**：視対象と背景の輝度比の常用対数）で，視対象と背景が同じ輝度を持つ場合は0を，視対象が背景よりも明るい場合は正の値を，視対象が背景よりも暗

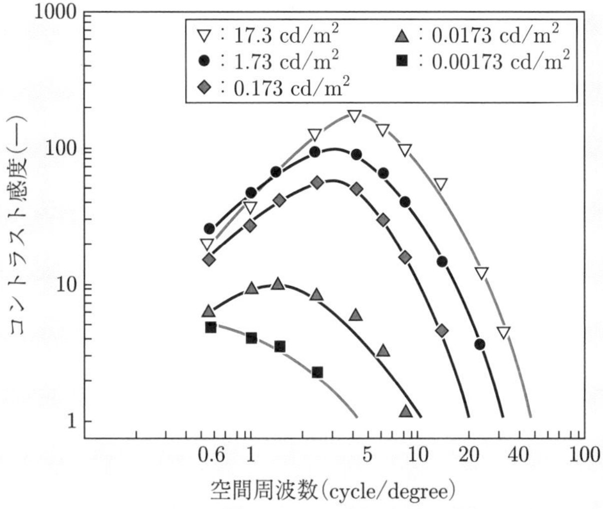

図 6.22* コントラスト感度関数

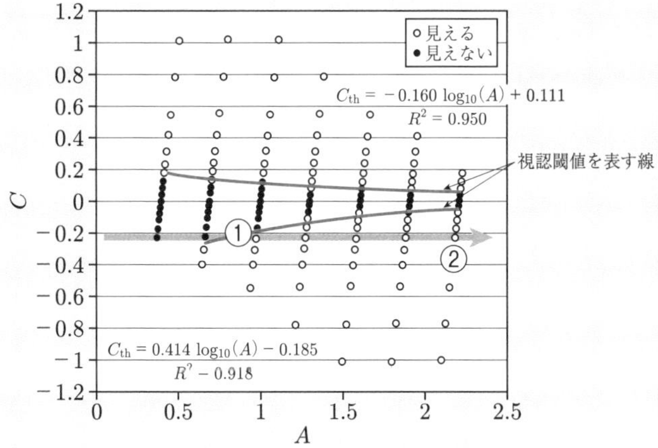

図 6.23 紙面の黒文字の見え方の変化

い場合は負の値をとる．横軸は**対数平均輝度**の値（***A*** **値**：視対象の3倍サイズの対数平均輝度）である．

白い紙に黒く書かれた文字を想定すると，式 (2.24) と式 (5.18) を見るとわかるように，輝度コントラストは照度によらず，紙と文字の反射率で決まるため，この紙面に照射する照度を上げていくと，C 値が一定のまま，図の矢印で示す方向に式 (2.26) で算出される A 値が移動していく．図より容易に推察できるように，とても低い照度で A 値が非常に小さいときは，この文字は視認できず（閾値を示す曲線より内側にある），照度を上げて A 値を大きくしていくと視認できるようになり（図の①，閾値曲線と一致する），さらに照度を上げて A 値を大きくすると，視認閾値との差が大きくなり，見やすくなっていく（図の②）．

空間フィルタを利用すれば，複雑な輝度画像から**等価の視対象サイズ**，**視対象輝度**，**背景輝度**を算出することができるため，単純な実験条件での視認性の推定式を適用することで，複雑な実環境で測定された輝度画像を用いて視認性を評価できる．たとえば加藤ら[3,13]は，単純条件での視認性評価実験を行い，**図 6.23** のような CA 図でその結果を表示すると，**視認閾値**（C_{th}）は，

$$C_{\mathrm{th}} = m \log_{10}(A) + n \tag{6.1}$$

で近似することができ，m, n の値は，視対象サイズと評価者の視力の関数で表され，さらに**見やすさ評価**は，その視対象の輝度コントラストと視認閾値（C_{th}）との比を用いて評価することができるとした．

視認性評価の実験は多く，古くはブラックウェル（Blackwell）ら[14]が有名で，さらに国内でも中根，伊藤[15]の研究，原ら[16]の研究などがある．さらに，**図 6.22** に示したコントラスト感度関数もまた視認性評価の実験結果である．実験で提示した輝度分布が明確であれば，提示した刺激を空間フィルタリングを利用して CA 値に読み替えることができるから，それらの実験結果を実環境の輝度分布に適用することができる．

実環境での視認性を空間フィルタリングを利用して評価すると，**図 6.24**（**口絵 6-4**）に示すような視認性評価図が得られる．これは**図 6.25**（**口絵 6-5**）の写真で示す部分の輝度画像を解析したもので，ここでは加藤らが提案したモデルを利用し，「苦労せず見える」視認性評価を1とした比率で，視認性が推定されている．

図 6.24（口絵 6-4）は，2.8.1 項で紹介した視認性の**評価画像群**の一部で，**逆対比**（負の対比）の評価結果，すなわち黒い文字の見やすさを推定した結果である．視力 1.0 の人を想定すると，視対象サイズが 2 分では「苦労せず見える」ものは存在しないが（図 (a)），視対象サイズが 7 分では背表紙の大きな文字が検出されている（図 (b)）．すなわち，視力 1.0 の人ならば，背表紙のこれらの大きな文字は，はっきり見えると推定される．しかしここで，想定視力を 0.5 とすると図 (c) のようになり，視力が 0.5 の人には，これらの大きな文字もはっきりと見えないことが推定される．

(2)　グレアの推定

視野の中に強い光が存在すると，目は完全な機能を果たすことができなくなる．これをグレア，またはまぶしさという．グレア光は眼球内で散乱し，光のベールが視界を覆うかのようにして視覚を妨害する．またグレア光は視野の順応輝度を高め，目の感度を低下させる．このようなグレアは，視野内の暗い部分に対する視力を低めることから**減能グレア**と呼ばれる．

減能グレアでは，光源から眼に入射する光が眼球内で散乱することによって生じる光幕が網膜像に重なり，視対象と背景との輝度コントラストを下げるために視認性低下が生じると考えられており，この眼球内の光幕量は次式で算出できるとされている．

$$L_{\mathrm{v}} = k\frac{E}{\theta^{a}} \tag{6.2}$$

ここで，L_{v}：等価光幕輝度 [cd/m^2]，E：グレア光源から受ける照度 [lx]，θ：グレア光源と視線のなす角度 [deg]，k：定数（通常 10 を用いる），a：定数（通常 2 を用いる）である．

光源が複数ある場合，発生する光幕の量は加算できるとされるから，**等価光幕輝度** L_{v} は検討する目の位置での輝度分布より算出することができる．

この L_{v} を用いて，前項の視認性評価を行えば，減能グレアを組み入れた視認性評価をすることができる．グレア光源による視認性低下を，視認閾値 C 値の増加量として直接推定する式[17] も提案されており，CA 図を用いて視認性を評価しようとする場合は，こちらを用いた方が効率的である．

一方，視力の低下が認められなくとも，非常に明るく照らされた部屋においては不愉快なまぶしさが感じられることがあり，これを**不快グレア**と呼ぶ．不快グレアは散乱光によるものでもなく，視力の低下を伴うものでもないので，減能グレアとは質の異なるグレアである．

グレアを分類する方法には，減能グレアと不快グレアという分類方法だけではなく，グレア源と視線の位置関係により分類する方法もあり，この場合，**直接グレア**と**反射グレア**とに分けられる．直接グレアは視線と同じ方向に高輝度光源がある場合のグレアで，反射グレアは，光源からの光が壁面や家具表面などの光沢のある表面で鏡面反射することによって引き起こされるグレアである．

不快グレアの推定式も多くあるが，現在利用されている式は **UGR** と呼ばれ，次式のような関数である．

$$\mathrm{UGR} = 8\log_{10}\left(\frac{0.25}{L_\mathrm{b}}\sum L_\mathrm{s}^2\frac{\omega}{P^2}\right) \tag{6.3}$$

ここで，L_s [cd/m^2]：グレア源輝度，L_b [cd/m^2]：背景輝度，ω [sr]：光源サイズ，P [-]：ポジションインデックスである．ポジションインデックス P は，グレア源の視線方向からの隔たりを表す数値で，視線方向は 1，視線からずれるに従って数値が大きくなる（**図 6.26**）．UGR の評価スケールは少し特殊なもので，UGR の値と不快グレアの程度は**表 6.6** のような関係となっている．

式 (6.3) のように，UGR はもともと，ある視線方向を想定したときに，視野内にある複数のグレア光源によって生ずるグレアの程度を推定したものである．2 章で紹介した式 (2.27) や，それを C 値，A

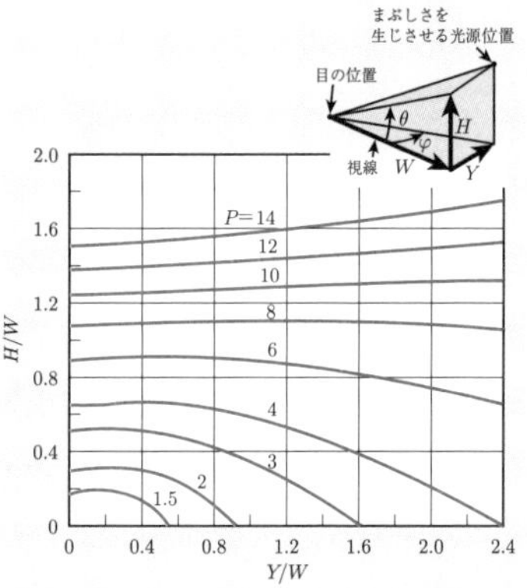

図 6.26　ポジションインデックス P

表 6.6　UGR の値と不快グレアの程度の関係

	UGR の値					
	28	25	22	19	16	13
グレアの程度	ひどすぎると感じ始める	不快である	不快であると感じ始める	気になる	気になると感じ始める	感じられる

値で表現した式 (2.28) は，一つのグレア源に対し，その方向に視線を向けたときのグレアの程度を UGR 値で表現したもので，もともとの UGR 式からいうと特殊な条件である．しかしながら，現実の複雑な輝度分布を持つ空間では，一つのグレア源であっても，それを客観的に特定し，その程度を推定すること自体が難しいが，輝度画像から式 (2.28) を利用して評価画像群を生成すれば，それが可能となる．

図 6.27（口絵 6-6）はある商店街で見かけた眩しさを感じる例で，測定された輝度画像より図 6.28（口絵 6-7）のような**評価画像**群が生成される．視角 2 deg（立体角約 0.00095 sr）のグレア源を想定すると，手前の看板の文字が最大のグレア源と検出されるがその程度は低く（図 (a)），視角 3 deg（立体角約 0.00215 sr）のグレア源を想定すると，正面の角から左二つ目の反射が最大のグレア源と検出されるが，これもグレアの程度は低い（図 (b)）．ところが，視角 6 deg（立体角約 0.0085 sr）のグレア源を想定すると，正面の角から左一つ目の反射が最大のグレア源と検出され，このグレアの程度は 20.87 と気になる程度を超えていることが分かり（図 (c)），それよりもサイズの大きなグレア源を想定すると UGR 値は下がることから，特に問題となるのは，正面の角から左一つ目の反射グレアであることが分かる．

UGR 式は通常の人工照明による不快グレアを評価したものであり，適用範囲は，0.0003 sr から 0.1 sr の範囲，視角で表現すると 1.2 度から 20 度までの範囲とされている．一方，窓のような大きな光源によって生ずるグレアの評価式もある．**PGSV**[18] が代表的なものだが，係数は異なるものの，光源サイズ，光源輝度，背景輝度という説明変数は同じなので，同様の方法で推定することができる．

不快グレアの発生機構は屋内であっても屋外であっても同じものであるから，不快グレアの説明変数に変わりはないはずだが，極端に輝度の高い屋外スポーツ施設などでは **GR** という指標が使われる．これはグレア源による等価光幕輝度と，反射光による等価光幕輝度の割合を説明変数にしたものであり，減能グレアの考え方に近い．

(3)　明るさ知覚の推定

既に紹介したように，明るさという言葉には，視対象の明るさの知覚（アピアランス）を指す場合と，全体から感じる明るさの印象（impression）を指す場合があり，混同を避ける意味で，前者を**明るさ知覚**，後者を**明るさ感**という．明るさ知覚と物理量の関係を探る研究の歴史は古く，知覚量は物理量の対数で表現できるとするウェーバ–フェヒナの法則や，知覚量は物理量のべき乗（たとえば $\frac{1}{3}$ 乗）で表現できるとするスチーブンスの法則がよく知られている．しかしこれらの法則は，知覚量と物理量との関係を関数表現することが主な目的であり，実環境での明るさ知覚を推定しようとした研究ではない．

実環境で利用可能な明るさ知覚の推定式を作成するためには，視野内に単純な輝度条件を作り，その条件を操作した上で，被験者に明るさ知覚を評価させることが必要となる．このような実験を行った研究も多く，今現在最も信頼されている明るさ知覚の実験式は，やや複雑な式だが，下記に示すボードマンら[19)]によって提案されたものである．

$$B = C_{\mathrm{t}}(\phi) \cdot L_{\mathrm{t}}^{n} - B_0(L_{\mathrm{u}}, \phi) \tag{6.4}$$

ただし，$B_0(L_{\mathrm{u}}, \phi) = C_{\mathrm{t}}(\phi)\{S_0(\phi) + S_1(\phi) \times L_{\mathrm{u}}^{n}\}$．ここで，$B$ は推定される明るさ知覚（$300\,\mathrm{cd/m^2}$ の視野内均一輝度条件の明るさ知覚を 100 とした数量）で，$L_{\mathrm{t}}\,[\mathrm{cd/m^2}]$ は円形視対象の輝度，$L_{\mathrm{u}}\,[\mathrm{cd/m^2}]$ は視野全体の均一背景輝度，$\phi\,[\mathrm{sr}]$ は円形視対象のサイズ（立体角），n はべき乗係数で 0.31，C_{t}, S_0, S_1 は，ϕ 毎に一覧表で与えられている．

これは一見複雑な式に見えるが，単純に言ってしまえば，**視対象サイズ**，**視対象輝度**，**背景輝度**が決まれば，円形視標の明るさ知覚が推定できることを示している．したがって，明るさ知覚も，視認性やグレアと同様に，空間フィルタを利用して得られる等価の視対象サイズ，視対象輝度，背景輝度を用いて推定できるが，明るさ知覚の場合，視野内の分布の様子，すなわち明るさ分布が求められることから，ウェーブレット変換を利用して各画素が明るさ知覚の程度を表す数値を持った画像に変換した方が使い勝手がよく，これが明るさ画像で，その生成方法は図 2.63 の通りである．

明るさ画像は，普通に使う形容詞を用いて，各画素の明るさ知覚を表現した画像で，この数値を**明るさ尺度値**（***NB*** **値**）（Natural Brightness Value），あるいは明るさ尺度値といい，各数値はそれぞれ，13：とても明るい，11：明るい，9：やや明るい，7：明るくも暗くもない，5：やや暗い，3：暗い，1：とても暗い，という表現に対応する．既に紹介した明るさの同時対比の様子（図

6.4）を，図 6.29 (a)（口絵 6-8）のように輝度画像として表現し，それを明るさ画像に変換すると図 (b) のようになり，高い輝度で囲まれた四角い領域の部分が暗く知覚されることが数量で表現される．

この画像で推定される明るさ知覚は，大まかなものではあるが，式 (6.4) に示すボードマンの B 値との対応関係は比較的よく，ボードマンの B 値の常用対数を BB とすると，

$$BB \cong 0.1776 \times NB + 0.404 \tag{6.5}$$

という関係になっている．ボードマンの B 値は，300 $\mathrm{cd/m^2}$ の均一刺激を 100 としたものであるが，このときの NB 値は式 (6.5) より約 9 となり，明るさ画像では「やや明るい」評価であることが分かる．

輝度画像と**明るさ画像**の違いを分かりやすく示したものが図 6.30（口絵 6-9）である．小さな机の上にノート PC とスタンド照明が設置されており，上段の (a) はスタンド照明が点灯された状態を，下段の (b) はスタンド照明が消灯された状態を示している．われわれは，スタンド照明が消灯した暗い状態では PC 画面はかなり明るく見えるが，スタンド照明を点灯すると，それほどの明るさは感じない．(a), (b) の輝度画像を比べると，ノート PC の画面はほぼ 200 $\mathrm{cd/m^2}$ 程度と両者で変わらないことが分かるが，明るさ画像を比べるとその明るさ知覚が大きく変わり，(a) では 9.5（やや明るい）程度，(b) では 11（明るい）程度であることが分かる．これを式 (6.5) でボードマンの B 値に変換すると，それぞれ 123 と 228 になり，周辺の輝度の状態が異なることで，それぞれ 300 $\mathrm{cd/m^2}$ 均一刺激の 1.23 倍，2.28 倍の明るさに知覚されることが分かる．

明るさ画像は，ある特定の部位の明るさ知覚を予測するのではなく，実環境のある範囲の明るさ分布を画像として検討するために利用される．すなわち明るさ画像は，フォーカルモードとアンビエントモードの中間的なアピアランスを検討するツールである．一方，アンビエントモードのアピアランスとして，空間全体の明るさ分布を検討したい場合は，全方位明るさ画像が有効で，7 章で紹介する具体例では，主に全方位明るさ画像を利用する．全方位明るさ画像は，ウェーブレット変換を利用して分解された統合コントラスト画像と近似画像に，それぞれに一定の係数をかけて再合成された画像である．通常の明るさ画像変換では，コントラスト画像の分解レベル毎に異なった係数をかけた上で

再合成するが（図2.63（口絵2-6）参照），各コントラスト画像に適用される係数はそれほど大きな違いはないことから，その係数を一つとして，全ての粗さのコントラストを含む統合コントラスト画像に適用することで，画像に歪みがある正距円筒画像にも適用できるように工夫されている．

(4)　色知覚の推定

正しい色の知覚が必要とされる場合，光源の演色性を考慮する必要があり，光源の演色性を示す指標として演色評価数がある．演色評価数は，自然光と同じ見え方をどれだけ保証するかという側面から，光源の分光分布を評価するものだが，その光源によって，どのような物体がどのような色に見えるかを表現したものではない．

色知覚を推定するモデルの代表的なものに**CIECAM02**がある．CIECAM02はCIEが2002年に出版した技術レポートで，ある周辺領域（観察条件）の下で，ある背景領域の中心に対象色となる色票を置いたときに，その色票の色知覚，すなわち物体色の色知覚を推定する（図6.31）．入力パラメータは，①周辺領域の輝度，②対象色の三刺激値，③白色の三刺激値，④背景領域の輝度，⑤観察条件の五つである．このモデルはこれまでの多くの色知覚の研究成果を取り込んだもので，物体色の色知覚をかなり正しく推定できる．ただし，これらの五つのパラメータを，実環境の測光色画像から特定することが難しいことから，実環境で体験するさまざまな対象の色知覚を予測することはできない．

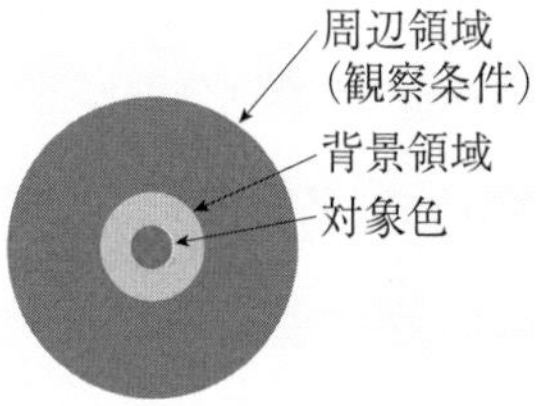

図6.31　CIECAM02で色知覚を推定する状況モデル

一方，2章で紹介した測光色画像から客観的な手続きで算出できる**測光色コントラスト**を利用することで，実環境の大まかな色知覚を推定することができる．図6.32（口絵6-10）に示すのは，マンセル色相環の測光色画像より，想定視対象サイズを色票の大きさとして，LC画像（輝度コントラスト画像），**aC**画像（赤–緑コントラスト画像），**bC**画像（黄–青コントラスト画像）を算出した結果で，それぞれの画像で，大まかな色知覚が正しく推定されていることが分かる．

測光色コントラストを用いた色知覚の推定精度については，今後の研究の展開が望まれるが，視対象サイズが 5 deg の場合については，カラーマッチング法を用いた実験により測光色コントラストから色知覚を推定する実験式が構築されているし，さらに，LC 画像，aC 画像，bC 画像を用いて色の視認閾値を求める研究も進んでいる．色知覚には個人差があることから，色によって視認性を確保する際には十分な注意が必要であるだけでなく，安全色との関係もあり，利用に当たっては相当な注意が必要となる．

色知覚には個人差があることから，空間の視環境設計では，フォーカルモードではなく，アンビエントモードのアピアランスを検討する場面が多くなる．具体的には，空間全体，あるいは視界の特定範囲について，知覚する色分布の良し悪しを検討したいという需要が高い．色のアピアランスについては，6.2.3 項の (11) から (14) で解説しているように，関連した研究が多く行われてきたが，それらは物体色の表色系を利用してきた．たとえば，色彩デザインでしばしば利用される PCCS 表色系は，デザイン上重要とされるトーンを具体的な色票に落としこんだもので，良い印象を持つ配色パターンを作りやすくなっている．しかし，物体色で表現されているため，厳密にいえば，さまざまな光が交錯する現実空間の視環境設計では使えない．これを解決する方法が等価アピアランス色票である．

等価アピアランス色票は，画像変換を用いて推定された等価なアピアランスを持つ色票である．まず，実環境の X, Y, Z 刺激値画像（測光色画像）をウェーブレット分解することで，ある検討対象について，等価な視対象の XYZ 刺激値と背景の XYZ 刺激値を推定する（2.8.4 項 (4) 参照）．この二つの等価な値が，均一なグレー背景の中央に色票を置き，それをある色度を持つ照明光で照射したときの視対象 XYZ 刺激値と背景 XYZ 刺激値に一致すれば，色のアピアランスが等しいとする（図 6.33（口絵 6-11））．これを具体的な外部景観の測光色画像に適用してさまざまな点の等価アピアランス色票を求めると，図 6.34（口絵 6-12）のようになり，物体と光源を分け隔てなく，アピアランスを推定できることが分かる．これを利用すれば，測光色画像の各点の色のアピアランスを，たとえば PCCS 表色系に基づいたトーン分類で表示することも可能で，調和する色彩を検討する具体的なツールとなり得る．

6.3.3 アンビエントモードのアピアランス

アンビエントモードのアピアランスの評価は，視認性やグレアなどのように容易に定義できるものではなく，感覚や印象，あるいは意匠や美しさに関連し，6.2.4 項 (15) で解説したフリンの研究結果などがあるものの，その効果を簡単な指標で表現することはできない．最も知覚に近いと思われる部屋全体の明るさ感でさえも，後述するように，その効果を簡単な指標で表現することはできていない．そのため，アンビエントモードのアピアランスを評価する最も確かな方法は，設計者や施主に彼ら自身の目で体験させることである．

しかしながら，実環境に出向き，その環境を自分の目で見ることは，ほとんどの場合は不可能である．そのため現実には，実環境の見え方を近似した**測光色画像**を評価者に提示し，評価してもらうことになる．提示される測光色画像は，現実の測光色画像，あるいは実現するであろう実環境の測光色画像と，明示的な対応関係があることが必要となるが，通常の CG 画像は，その対応関係が示されていないことから基本的に使えない．照明シミュレーションを用いるにしても，測光色画像データを出力して，それをアピアランスが保存されるとするアルゴリズムを用いて変換したものを提示しなければならない．

一方，写真画像は，簡易的ではあるが現実の測光色画像を測定したもので正しい測光色画像に対応するといえる．したがって，設計段階で，できるだけ正確な模型を作成して，そこに実物に近い照明を点灯したものを設置し，その光の様子を撮影すれば，通常の CG 画像より格段に正確であるといえる．ただし，模型内に照明を設置する場合，相似則を考慮して照明出力を調整する必要がある点に注意が必要である．

測光色画像の提示装置は，通常の**ディスプレイ**と **VR** が考えられる．提示する測光色画像を 1 枚の画像とすると，①両眼視差や輻輳の効果，②対象物との距離によって目の焦点を変化させることによって生ずるピントやボケの効果，③包囲光配列に代表される経時的な変化や動きの効果，などが失われる．写真のプリントやディスプレイ表示では，これら以外にも，視覚的な大きさが保存されていないこと，ホワイトバランスが調整されてしまっていること，などの問題点がある．これに対して VR では，①両眼視差を近似的に表現できること，②視覚的な大きさを保存できること，③実環境と同じように順応した状態で視認できること，という大きな利点があり，重要な案件では VR による提示が主流になることになろう．

アンビエントモードのアピアランスを指標化することは難しいが，視野内や部屋の**明るさ感**を推定しようという試みは現在も進行中である．代表的なものとして，照明学会の「空間の明るさ感検討のためのリファレンス・データ」があげられるが，日本建築学会ではそれを受けてさらに検討が進んでいる．

信頼性の高い指標化にはまだ至らないものの，空間全体の明るさ感が評価に大きく影響を及ぼすという理解は進んでおり，日本建築学会や照明学会では，それぞれ天井面や壁面の推奨値を表 6.7, 6.8 のように規定し，明るさ感を確保した上で省エネルギーを実現することを推奨している．

明るさ感を単純に考えると，部屋の中の広い部分が明るく知覚されていれば，その部屋の明るさ感は高くなるはずである．このような考え方で，明るさ画像から簡易的に明るさ感を推定する方法も提案されている[20]．

この方法では，まず明るさ画像を数値（NB 値）に基づき，次のように領域分けした画像である**明るさ検討画像**（図 6.35（口絵 6–13））を生成する．

- 4 以下の値を持つ領域：暗い色であると判断され，明るさ感には影響しない
- 4〜6.5 の値を持つ領域：薄暗く見え，明るさ感を低下させる（D：Dark 領域）
- 6.5〜7.5 の値を持つ領域：明るくも暗くもなく見え，明るさ感に特に影響を与えない（N：Nutral 領域）
- 7.5〜9 の値を持つ領域：明るく見え，明るさ感を向上させる（B：Bright 領域）
- 9 以上の値を持つ領域：光源と判断され，明るさ感には影響しない

そして，明るさ感を向上させる領域（B 領域）と，明るさ感を低下させる領域（D 領域）の差が，明るさ感とは無関係と判断される領域（9 以上の光源であると判断される領域と，4 以下の暗い色であると判断される領域）を除いた領域の中でどのような割合（R）になるか，すなわち，

$$R\,(\text{割合}) = \frac{\text{B 領域の面積} - \text{D 領域の面積}}{\text{D 領域の面積} + \text{N 領域の面積} + \text{B 領域の面積}} \qquad (6.6)$$

を求めれば，おおよその明るさ感が推定できるとする．式 (6.6) より分かるように，明るく見える領域（B 領域）が多いほど明るさ感は向上し，薄暗く見え

表 6.7* 建築学会照明環境規準・同解説（抜粋）

作業，活動または用途	対応する室または空間の例	Lwm	Lcm	UGR	ターゲット面	Et	Ra	備考
設計，製図	設計室，製図室	30	20	16	机上面	750	80	Ut0.7
集中監視・制御	集中監視室・制御室	20	15	16	盤面	500	80	調光を可能にすることが望ましい．キーボード面：Et500 lx/Ut0.7，ディスプレイ面は低照度が望ましい．
事務	事務室	20	15	19	机上面	500	80	キーボード面：Et500 lx/Ut0.7，ディスプレイ面は低照度が望ましい．
VDT 作業，計算	計算機室	20	15	19	机上面	500	80	キーボード面：Et500 lx/Ut0.7，ディスプレイ面は低照度が望ましい．
図書閲覧	図書閲覧室	20	15	19	机上面	500	80	Ut0.7
診察	診察室	20	15	19	机上面	500	90	顔面：Et300 lx
守衛	守衛室	20	15	19	机上面	500	80	顔面：Et200 lx
調理	調理室	20	15	22	台上面	500	80	
昼間の出入	玄関ホール	20	15	—	床面	500	80	
会議，集会	会議室，集会室	15	10	19	机上面	300	80	顔面：Et150 lx，調光を可能にすることが望ましい．
応接	応接室，役員室	20	15	19	卓上面	300	80	顔面：Et150 lx

凡例（記号）Lwm 壁面平均輝度：(cd/m^2)，Lcm：天井面平均輝度（cd/m^2），UGR：屋内統一グレア評価方法による UGR，
Et：ターゲット面の照度（lx），Ra：平均演色評価数，Ut：ターゲット面の照度均斉度

（日本建築学会編：照明環境基準・同解説（第 1 版），p.50，表 6.4，2016）

表 6.8* 照明学会オフィス照明設計技術指針（抜粋）

	室の種類	照明方式	視作業域内（TAL の場合）		室内全域（全般照明の場合）		照度連続性	鉛直面照度（lx）	壁面照度（lx）	天井面照度（lx）	不快グレア（UGR_L）	光色	平均演色評価数（Ra）
			水平面照度（lx）	照度均斉度	水平面照度（lx）	照度均斉度							
			基準	基準	基準	基準	推奨	推奨	推奨	推奨	推奨	推奨	推奨
執務空間	設計室，製図室	TAL/全般	1500	0.6 以上	1500	0.6 以上	1:5 以内	100 以上	200	100	16	中,涼	80 以上
	事務室		750	0.6 以上	750	0.6 以上	1:5 以内	100 以上	200	100	19	中,涼	80 以上
	役員室		750	0.6 以上	750	0.6 以上	1:5 以内	100 以上	200	100	16	暖,中,涼	80 以上
	役員会議室	全般			500	0.6 以上	1:5 以内	100 以上			19	暖,中,涼	80 以上
	診察室				500	0.6 以上	1:5 以内	150 以上			19	中,涼	90 以上
	調理室				500	0.6 以上	1:5 以内	100 以上	200	100	22	中,涼	80 以上
	印刷室，コピー室	TAL/全般	500	0.6 以上	500	0.6 以上	1:5 以内	100 以上	200	100	19	中,涼	80 以上
	電子計算機室，サーバー室		500	0.6 以上	500	0.6 以上	1:5 以内	100 以上	200	100	19	中,涼	80 以上
	中央監視室，管理室		500	0.6 以上	500	0.6 以上	1:5 以内	150 以上	200	100	16	中,涼	80 以上
	コールセンター		500	0.6 以上	500	0.6 以上	1:5 以内	100 以上	200	100	19	中,涼	80 以上
	守衛室	全般			500	0.6 以上	1:5 以内				19	中,涼	80 以上
	受付	全般			300		1:5 以内	150 以上			22	暖,中(,涼)	80 以上

（照明学会編：オフィス照明設計技術指針，p.12，表 4.5，2017）

る領域（D 領域）が多いほど明るさ感は低下するという，とても単純な関係となっている．

どの程度の明るさ感が適切かについては，空間の用途や，評価する人の考え方で変化すると考えられるが，省エネルギーを考え，少し絞った程度の明るさ感が 100 点となるように調整した次式で算出した値を**明るさ感推定値**という．

$$E\,(\text{明るさ感推定値}) = 152.36 + 144 \times R \tag{6.7}$$

明るさ感推定値が 100 点であれば，省エネルギーを考えた場合の適切な明るさ感であると簡易的に判断できる．

6.3.4 順応変化の推定

眼の**順応状態**は，ある均一に近い輝度分布を十分な時間見続け，眼の順応の変化が収れんして安定した状態と定義すれば，定量的に定義することができ，これを**順応輝度**という．平均輝度 L_1（通常は対数を取る）を持つ均一に近い輝度画像を十分長い時間見続けると，眼はその輝度に順応し，その順応の状態は輝度 L_1 で表される．平均輝度 L_1 に順応した後，L_1 よりも高い平均輝度 L_2 を持つ輝度画像を見ると，明順応のプロセスを体験することになり，平均輝度 L_2 の画像を見た瞬間は明るく知覚されるが，その知覚される明るさは時間の経過とともに減少し，最終的にはある一定の明るさ知覚に収れんする．そしてこのときの眼の順応状態は輝度 L_2 で表される．このようなプロセスは，L_2 が L_1 よりも低い暗順応過程でも類似したものとなるが，暗順応では逆に，平均輝度 L_2 の画像を見た瞬間は暗く知覚され，その後次第に明るく見え始め，最終的には一定の明るさ知覚に収れんする．この収れんした眼の順応状態もまた輝度 L_2 で表される．

眼の順応状態が移行する過程で明るさ知覚が変化していく様子は，明るさ尺度値（NB 値）やボードマンの B 値が変化していく様子で表現できるが，もっとシンプルに，見かけ上平均輝度が変化して見える様子と表現することもできる．そこで縦軸に「**見かけの対数輝度**」，横軸に「**経過時間**」を取った図を考え，最初に述べた明順応のプロセスの様子を表すと図 6.36 のようになる．平均輝度が L_1（対数）となる画像に眼が順応した状態で，瞬時に平均輝度 L_2（対数）の画像を呈示すると，L_1 から L_2 に切り替わった 1 秒後は，われわれの眼

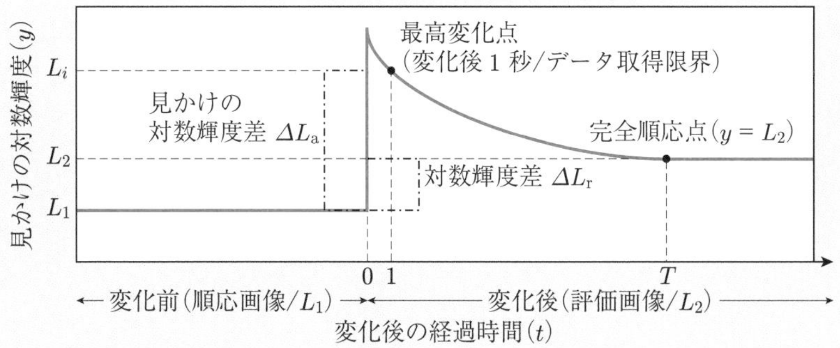

図 6.36　明るさ知覚（見かけの対数輝度）から順応輝度を推定する考え方

には平均輝度が L_i に変化しているように見え（見かけの輝度），その後時間の経過とともに見かけの輝度は低下し，最終的には輝度 L_2 に至る．このとき L_i は，変化前後の呈示輝度の**対数輝度差** ΔL_{r} の関数として表すことができ，さらに図の順応輝度 L_2 に至る減衰曲線もモデル化されていることから[21]，ハールウェーブレット変換を利用して任意の**時間履歴**からある瞬間の順応輝度を推定するシステムも提案されている．このような方法で「見かけの対数輝度」を推定すれば，明るさ画像変換など，明るさ知覚を推定するモデルにそのままの形で適用することができる．

美術館のように，展示物の保護のために室内照度を大幅に下げる必要がある施設では，来館者の順応輝度を下げるために，室内への移動とともに視野全体の輝度レベルを操作することになるが，この際の来館者の順応輝度の変化の様子は前述の方法で概略推定できる．しかしながら，一つの部屋にとどまっていても，その部屋の照明が非常に不均一であったり，明るい窓が設置されていたりすると，視線の移動とともに居住者の眼の順応状態は常に変化していると考えられ，このような順応変化は不快を伴う上，明るさ感評価にも影響を与える．この順応変化を推定するためには，状況に応じた視線の移動を想定する必要があるが，これについてはまだ十分な知見が得られておらず，今後の研究の進展が望まれる．

6.4　視環境評価と昼光

建築空間の視環境は，ほとんどの場合，昼光と無関係に設計することはできない．昼光によって生ずるアピアランスは建築空間ではとても重要であるが，昼光にはさらに，アピアランスにとどまらない効果もある．

6.4.1　昼光とアピアランス

昼光は，自然の光であり，時刻，季節，天候，雲の動きによって大きく変動し，この変動，移ろいが昼光の第一の特徴である．特に直射日光は，時刻や雲の動きによって通常絶えず大きく変動しているが，これに対して天空光はその変動が比較的小さい．そのため視認性の確保を設計目標とするときは，変動の少ない天空光がもっぱら利用されてきた．しかしながら，建築空間という多面的に評価される構築物の視環境の評価を検討する場合は，この変動はプラスの評価も生むことに注意が必要である．光の強さや光の様子が刻々と変わって建築の**アピアランスが変化**することは，屋外環境を積極的に室内に取り込んでいるという印象を与えるし，さらにその動きが生命という連想にもつながる．昼光が上手く取り入れられた視環境，たとえばキンベル美術館の視環境を体験すれば，その効果は否定しようがない．

木立や木の葉の間を漏れてさす日光のことを木洩れ日といい，自然，安心，暖かさ，幸せなどの感覚に通じることがよく知られている．木漏れ日の体験は曇りの日にはできず，木立の隙間から強い直射日光が平行に近い光線として差し込んでいて初めて可能となる．空間を直線的に貫く光，たとえば，モスクやロマネスク教会の天窓から入射する光は，空間の大きさと相まって，空間の持つ神秘性を強調する．直射日光は生活の中で体験可能な最も平行に近い光線で，立体的な建築物に照射されると強い立体感を与え，テクスチャを持つ面に照射されるとテクスチャを強調する．すなわち，昼光がもたらすアピアランスの特徴の第二は，平行光線としての直射日光が作り出すさまざまな**強いコントラスト**である．

設計の目的を視認性の確保と考えてきた従来の光環境設計では，昼光の持つとても重要な特徴を切り捨ててしまっていたともいえよう．

6.4.2　日照の評価

日照とは，気象学では太陽からの直射日光が地表に当たっていることをいうが，建築学では，太陽からの直射日光の効果を総合的にとらえた概念をいう．単なる日当たりではなく，紫外，可視，赤外の全ての放射の効果や作用，採暖の効果，通風，窓からの眺望や開放感など，直射日光が室内に入射できることに付随するさまざまな効果を含めた用語として，日照という用語を用いる．オフィスなどの視作業を伴う空間ではさまざまな工夫により避けられる直射日光が，住宅では逆に，日照の確保として重要とされる．日照の多少を定量的に示す方法には**日照時間**（3.4 節参照）があるが，この指標は，単純に太陽からの直射日光を享受する時間が多いというだけでなく，**外部環境の恩恵**を建築に取り込むことができていることを示す指標と考えるべきである．

6.4.3　サーカディアンリズム

ほとんどの生物は，周期的に変動する生理現象（生体リズム）を持つが，その周期がおおよそ 24 時間であることから，これをおおよそ 1 日のリズム（概日リズム），**サーカディアンリズム**という．サーカディアンリズムは人の健康と密接な関係があることが知られており，目から入る光は，このサーカディアンリズムを調整する効果を持つ．

サーカディアンリズムの様子は，**メラトニン**と呼ばれるホルモンの分泌量が一日で変化する様子で表現される（図 6.37）．サーカディアンリズムが正しく保たれているとき，人が活発に活動している朝から日中にかけてはメラトニンがほとんど分泌されず，夜の睡眠時に集中的に分泌される．人は，日中，特に午前中に強い光を受けると，その時間帯のメラトニン分泌が抑制され，サーカディアンリズムが正しく調整される．これに対し，夜遅い時間帯に強い光を受けると，夜間のメラトニン分泌が抑制されてしまい，サーカディアンリズムが乱れ健康被害につながる．

メラトニン抑制の効果は，**光を浴びる時間帯**と，**光の暴露量**（眼前照度 × 時間），浴びる光の波長帯によって決まることが知られており [22]，波長帯の効果は図 6.38 のように可視光の短波長帯で大きい．午前中に，短波長成分を多く含む色温度の高い昼光を浴び，夜間には，焚火のような短波長成分の少ない低色温度の光を利用すれば，サーカディアンリズムを保つ効果が期待できる．要す

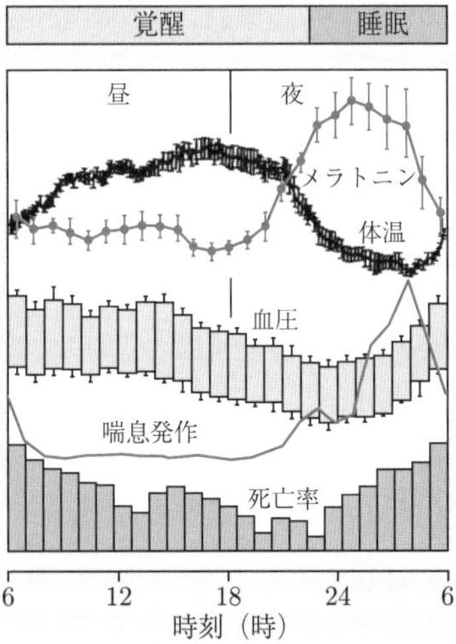

図 6.37*　サーカディアンリズムの例

（本郷利憲他監修：標準生理学，第 5 版より，本間研一：概日リズムの生理学，p.830，図 13-38，医学書院，2000）

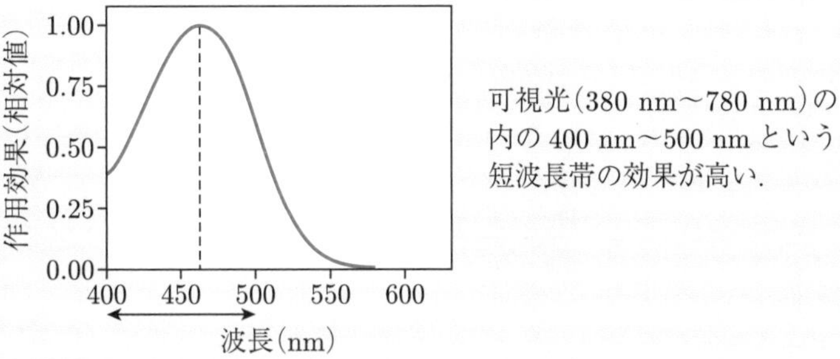

図 6.38　メラトニン分泌抑制の作用スペクトル

るに，昼光がもたらす一日の変化を正しく体験することが，サーカディアンリズムを保ち，健康被害を抑制することにつながる．

6.4.4　その他の効果

視環境評価は目に見える光を扱うが，昼光は特に，可視光以外の放射を多く含んでいて，放射の効果は**図 2.3** に示すように波長帯によって異なる．

UV-B（3.1 節参照）の波長帯にほぼ対応する波長 290〜320 nm の放射は，健康線あるいは**ドルノ線**と呼ばれ，ビタミン D の生成により骨の石灰化を促進することが知られ，くる病（骨の変形などを伴うビタミン D 欠乏症の一つ）の発症を防止する効果があるとされる．しかし，皮膚への過度な照射は表面が赤くなる**紅斑現象**を生み，さらに UV-C と同様に**皮膚癌**の原因となり得るため，過度な日光浴などは避けることが必要とされる．なお，UV-B は通常のガラスを透過しないため，日光浴を必要とする場合は，窓を開けるか，紫外放射が透過するガラスを使用する．一方 UV-A は，皮膚の真皮層に作用し蛋白質を変性させ，メラニン色素を生成させ**色素沈着**を引き起こす．

波長の長い赤外放射の人体への影響は**温熱効果**が主となる．特に近赤外放射の温熱効果は大きく，冬季の採暖に利用される．しかし一定程度を超えると火ぶくれなどの症状を引き起こし，**白内障**などを発生させる可能性もある．

6章の問題

□ **6.1**　視環境のアピアランスを決める要因にはどのようなものがあるかを列記し，その概略を説明せよ．

□ **6.2**　ウェーバ–フェヒナの法則とは何かを述べ，スチーブンスの法則とどのような関係にあるかを説明せよ．

□ **6.3**　光の分野でいうモデリングとは何かを説明し，これを検討するために開発された従来の指標を示し，それらと輝度分布との関係を考察せよ．

□ **6.4**　デザイン分野でしばしば利用される色のトーンとは何かを示し，測光色画像との関係を説明せよ．さらに，色のトーンを利用して，調和する色の組合せを選択する方法を記せ．

□ **6.5**　フォーカルモードとは何かを説明し，どのようなアピアランスを検討する必要があるかを示せ．

□ **6.6**　アンビエントモードとは何かを説明し，どのようなアピアランスを検討する必要があるかを示せ．

□ **6.7**　サーカディアンリズムとは何かを説明し，それが光とどのような関係を持つかを説明せよ．

第7章

視環境設計の手順

前章までの知識を，視環境設計に具体的に展開するための基本的な手順を，実例と共に解説する．視環境設計の進め方は，今後さまざまな形でアレンジされていくことになろうが，それらはこの基本的な手順を基に展開されることになろう．

7.1　視環境設計の考え方

視環境設計はまず「作業面や床面の照度だけでは視環境を評価することはできない」という事実を認めることから始まる．しかしこれは一般的な認識とは異なる．これまでの照明設計では，作業面などの照度だけが設定され，それで特に大きな問題は生じてこなかったからである．

これまでの照明設計では，照明設計の対象となる空間のほとんどが天井，壁，床面から構成された直方体に近い形状であり，天井高さ，各面の反射率もそれほどの違いはなく，昼光があってもブラインドなどで完全にシャットアウトし，照明器具を天井に均等に配置して均一照度を提供してきた．このように**設計パラメータ**が固定されていれば，わざわざ照明シミュレーションを行う必要もなく，作業面照度だけで視環境全体がほぼ推定できる．しかしこれらの設計パラメータが少しでも異なると設計はうまくいかない．たとえば木目調の壁や家具で構成された役員室の照明設計は難しいことが知られている．

これからの照明設計では**省エネルギー**化が至上命題となる．オフィスであっても均一に高照度を確保することはありえず，できるだけ**昼光を導入**し，**照明コントロール**システムを備え，不必要な部分の照明は減光や消灯するという設計が求められる．このような照明環境が作業面平均照度で評価できないことは明らかだろう．すなわち，これからは視環境設計を避けては通れない．

視環境設計では，設計対象とする空間に存在する**人を想定**する．人は空間の特定の位置にいたり，空間内を移動したりして，さまざまな目的のためにさまざまな視覚的な作業を行う．もちろん空間によっては，代表的な位置での代表的な視作業を想定するだけで十分な場合もある．しかしそのような場合にも，人から見える視環境を推定した上での設計が求められる．視環境の推定とは，具体的には視野内の輝度分布や測光色分布を推定することであり，その分布は物体の反射率と提供される光の両方で決まり，光だけでは視環境設計は行えない．

視環境設計では，これまで手描きのイメージパースやイメージスケッチの形で表現されてきた視環境の様子を，照明シミュレーションを用いて得られる輝度分布や測光色分布として表現し，これまで写真で表現されてきた現実視環境の様子を，画像測定された輝度分布や測光色分布として表現する．そしてこれら輝度分布や測光色分布から，客観的に算出される**指標**を用いて視環境を評価する．視環境評価に当たっては，想定される視作業の内容に対応する二つの目のモード，すなわち，文字を読んだり，商品をチェックしたりする**フォーカルモード**と，景色をゆっくり眺めたり，部屋全体の雰囲気を楽しんだりする**アンビエントモード**を適切に設定し，それらに相応しいアピアランスを実現することを設計目標とする．

視環境設計の考え方を適用しなければならないのは，建築の室内環境だけにとどまらない．たとえば建築設計で頻繁に利用される建物外観の CG パースは，3 次元的な位置関係は正しいものの，物理的な根拠に基づかないアピアランスを持つ測光色画像となってしまっている．少なくとも，最終的な設計案として提示する詳細なパースだけは，視環境設計の考え方に基づいて設計，出力したものとすべきである．

さらに，プロダクトデザインや工芸デザインなども，デザインの目標とするものが現実環境でのアピアランスであるならば，視環境設計の考え方を適用しなければならない．モックアップを実際に作ってアピアランスを確認できる場合でも，異なった光の下では異なったアピアランスとなることも多く，それがしばしば問題を引き起こす．アピアランスの変化は物理的に推定できるものであり，視環境設計の考え方に基づいてデザインを検討していれば，そのような問題をあらかじめ回避することができる．

7.2　視環境のデザインと設計

視環境設計の目標は，快適で，豊かな**アピアランス**をもたらす視環境を実現することだが，これを達成するためには，二つの異なった能力と技術が必要とされる．一つ目の能力は，適切で豊かなアピアランスをイメージすることができる能力，言い換えれば，目標とするアピアランスをイメージできる能力である．「デザインとはモノに意味を与える」行為であるという表現があるように，歴史的な背景や時代の趨勢をとらえた上で，適切な意味を持ったアピアランスを提供することが求められる．

二つ目の能力は，目標とするアピアランスを，物理量に基づいた指標で表現し，具体的に**実現**できる方法を示す能力，また現実の**制約条件**の中で技術的に実現可能な**代替案**を示すことができる能力である．

一人の人がこの二つの能力，すなわち目標を示す能力とそれを実現する技術を提供する能力を併せ持つことは難しい．特に高いクオリティを追求する場合には，やはり**デザイナー**と**技術者**という別々の立場の人が必要となり，この両者のコミュニケーションがしばしば難しいのだが，視環境設計のプロセスに則って設計を進めると，この問題が発生しない．視環境設計では，**測光色画像**を媒介にしてアピアランスを議論することができるからである．デザイナーは，自分の目で見た判断に基づいて，目標とする測光色画像を指定する．一方技術者は，そのような測光色画像を実現する可能性を検討し，代替案の測光色画像を提示する．このような測光色画像を媒介にしてアピアランスを議論する仕組みがあれば，二つの立場の行き違いは生じない．視環境設計はこの仕組みを提供する．

7.3　視環境設計のプロセス

視環境設計は，図 7.1 に示すようなフローに則って進められる．それぞれのステップでは，次のような点を考慮する．

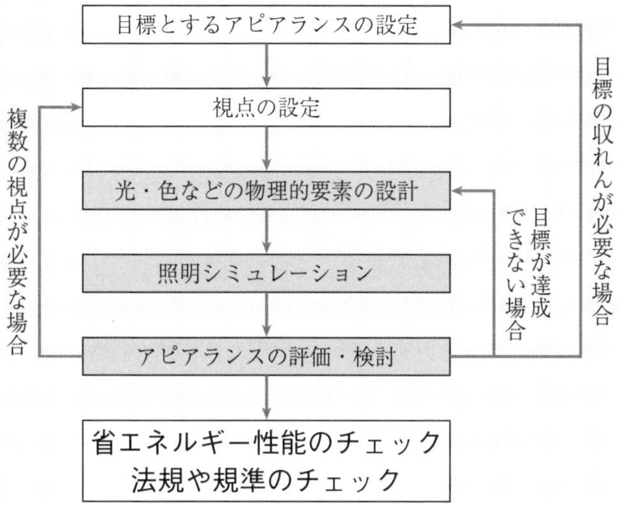

図 7.1　フローチャート

(1)　目標とするアピアランスの設定

目標アピアランスを設定するときに最も重要なことは，フォーカルとアンビエントという二つのモードをきちんと分け，それぞれについての目標を具体的に設定することである．設計で利用しやすいのは数量的な**指標**で，**フォーカルモード**の視認性では，机上面照度，鉛直面照度，視認性評価値など，不快グレアの指標には UGR や PGSV など，また場合によって減能グレアを考慮した視認閾値推定値などを利用する．

一方**アンビエントモード**では，空間の**明るさ感推定値**などの数量的な指標はあるが，雰囲気などの総合的なアピアランスは十分に表現できない．そのため，高い意匠上のクオリティを目指すときは，目標とするアピアランスを**測光色画像**などで示すことが望ましい．測光色画像は，目標とするアピアランスに近い実例を測定した画像データが最も利用しやすく，この場合は，得られたリアルアピアランス画像を目標のアピアランスになるように加工し，それを逆変換して得られた測光色画像を用いることができる．しかしながら，通常のディジタル写真の画像を加工したものであっても十分に参考になり，シミュレーションを活用して測光色画像を得ることを繰り返し，リアルアピアランス画像を使って見え方を共有しながら，目標となる測光色画像に次第に収れんさせていく．意匠的な判断は始めから明確なイメージがあることは少なく，シミュレーションを繰り返すことで，目標とするアピアランスを次第に明確化させることも多い．

(2)　視点の設定

フォーカルとアンビエントという**二つのモード**のアピアランスが一度にチェックできるように視点を設定すると効率良く設計を進められる．アンビエントモードの評価には**全方位画像**が利用しやすく，検討したい視対象と併せて空間全体のバランスが見える視点を設定するのがよい．視点の位置とは，そこに人がいることを意味しているため，その人が行う具体的な**行為**を想定する．オフィスや住宅では，ワーカーや居住者なのか，訪問客であるのかで評価の基準が異なると考えられるし，その視点に至るまでの視環境のシーケンスも異なる．また玄関やお風呂など，扉などを開けて利用する場所では，扉が視環境の妨げになるということも十分あり，行為の想定はとても重要となる．

(3)　目標アピアランスを実現するための設計

(a)　**光・色などの物理的要素の設計**　什器など設計空間に含まれる物体の反射率，物体色などを決定し，それらの3次元的な構成を決め，昼光の利用の仕方と人工照明設備を決める．空間内にPC画面などの**発光体**がどのように分布しているか，既に空間に供給されている光があるかどうかもチェックする．**昼光**の利用では，昼光の状態に合わせてどのように人工照明を操作するかがポイントとなる．たとえば直射日光のあるときにブラインドやカーテンなどの**遮光設備**をどのように操作するか，人工照明設備の**調光**・**調色**を利用する場合はどのような指標に基づいて動作させるか，そしてそれらの調整はどのようなグループ毎に行われるかを決定する．さらに，**人感センサー**などを使って，居住者の有る無しで調光などを行うかどうかも決定する．

(b)　**照明シミュレーション**　昼光などを含めると，頭の中でシミュレーションすることは難しく，昼光と人工光を併用する場合は照明シミュレーションが必須となる．照明シミュレーションでは，設計者は，昼光の**設定パラメータ**を具体的な値として意識しておく．一方人工照明は，多くの照明器具メーカーが器具の **ies データ**を提供しているので，想定される照明器具のデータを収集して利用する．

(c)　**アピアランスの評価・検討**　目標アピアランスが，物理的な**指標**で提示されている場合は，その指標と比較して設計案を調整する．雰囲気などを重視し，測光色画像をデザイナーや関係者で共有する必要があるときは，シミュレーションによって得られた測光色画像から，リアルアピアランス画像のような生成アルゴリズムが明確な変換を利用して，ディスプレイに**表示**できるディジタル画像を生成し，それを提示することで**共有化**を図り，目標とするアピアランスを次第に収れんさせる．

(4)　省エネルギー性能のチェック

省エネルギー性能は照明だけでは決まらないが，設計した照明設備が 1 年間に消費すると想定される電力量を算出し，総合的な環境評価の材料とする．

(5)　法規や規準のチェック

対象とする空間に関連した**法規**や**規準**の有り無しをチェックし，それらに適合しているかどうかを判定する．

7.4　設計と評価の具体例

7.4.1　屋内視環境

ここでは代表的な屋内視環境としてオフィスを取り上げ，視環境設計の考え方として，省エネルギーを実現するため，①昼光を積極的に利用する，②昼光の状況に応じて人工照明を適切に補うことで視環境のアピアランスを担保する，という考え方を採用する．なお，視環境設計の基本的な検討プロセスは，屋内環境の種類などによる違いはないから，以降に紹介する解説において，必要に応じてオフィスを住宅，レストラン等に読み替えることで，他の種類の空間でもそのまま適用することができる．

(1)　対象空間の概要

想定するオフィスは図7.2に示すような標準的なもので，天井高2.8 m，南面と西面に窓開口（腰壁高さ0.9 m）を持っている．窓の位置や方向は視環境に与える影響が極めて大きく，本来はそれらの位置を決める基本設計の段階から視環境設計を行わなければならないが，ここでは形状や窓開口の位置などは既に決まっており，昼光導入のための装置として水平ブラインドを設置し，人

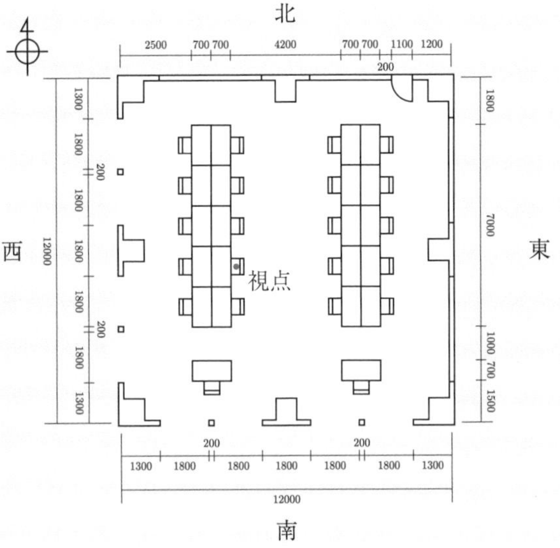

図7.2　オフィス平面図

工照明器具の出力や什器などの反射率を調整するという，極めて限られたパラメータの検討を行うこととする．利用する天井照明器具は**全般照明型**のよく利用されるものとし（逆富士型，定格光束 2,400 lm，固有エネルギー消費効率 140 lm/W），室内および什器の仕上げは**均等拡散面**で**反射率**は**表 7.1**のような標準的なものとし，平均机上面照度 750 lx を実現できるように**光束法**を用いて器具台数を算出し（60 台），均等に配置している．

表 7.1　仕上げ一覧（反射率）

部材	反射率 [%]
天井	70
壁	50
床	10
机	30
椅子	12
ブラインド（25 mm）	42
サッシ	30

(2)　目標アピアランスの設定

ここでは目標とするアピアランスを，関連する物理的指標を用いて設定することにする．

(a)　**フォーカルモード**　**視認性**と**不快グレア**の程度について目標を設定する．

まず，オフィス作業者は，机上面でさまざまな反射率を持つ視対象を扱った視作業を行うとして，作業者が主に利用する机上面での**照度** 500 lx を目標値とする．現在では PC 画像を用いた視作業が非常に多いが，これについては，アンビエントモードの目標アピアランスがクリアされれば，PC 作業時の視認性も確保できるとした．

次に，視点位置に作業者の顔があったときの表情が自然に見えるように，方位によらず 150 lx の鉛直面照度を確保することを目標とする．全方位輝度画像が得られていればこのチェックが簡単にできる．

不快グレアについては，グレア源を直視した場合の **UGR** が 22（不快であると感じ始める）程度を超えないこととする．居住者は，実環境では常に視線方向を動かしているため，視線方向を固定した通常の UGR の算出は現実を反映していないからである．なお，窓からのグレアも UGR で検討するが，これは人工照明と昼光とを別々のグレア評価式を利用するのが好ましくないことと，PGSV など昼光のグレアを扱ったモデル式では利用できる窓サイズや背景輝度，対象輝度が限られているためである．

(b)　**アンビエントモード**　数値目標として設定できる**明るさ感推定値**を利用する．全方位輝度画像を生成して，部屋をぐるっと360度見廻しても十分な明るさ感が得られることを目標とし，水平方向から仰角20度，俯角20度の**40度バンド領域**での明るさ感推定値が120から130程度以上あることとし，さらに，明るさ検討画像を利用して，方位による変動の様子も考慮する．

(3)　視点の設定

設定する視点は，通常の使用状況を反映したもので，アンビエントモードとフォーカルモードの両者のアピアランスを検討できることが望ましい．このため，ここではオフィスの**作業者**が図7.2の●で示す席に着いて作業をすることとし，その点を中心とした**全方位輝度画像**を生成してアピアランスを検討する．

生成される全方位輝度画像は図7.3（口絵7-1）のような**正距円筒画像**で表示されるが，この画像はある程度慣れないとその見え方を理解することが難しい．そこで，全方位輝度画像と合わせて，正面から90度ずつ方位角を変化させた**透視投影**画像を全方位画像から生成する．たとえば東西南北に視線を向けた透視投影画像を生成して，視環境を検討していくことが多い．図7.3では，視線を座席正面の西側に向けた場合（西側），90度右に移動して北側に向けた場合（北側），後ろを振り返って東側に向けた場合（東側），最後に90度左に視線を移動した場合（南側）の画像が示されている．

(4)　設計と評価

(a)　**昼光条件の設定**　昼光と人工光を併用する場合，まず昼光の効果を検証することになるが，拡張アメダスデータなどを利用すれば，全国各地の標準年の任意の日時の光環境を入手できる．しかしながら，視環境評価を行う際は，提供されたデータを闇雲に利用することは避けた方がよい．現実の光環境は，天気や雲の移動などによって常に変化し一定ではなく，そのような変動によって視環境評価が変化する様子を考慮できないからである．設定する条件の全天空照度と直射日光照度（法線，あるいは水平面）を明確に認識し，必要に応じてその値を調整することができるようにしておく．たとえば，東京を想定して**拡張アメダス**データ標準年の春分前後の12時の照度値を調べると，晴れのとき，全天空照度が35,000 lx程度，**直射日光水平面照度**が36,000 lx程度であることがわかるので，ここでは**Radiance**のオプションを利用して，この値を設定した照明シミュレーションを行う．天空輝度分布はCIE標準一般天空を利用することが望ましいが，radiance での設定のしやすさから，ここでは**CIE 中間天空**の輝度分布を利用することとした．

基準昼光率を使った従来の昼光設計と比較すると，全天空照度 35,000 lx という値は，かなり明るい天空状態を想定している．シミュレーション条件を明示的に意識していれば，たとえば**平生**の明るさである全天空照度 15,000 lx を想定したいとき，天空輝度分布の相対値が変わらないとすれば，設定条件 35,000 lx のシミュレーションで得られた全方位輝度画像を約 0.43 倍することで，平生の設定条件の輝度画像が得られる．

このように，設定した条件をきちんと押さえておけば，シミュレーション画像の再利用が可能となり，無駄が省ける．これはあらゆる照明設備について同じで，以降に述べる人工照明の**調光率**の調整は，このような方法を用いて検討している．

(b) **ブラインド制御の考え方** 図 7.4（口絵 7-2）に示すのは，前述の設定で，春分 12 時，直射日光無し，ブラインド水平としたシミュレーション結果である．直射日光有りで，他の条件は同じという条件でシミュレーションした図 7.3（口絵 7-1）と比較すると，南側窓面付近の天井輝度が若干上がるものの，全体として輝度分布はほとんど変わらない．今回のような通常の側窓を設定したオフィスの視環境設計では，強い直射日光はブラインドを調整して必ず遮光することになる．そこでここでは，太陽方位，太陽高度は把握されており，装備された天候判定システムによって直射日光の有る無しが判定できるとして，これらを用いて**ブラインド**が適切に**制御**されている状況，すなわちブラインドのスラット角が**保護角**となるように制御されている状況を想定することにした．このような場合，室内輝度分布は，ブラインドの隙間から見える天空面積でほとんど決まるため，直射日光無しの条件でシミュレーションを行えばよい．

(c) **全般照明の机上面照度と空間の明るさ感** 今回のような天井照明器具を天井に均一に配置した場合，天井面の輝度は，ほぼ床や机などからの反射光だけによって決まることになる．天井照明器具をすべて点灯し，床面反射率 10%，机上面反射率 30%，ブラインドを閉めている状態を想定すると，机上面照度はほぼ 750 lx となる．**明るさ検討画像**を作成し，40 度バンドの明るさ感推定値を求めてみると（図 7.5（口絵 7-3）），**明るさ感推定値**は 147 と目標を達成している．しかしながら，天井面の NB 値（明るさ尺度値）を見ると，**明るさ感**を下げる領域（青）とニュートラルな領域（緑）のみから構成され，天井面が若干暗く見えていることがわかる．ここで机上面照度を目標値の500 lxとなるように調光する（調光率 $0.67=\frac{500}{750}$）と，天井面はほぼ明るさ感を下げる領域のみとなり，明るさ感推定値は97と，省エネルギーを考慮しても我慢できるレベル以下に下がってしまう（図7.6（口絵7-4））．省エネルギーを考えると，床面反射率や机上面反射率を上げることが大切だが，その場合でも，机上面照度500 lxを目標に調光率を下げてしまうと，空間の明るさ感は不十分であることが多い．全般照明の場合，机上面照度と空間の明るさ感の関係は，天井照明器具の配置による若干の違いはあるものの，**机上面照度**を下げることが空間の明るさ感を大きく下げることに直結することが多く，机上面照度だけを目安にしていては，適切なアピアランスを実現することは難しい．

(d) **昼光導入と人工照明による補助** ここでは，前述の春分12時，直射日光無しの昼光条件を基本として検討する．

直射日光が入射しないとき，ブラインドを水平とすると，昼光を最も有効に取り入れることができる．全天空照度を35,000 lxとすると，図7.7（口絵7-5）のように，40度バンドの明るさ感推定値は208となり，全体として空間の明るさ感は十分高く，**明るさ検討画像**の分布の様子を見ても，室奥の北側，東側でも，黄色で示された明るさ感を上げる NB 値を持っており，全く問題がないことが分かる．

作業者前の机上面照度をチェックすると800 lx程度あるが（図7.8(a)（口絵7-6）），最も到達する光の少ない北東隅の**机上面照度**をチェックすると300 lx程度であり（図7.8(b)（口絵7-6）），北東隅では机上面照度が不足している．続いて作業者の顔の位置での**鉛直面照度**をチェックすると表7.2のようになり，鉛直面照度は十分あるが，方向による違いが大きく，北側や東側の席で作業している人が視点位置にいる作業者に話しかける場面では，窓面による**シルエット現象**が発生すると考えられる．なお，シルエット現象の検討は，南側や西側の透視投影輝度画像と，顔を想定したN6程度の円形指標を合成した輝度画像を作成し，顔と背景のコントラストを算出すれば定量的に検討できる．高い鉛直面照度はPCモニ

表7.2 作業者の顔位置での鉛直面照度

西向き鉛直面	1,504 lx
北向き鉛直面	368 lx
東向き鉛直面	425 lx
南向き鉛直面	2,003 lx

タ表面に重畳する光が多いことも意味するが，ノート PC の利用が主で画面方向を調整できるとして，大きな問題は発生しないと判断した．

次に**窓面のグレア**の程度をチェックする．西側窓面で最も強い不快グレアを発生させるのは，窓高さ（視角 14.7 度）のサイズを持つグレア光源であると考えられるので，このグレア光源サイズを用いて直視グレアを検出すると，**図 7.9**（**口絵 7-7**）のようになる．図は光源サイズ（14.7 度）でグリッドが切られており，そのグリッド位置は，UGR が最大となる点（1 番の点）が，四角いグリッド範囲の中央となるように調整されている．図の 1 番のメッシュ位置の UGR は最大値の約 23 となるが，2 番のメッシュ位置では約 15 とそれほど高くはない．しかし複数の光源からの不快グレアは，(6.3) 式に示すように加算できるとされているから，ここでは安全側をみて，UGR = 23 の 14.7 度サイズのグレア光源が 2 つ並んでいて P 値も変化しないとすると，その UGR は $8 \times \log_{10} 2$ だけ，すなわち約 2.4 だけ増加して 25.4 となる．この数値は目標値を満たしてはいないことを示している．なお，PGSV は，その適用範囲が光源立体角が 0.27 sr 以上，すなわち視角サイズで 35 度以上であるから[23)]，ここで検討したサイズのグレア光源の評価には利用できない．

窓面グレアを抑えるため，ブラインド角度を 45 度としたシミュレーションを行い，前述と同じ手順でチェックしていくと，UGR 最大値は 22，明るさ感推定値は 132，作業者前の机上面照度値は 430 lx，室奥は 160 lx となり，窓面グレアは目標値を満たすが，机上面照度の不足が全体に広がってしまう．

全天空照度が 15,000 lx と平生の明るさ程度にまで落ちたとき，昼光を積極的に導入するためにブランドを水平としても UGR の最大値は 20 となり目標をクリアし，明るさ感推定値も 138 と目標をクリアする．しかしながら作業者前の机上面照度値は 350 lx，室奥は 130 lx となってしまい，さらに全天空照度 7,500 lx 程度まで落ちると，机上面照度がその半分になってしまうだけではなく，明るさ感推定値も 94 と通常のオフィスでは限界と考えられる値まで下がる．

このように，窓からの昼光を積極的に利用しようとしても，全てのアピアランスの目標値をクリアすることは非常に難しく，人工照明による補助が必要となる．しかし，既に述べたように，昼光を積極的に利用すると，同じ室内でも光が十分な場所と光が不十分な場所が発生し，人工照明によって補う必要のある光の量が，部屋の位置によって異なることになる．不足している机上面照度を均一照明で補うとすると，机上面照度が一番低い位置に対応させて調光率を設定することになるから，十分な省エネルギーが実現できない．そうすると，直下の机上面照度を検知して天井照明器具を調光するなども考えられるが，天井照明がまばらに点灯して空間の印象があまりよくない．さらに，天井照明器具は空間の明るさ感を上げる効果が小さいため，壁面などの薄暗く不快な部分の見え方がほとんど改善しない．

昼光を積極的に利用した省エネルギー照明を実現するには，光を補助する人工照明を，**机上面照度**を確保するための照明と，**空間の明るさ感**を確保するための照明の二つに分け，それぞれを検討する必要が生じる．これが**タスクアンビエント照明**（TAL《タル》）である．机上にスタンドライトを設置してこれを**タスク照明**とすると，光源と机上面との距離が近いこともあり，少ない出力で机上面照度の確保が可能となり，利用者による調整を許せば，個人差にも対応できる．そこで机上面照度はこのようなタスク照明で確保すると，後は空間の明るさ感を改善する**アンビエント照明**を検討すればよい．想定したオフィスでは，昼光の流入が減少すると，必ず北東の隅の二つの**壁面輝度**が不足することになるから，この部分を照射する**ウォールウォッシャー**を設置することにし，全天空照度 7,500 lx の全方位輝度画像と，ウォールウォッシャーだけを点灯した画像，タスク照明だけを点灯した画像（机上面照度を 500 lx に調整）を合成し，明るさ検討画像を作成すると**図 7.10（口絵 7-8）**のようになり，明るさ感推定値が 123.5 と目標を達成できることが分かる．

このような検討から，たとえば次のような照明設計が考えられよう．

まず人工照明設備は，通常の天井照明器具を使った TAL とし，**タスク照明**として各机にスタンドライトを設置し，昼光利用の際に暗くなる北東隅の二つの壁面を照射するウォールウォッシャーを設置する．一方窓面は**自動ブラインド**を設置し，直射日光を遮光する制御と，**天候判定**と**全天空照度**によってブラインド角度を調整できる制御を組み合わせた制御システムとする．運用の仕方は，まず昼間，全天空照度が 7,500 lx を超えると天井照明器具が消灯され，居住者はタスクライトを点灯することで机上面照度を確保し，空間の明るさ感を確保するためウォールウォッシャーが点灯される．天候が晴れのとき，ブラインドは保護角に，曇りのときは水平とするが，天候が曇りと判定されても，全天空照度が 15,000 lx を超える場合はブラインド角度をつけてグレア発生を抑制する．そして，全天空照度が 7,500 lx 以下の昼間と夜は，机上面照度 650 lx 均一の全般照明とする．

今回のようなサイズのオフィスであれば，適切に壁面輝度を確保することによって，空間の明るさ感を改善することができる．しかし非常に広いオープンオフィスでは，壁の輝度が空間の明るさ感に及ぼす効果は小さいため，**天井輝度**を上げて空間の明るさ感を改善することになる．天井面にも光を照射する天井照明器具を利用したり，床置き型の天井間接照明を利用したりすることが考えられるが，最も有効な手段は，天井に LED 導光板などを利用した発光する**垂れ壁**を設置して，作業者の目に入る**輝度**を作りだすことであろう．

省エネルギーを実現するには，人工照明の出力（後述する**電力光束**）を下げればよいから，人がいない場所や人がいないときに消灯するという運用も有効で，トイレや廊下では既に，**人感センサー**を利用した消灯システムが多く導入されている．今後このようなシステムがオフィス照明にも導入されることになろうが，ここで紹介した設計手順と考え方を踏襲することで，人がいない場所で消灯され不均一となったオフィス照明であっても，快適な視環境を実現することはできよう．

今回提案した昼光を利用する照明システムは，とても最適解であるとは思えず，今後，技術の進展とともにさまざまな形の TAL が導入されることになろう．しかしどのような照明システムを設計するにしても，ここで紹介した視環境設計の手順を踏むことで，快適で，間違いのない，省エネルギー照明システムを実現することができる．

7.4.2　屋外視環境

代表的な屋外視環境として都市景観を取り上げるが，ここでは，シミュレーションを用いた視環境設計ではなく，より良い都市景観を実現するための設計パラメータを，視環境評価という観点から検討する．

検討には実環境で測定した**全方位測光色画像**を用いる．市販の全方位写真が取得可能なカメラ（RICOH シータ V）を用い，露出を 6 段階に変化させて撮影した 6 枚のディジタル写真を，あらかじめ求めた校正関数を適用して合成することで，測光色画像を取得する．取得可能な輝度は，露出から算出すると 7 万 cd/m^2 となるが，2.7.1 項で解説したように，測定輝度は画像解像度に依存する．また測定される測光色の空間的な変化量はレンズ特性に影響されるため，検出サイズの小さいコントラスト値は若干小さくなる．なお，ここで取得した画像サイズは水平 5,376 ピクセル × 垂直 2,688 ピクセルである．

景観を視環境として検討するには，まず**視点場**と呼ばれる代表的な視点を設定する．したがって，景観を対象にした視環境の設計や評価は，景観条例における**事前協議**案件など，詳細な見え方が問題となる際に利用されることになろう．

東京都の『景観色彩ガイドライン』では，景観保持が重要とされる地域では，表 7.3 のように，建物に利用できる**外壁基本色**，**強調色**，**アクセント色**，**屋根色**が，**マンセル表色系**を用いて指定されている．しかしマンセル色で指定した色は，実環境ではしばしば異なった色のアピアランスとなる．

図 7.11（口絵 7-9）は，昼間の商業施設で取得した測光色画像から生成した画像で，正面建物の外壁を**視感測色**したところ，7.5YR 7/6 であった．この色は，JIS に添付されたデータから D65 光源の照明下での $L^*a^*b^*$ を算出すると，$L^* = 70.7$, $a^* = 13.1$, $b^* = 33.9$ となる．次に，測定した測光色画像を利用して，外壁色のアピアランスを，図 6.33（口絵 6-11）に示す**等価アピアランス色票**（2.8.4 項 (4) 参照），すなわちグレー背景の中央に置かれた色票で表現してみる．図 7.11（口絵 7-9）の①で示したバルコニー下の**影**の部分は，背景を N5 とすると 7.5Y 5/4 となり（図 7.12），7.5YR 7/6 の色票を同じ条件でセットしたときに比べると，色相が黄色側に変化し明度と彩度が少し落ちた色に見えると推定された．一方②の**直射日光**が当たる部分は，背景を N1 とすると 10YR 5/6 となり，色相が赤方向に少し変化し明度は少し落ちるが彩度はほぼ同じ色に見えるということだが，これは，とても暗い N1 背景で 15,000 lx

表 7.3　東京都景観色彩ガイトラインの例（臨海景観基本軸の使用可能色の範囲）

基準の適用部位・面積	色相	明度	彩度
外壁基本色	0R〜4.9YR	6 以上 8.5 未満の場合	4 以下
		8.5 以上の場合	1.5 以下
	5.0YR〜5.0Y	6 以上 8.5 未満の場合	4 以下
		8.5 以上の場合	2 以下
	その他	6 以上 8.5 未満の場合	2 以下
		8.5 以上の場合	1 以下
屋根色	5.0YR〜5.0Y	—	4 以下
	その他		2 以下

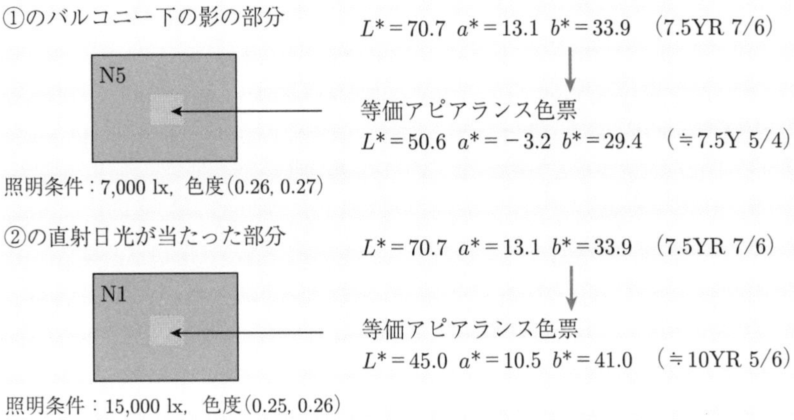

図 7.12　外壁色のアピアランスの変化

という高照度で再現できる，非常に明るい色である．

次に，夜間景観でしばしば問題となる強い色を持つ**サインボード**を検討してみる．図 7.13（口絵 7-10）は，夜間の繁華街で取得した測光色画像から生成した画像で，測光色画像があれば，夜間景観の視環境も昼間と同じように検討することができる．

図 7.13（口絵 7-10）の①で示すビル屋上の赤いサインボードを検討する．まず，昼間（曇りの日）に測定した**測光色画像**を用いて**等価アピアランス色票**を算出すると，背景 N3 で 2.5YR 3/3 となり，昼間はそれほど強い色には見えていない．ところが，図 7.13（口絵 7-10）の夜の測光色画像から同じ方法でアピアランスを推定すると，図 7.14 のように，背景 N1 で 5R 5/12 程度と，背景と強い対比を持って明るく，非常に強い赤色に見えていることが分かる．画像を取得した地点を視点場とすると，この看板の**仰角**は 36.2 度，その**立体角**は 0.011 sr と算出され，視線方向から上方に外れ，大きさも小さいことから，この条件では問題とするほどではないと判断できるが，同じようなサインボードが，仰角が小さく，立体角が大きい位置に設置されると，景観上問題となることは間違いないだろう．

このように，視環境評価という方法を採用すると，昼の景観であっても夜の景観であっても，同じ**指標**で定量的に検討することができ，より良い景観を作

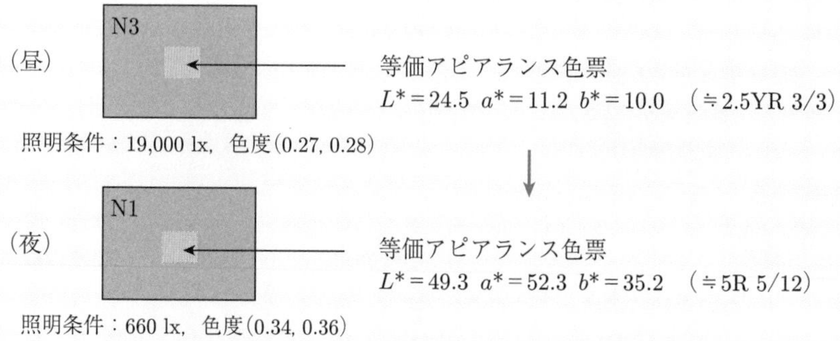

図 7.14　繁華街でのサインボードの等価アピアランス色票

りだすための指針の作成に活用することができる．

実際の都市では，ビルの外壁はしばしばガラスや金属などといった材料で仕上げられるが，これらはマンセル表色系では表現できない上，直射日光によって強いグレアが生ずることも多い．視環境評価という観点から，測光色画像を用いて評価すれば，これらのアピアランスも同様に同じ指標で定量的に検討でき，グレアの程度は前節のグレア評価画像を利用することができる．また，サインボードは発光体であることも多く，この点でも測光色画像の利用は有効である．

7.4.3　その他の視環境

本章では，空間の視環境設計を主に取り上げているため，具体例として全方位輝度画像や全方位測光色画像を利用する方法を解説した．全方位画像を利用すると，データ量の制約から**画像解像度**がどうしても低くなり，われわれの眼が持つ解像度に遠く及ばない．そのため全方位画像を用いる場合は，フォーカルビジョンの側面からの詳細な評価はできず，オフィス環境では机上面や鉛直面の照度を用いて大まかに評価した．

本来，フォーカルビジョンの側面からの評価は，解像度の高い測光色画像を用いるべきであり，そのような測光色画像があれば，本章までに解説した方法を展開することで，机上にあるさまざまなものや人の顔の見え方はもちろん，織物，服飾，和紙など，目で見て見え方が判断されるあらゆる**プロダクトデザイン**の見え方を，定量的な指標を用いて評価できる．視環境設計・評価法の今後の積極的な利用が待たれる．

7.5　省エネルギー性能の配慮

7.5.1　光束の有効利用

これからの視環境設計では，いかにして視環境の質を落とすことなく省エネルギーを達成するかが，主な設計テーマとなる．視環境を保つために利用するエネルギーとは具体的には**電力**であり，電力を使って発生させた光束をいかに有効に視環境評価の向上に利用するかが鍵となる．

室内光環境は，室内に供給される光束と室内で吸収される光束が平衡した状態であると定義できるから，電力を使って発生させる光束を**電力光束**と呼ぶとすると，人工照明だけを利用した室内照明環境では次式が成り立つ．

$$電力光束 = \sum(1-\rho_{\mathrm{i}})E_{\mathrm{i}}S_{\mathrm{i}} \tag{7.1}$$

ここで，ρ_{i}：照明空間の各面の反射率，E_{i}：各面の照度（ただし，電力光束によるもの），S_{i}：各面の面積，$\sum$：照明空間を構成する全ての面についての加算である．すなわち電力光束は，照明空間を構成する全ての面に，照度という形で割り振られる．

ここで，室内空間が天井，壁，床，という単純な面から構成され，天井の反射率が 100%，壁の反射率が 100%，床の反射率が 0%という理想的な条件として，その部屋の中空に，大きさを無視できる点光源を設置し，その配光を自由に操作できるとする．

まず，点光源から出る光によって，床だけを 500 lx で均一に照明すると，全ての光は反射率 0%の暗黒の床に吸収されて反射は全くなく，その結果天井，壁の間接光は 0 lx となり，部屋は真っ暗な暗黒の状態となる．このとき，床面の**照明率**を考えると，光源から出た光が全て床に与えられているから 100%となる．

次に，点光源から出る全光束を変えずに，その光を全て天井に照射すると，天井はまず 500 lx 程度となるが，天井で反射した光が壁や床に与えられ，天井と壁の間にはさらに相互反射が発生して両者の照度は非常に高くなる一方，与えられた光束は最終的には全て床面で吸収されて消費されるから，床面は平均照度が 500 lx となって平衡状態に至る．

ここで，アンビエントモードのアピアランスを**空間の明るさ感**，フォーカルモードのアピアランスを**床面照度**で評価すると，前者の条件では空間の明るさ感はゼロと最悪だが，床面照度は 500 lx で条件を満足していることになる．後者の条件では，空間の明るさ感は非常に高く十分目標を達成していると考えられ（反射率が高すぎてグレアとなる可能性は高い），床面照度は 500 lx でこれも目標を達成している．この二つの条件を比較すれば，どのようにすれば電力光束を有効に利用できるかは明らかだろう．**反射率**の高い部分に多くの**照度**を与えるような照明の設計こそ電力光束の有効利用につながり，机上面の**照明率**だけ考えることは，大きな失敗につながりかねない．空間内に反射率の高い領域を作ってそこに照明を集中したり，天井や壁が高反射率であれば，その照度を上げるように工夫したりすることが，電力光束の有効利用につながる．そして全般照明方式で光を有効に利用しようとするならば，床面や机上面の反射率を上げる効果が大きい．

7.5.2 照明設備の省エネルギー性能

ある照明設備の省エネルギー性能は，通常は，導入しようとする照明設備を 1 年間運用した場合に消費する照明エネルギー消費量（**設計照明エネルギー消費量** [Wh]）が，標準的な性能の設備で標準的な運用（照明制御を採用していない）を行ったとした場合の年間での照明エネルギー消費量（**基準照明エネルギー消費量** [Wh]）に対して，どの程度削減されるかを，**照明エネルギー消費量の削減率** [%] で示す．

一方，照明設備のエネルギー消費量は室の面積に応じて増減することから，平均的なオフィス照明や他のオフィスと相互に比較する場合は，**単位面積当たりの照明エネルギー消費** $[\mathrm{W/m^2}]$，運用を含めた消費量レベルを判断するための**単位面積当たりの照明エネルギー消費量** $[\mathrm{Wh/m^2}]$ を用いて評価する．

年間での照明エネルギー消費量 [Wh] を削減するには，**固有エネルギー消費効率** [lm/W] の高い照明器具を利用することが必須だが，同じ固有エネルギー消費効率の照明器具を使っても，設計や運用の工夫によりさらに照明エネルギー消費量を削減することが可能である．この設計や運用の工夫によって削減された効果と，消費効率の高い照明器具を利用した効果とを分離して示したい場合には，年間に渡って電力を使って発生させた光束の消費量（**年間電力光束消費量** [lm · h]）を示せばよい．年間の照明エネルギー消費量 [Wh] は，年間電力光束消費量 [lm · h] ÷ 平均固有エネルギー消費効率 [lm/W] で算出されるから，設計や運用の工夫によって削減された**省エネルギー効果**が，この年間電力光束消費量によって比較検討できる．なお，詳細な省エネルギー性能の評価は，平成25年改正省エネルギー基準や，照明学会の**オフィス照明設計技術指針**などを利用して算出するべきである．

7章の問題

□**7.1**　従来のオフィス照明設計では，机上面照度だけを設定することでも，大きな問題が生じてこなかった．この理由を述べ，それがなぜ，これからは難しいと考えられるかを説明せよ．

□**7.2**　全方位輝度画像を利用して視環境設計を進める利点を述べよ．

□**7.3**　視環境設計では照明シミュレーションを利用するが，シミュレーションの回数が多いと負担となるため，条件を減らすことが求められる．そのための方法を考察せよ．

□**7.4**　都市の夜間景観の質を保つためには，派手すぎる屋外ディスプレイやサインボードの利用を抑える必要があるが，これまではその規制は難しかった．その理由を述べ，視環境評価を利用することで，それがどのように可能となるかを説明せよ．

□**7.5**　視環境設計によって実現した省エネルギー効果を，定量的に示す方法を説明せよ．

解　答　例

第1章

1.1　視環境設計とは，人が視覚を通じて知覚，認識する視環境を設計することをいい，適切に設計した視環境が得られれば，それを実現する光環境や色彩環境が自ずと導き出されるとする．人の知覚は目の網膜に結ばれたパースペクティブな画像によって生ずるため，パースペクティブな画像を想定すること無しに，視環境設計はできない（1.1 節参照）．

1.2　われわれの目に見える光は，文字通り目に入射した光だけであるから，われわれの目に到達することの無い光が空間内にどれだけ存在しても，われわれの目には見えない．光の存在がわれわれの目に見えるためには，存在する光の一部を目に入射させる工夫が必要となる．MIT チャペルでは，モビールを設置して天井から降り注ぐ光の一部を反射させ，目に入射する光を作り出すことで，われわれに舞い落ちる光を知覚させている（1.2.1 項参照）．

1.3　環境に流入する光を単純に増やしても，われわれはその環境に順応してしまうため，あまり明るく感じない．少ない光で明るさを感じさせるためには，われわれの目が明るい光に順応しないような工夫が必要で，その一つの方法が，明るさを感じる部分以外の領域の光の量を減らすことである．キンベル美術館では，天井ボールトに対して壁面などを暗くすることで，明るく輝くボールト面を実現させている（1.2.2 項参照）．

1.4　視対象は，サイズが大きいほど，視対象と背景のコントラストが大きいほど，背景が明るいほど見やすくなる．PC 画面に光が当たると，視対象と背景のコントラストが小さくなってしまうため見にくくなる（1.2.3 項参照）．コントラストの大きさは輝度比で表されるが（2.8.1 項参照），光が当たることで視対象と背景に一律の輝度が加算されることになり（重畳という，6.2.3 項 (10) 参照），両者の比は小さくなる．

1.5　視環境設計の目標は二つある（1.3 節参照）．一つは，より質的レベルの高い視環境を実現することである．質的レベルの高いアピアランスを言葉や指標を用いて伝えることは難しいが，パースペクティブな画像を利用することでこれが可能となり（1.1節参照），関係者間でアピアランスの質の高さを共有することができる．

もう一つの目標は，現在求められている省エネルギーを，視環境の質をできるだけ確保した上で実現することである．省エネルギー性能と視環境の質はトレードオフの関係になることが多く，その着地点を決めるためには，主観的な判断ではなく，客観的な物理量に基づいた判断が求められ，視環境設計がそれを実現する．

第2章

2.1 光の基本量は光束であり，分光放射束を分光視感効率で評価して求められる（式(2.1)）．一方光の色の基本量は XYZ 刺激値であり，分光放射束をスペクトル三刺激値で評価して求められ（式(2.8)），アピアランスを検討する際は Y 刺激値が光束と一致する．アピアランスの定量的な検討には，見かけの単位面積を持つ面から単位立体角当たりに発散される測光色を利用する．このとき Y 刺激値は輝度となり（式(2.6)），X, Z 刺激値は輝度に対応する量となる．色味は XYZ 刺激値の比率で決まるため，色度（式(2.9)）を用いて表現されることも多い．

2.2 視環境設計では，環境がわれわれの目にどのように見えるかを評価するため，目に映る画像と直接的な対応関係にある輝度画像を利用する．照度は面に入射する単位面積当たりの光束であり（式(2.4)），目に映る画像と直接的な対応関係にはない．

2.3 色光（測光色）は，XYZ 刺激値を持つ3次元ベクトルとして表現され，光の強さは Y 刺激値で，光の色すなわち色味は，それらの比率である色度で表現される（2.4.3項）．すなわち，いかなる光の色も色度図上にプロットできる．一方黒体は，絶対温度が変化すると発散する光の色が変化し，その様子を色度図上に示すことができる．これを利用して，慣用的に，光源の光の色を黒体の絶対温度で表現することがある（2.4.4項）．しかしさまざまな光源の色度は，完全には黒体の色度と一致しないため，相関色温度すなわち等色温度線を適用した色温度で表現する．相関色温度は，色度の近い黒体の色温度を用いた簡易表現であるといえる．

2.4 われわれの目に入射する光の色は，測光色として客観的に定義できる．一方，われわれが実環境で目にする物体の色は，光源が変わってもほとんど変わらないように見えるが（色の恒常性），異なった光源の下では，物体表面から目に入射する測光色は異なった値となる．色の恒常性が成り立つとすると，知覚される色はある反射率を持つ物体表面の特性として表現されるため，光の色の表色系とは別に，物体色の表色系（顕色系）が整備されている．しかし色の恒常性は，測光色コントラストが一定であれば同じ色知覚を生ずるとすればよいため（2.7.2項），測光色画像を利用することで，両者を結び付けることができる．

2.5　われわれの視知覚は，外部環境を網膜上に結像した画像を基に生成されるため，アピアランスを検討する視環境設計では画像を扱わなければならない．目に映る画像は，眼前スクリーン上の輝度分布や測光色分布によって表現できるため，輝度画像や測光色画像を扱うことになり，輝度画像では画像各点は輝度の値を持ち，測光色画像では画像各点は輝度に対応する XYZ 刺激値を持つ．

2.6　われわれの目に映る画像は，中心射影（透視投影）に最も近く，基本的にこれを分析することになる．一方，太陽位置を検討する場合は，視線方向からの視角の大きさが保存される等距離射影を，視野内に占める大きさを検討する場合は，射影された面積と立体角が比例する等立体角射影を，光の量を検討する場合は，照度が算出できる正射影を用いることが多い．視環境の評価に VR を利用する場合は，正距円筒面図法で投影された全方位画像を用いることが多い．

2.7　視環境に関わる基礎実験の成果は，一般的に，視対象サイズ，視対象輝度（測光色），背景輝度（測光色）の関数の形で提供されている．したがって，これらの成果を実環境と結びつけるためには，複雑な測光色画像から，等価の視対象サイズ，視対象輝度（測光色），背景輝度（測光色）を算出できればよく，その方法を画像フィルタリングやウェーブレット分解が提供する（2.8.2 項 (2) および 2.8.4 項 (4)）．

第3章

3.1　まず予定地の中心付近で磁石などで真南を向き，春秋分，南中時の太陽位置を，天頂からの角度が緯度に等しいという性質を利用して，大まかに把握する．春秋分では，この点と真東，真西を結ぶ大円上を太陽は動き，夏至と冬至では，それぞれ 23.5 度だけ上下した軌道をとる．時刻の効果は，経度の 15 度の違いが時刻 1 時間の違いに対応することを利用して，日本標準時より真太陽時を推定すればよい．

3.2　日照問題でいう日照時間は，天気の良いときに直射日光が入射する時間，すなわち直射日光が見込める時間をいい，気象学でいう日照時間は，直達日射計や回転式日照計による観測値で定義される時間をいう（3.4.1 項）．

3.3　天空光は天空輝度分布によって物理的に定義される．さまざまな標準となる天空の輝度分布は，天頂輝度の関数の形で分布が定義されており（3.5.2 項），天頂輝度が決まれば天空輝度分布が完全に決まる．天空輝度分布が決まれば全天空照度を算出することができるため，一般的には，まずどの標準のモデルを採用するかを決める．次に全天空照度の値をデータベースなどから推定し，その値より天頂輝度を算出し，最終的に天空の輝度分布を定義する．

3.4 年間を通じた昼光データベースを利用するのがもっと確実だが（3.5.4 項），そのようなデータベースが整備されている場所は少なく，多くの地方で気象データとして整備されている日射量データを利用するのが現実的である．日射量データは，直散分離と呼ばれる計算方法で，直達日射量と天空日射量に分離することができる．さらにそれぞれの発光効率を推定する計算式を利用して，直射日光法線照度（あるいは直射日光水平面照度）と全天空照度を推定する（3.5.5 項）．

第 4 章

4.1 人工光源の発光機構は，熱放射，放電，電界発光（エレクトロルミネセンス）の三つに大きく分かれ，これに蛍光を利用したものが加わる（4.1 節）．熱放射を利用した光源には白熱電球やハロゲン電球が，放電を利用したものには高輝度放電灯や蛍光ランプが，電界発光を利用したものには LED や有機 EL がある．蛍光は，発光機構で発生した紫外放射などのエネルギーを受けて発光するもので，蛍光ランプや白色 LED などで利用されている．

4.2 LED は電界発光を利用した光源で，高い発光効率，長寿命，調光が容易という特徴を持ち，発光に寄与する半導体である LED チップが小さいため，器具の自由度も高い（4.2 節）．LED 照明器具は数個〜数百個の LED チップを実装したもので，発生する熱を適切に処理する必要はあるが，常夜灯から大型投光器までが実現できる．

4.3 平均演色評価数は，その光源で照らした 8 種類の試験色が，基準光で照らした場合に比べてどの程度忠実に再現できるかを判定するもので，基準光の場合を 100 とした数値で示される（4.3 節）．演色評価数は，光源の分光分布の大きな偏りを避けるための参考値であり，この値が少し向上することが，さまざまな分光反射率を持つ実環境の物体の見え方を改善するとは必ずしもいえない．

4.4 配光とは，照明器具から発せられる光が，どの方向にどれだけの強さで発せられているかをいい，その大まかな種類は，照明器具の全光束の何%が下向光束となるかによって，表 4.1 のように決められている（4.4 節）．

4.5 全般照明方式とは，部屋の隅々まで均一に照らす照明方式をいい，部屋全体にわたって均一な光環境となる．一方局部照明（局所照明）方式とは，視作業を行う部分だけに限定して光を照らすような照明方式をいい，不均一な光環境となる（4.5 節）．省エネルギーの観点から推奨されているタスクアンビエント照明方式は，作業用の照明（タスク照明）と環境用の照明（アンビエント照明）に分けられた照明方式で，不均一な程度が調整された光環境となる（4.5 節）．フォーカルとアンビエントに分けて視環境を検討する視環境設計は，タスクアンビエント照明を一般化したものであるともいえ，不均一な程度が最適化された光環境を目指す．

第5章

5.1　立体角投射の法則（式 (5.12)）より，床面のある点 P の照度を算出するには，まず点 P の位置から法線方向（すなわち真上）を見た 180 度視野の半径 1 の半球面を考え，この面に射影した輝度分布が床面に正射影された円形の輝度画像を作成する．次に，この射影された円内について，輝度 × 射影面積 を足し合わせると，点 P の照度が求められる．ここで，式 (2.18) を利用して，同じ輝度と同じ視角サイズを持つ，点 P の真上にある天窓と水平に近い位置にある側窓を床面に射影してみれば，その効果の違いが目に見えて明らかとなる．

5.2　最初に室内に入射した光束 ϕ は，1 回目の反射により反射光束 $\rho_{\mathrm{m}}\phi_{\mathrm{d}}$ を生成し，その反射光束 $\rho_{\mathrm{m}}\phi_{\mathrm{d}}$ がさらに反射して 2 回目の反射光束 $\rho_{\mathrm{m}}^2\phi_{\mathrm{d}}$ を生成する．このような過程が無限回繰り返されていくとすると，最終的な反射光束 ϕ_{r} は，全ての反射光束を足し合わせたものとなるから，初項 $\rho_{\mathrm{m}} \times \phi_{\mathrm{d}}$，公比 ρ_{m} の無限等比級数の和 $\frac{\rho_{\mathrm{m}}\phi_{\mathrm{d}}}{1-\rho_{\mathrm{m}}}$ となる．この反射光束が室内全表面積 S に均等に照射されるとすると，その照度 E_{r} は $\frac{\rho_{\mathrm{m}}\phi_{\mathrm{d}}}{S(1-\rho_{\mathrm{m}})}$ となる．

5.3　図 5.10 に示すような簡単な関係となる（5.1.4 項参照）．

5.4　フォトリアリスティックな CG を生成する過程は，5.2.1 項 (2) で解説するように，各入力データは測光色を正しく考慮したものでなく，さらにレンダリングと呼ばれる画像の生成過程がブラックボックスで，生成された測光色とロジカルな対応関係にないことから，視環境設計には利用できない．

5.5　生成された測光色画像を評価する方法には，物理的な指標を用いて評価する方法と，計算の結果得られた測光色画像をディスプレイに表示して見て確認する方法がある．それらの詳細と注意点は 5.2.4 項を参照のこと．

第6章

6.1　視環境のアピアランスを決める要因には，順応，知覚の非線形性，測光色分布に関連する要因，時間変化に関連する要因があり，分布に関連する要因が最も多様である（6.2 節参照）．

6.2　光や色が物理刺激として提示されたとき，われわれがその刺激から感じる強さは，刺激の物理量と比例関係にはないため，その関係が対数関数，あるいはべき乗関数でモデル化されることが多く，前者の対数関数を使ったモデル化をウェーバー–フェヒナの法則，後者のべき乗関数を使ったモデル化をスチーブンスの法則と呼ぶ（6.2.2 項参照）．どちらの法則も，図 6.3 のように，横軸に物理刺激量，縦軸に知覚量を取ったとき，上に膨らんだ関係となる．

6.3　光の分野でいうモデリングとは，立体的な視対象が適切なアピアランスとなるよう光を調整すること，あるいは，光の調整によって視対象を立体的なアピアランスとすることをいう（6.2.3 項 (4)）．この検討のためにこれまで，平均球面照度（スカラー照度），平均円筒面照度，平均半円筒面照度などが提案され，スカラー照度と照度ベクトル（ベクトル照度ともいう）を組み合わせたモデリング指標（ベクトルスカラー比）もあった．しかしながら，これらの指標を求めるよりも，具体的な照明条件を入力した照明シミュレーションにより輝度画像を生成し，これを目で見て評価検討する方が正確で手間もかからない．

6.4　色のトーンとは，図 2.31 に示す系統色名の「明度・彩度に関する修飾語」の説明図にある明度と彩度の組合せで決まる色の印象をいい，注目する色相で実現できる最もあざやかな色（ビビットトーン）から，明度が上がり彩度が下がるとともに,「明るい」色（ブライトトーン),「うすい」色（ライトトーン),「ごくうすい」色（ペールトーン）となり，明度が下がり彩度が下がるとともに,「濃い，深い」色（ディープトーン),「暗い」色（ダークトーン),「暗い灰みの」色（ダークグレイッシュトーン）となる（6.2.3 項 (13) 参照）．

トーンは，測光色画像でいえば，輝度コントラストと色味コントラストの組合せで決まる色の印象であるといえ，明度が上がる「明るい」印象は正の輝度コントスラストで，明度が下がる「暗い」印象は負の輝度コントラスト（逆コントラスト）で，鮮やかさが変化する印象は色味コントラストの腕の長さ（たとえば $\sqrt{aC^2 + bC^2}$）で，それぞれ決まると考えられている．

色のトーンを利用して，調和する色の組合せ（配色）を検討するときは，組み合わせた色に共通する属性として色相，あるいはトーンを取り上げ，色相を共通としてトーンを変化させたドミナントカラー配色，トーンを共通として色相を変化させたドミナントトーン配色とすると，調和感のある配色ができる（6.2.3 項 (14) 参照）．

6.5　フォーカルモードとは，意識して物を見るとき，すなわち文字を読んだり，商品をチェックしたりといったときの目の状態をいい，正しく，機能的なアピアランスが求められ，指標を用いた定量的な検討が可能であるものが多い．これらのアピアランスには，(1) 視認性，(2) グレア，(3) 明るさ知覚，(4) 色知覚がある（6.3.2 項参照）．

6.6　アンビエントモードとは，景色をゆっくり眺めたり，部屋全体の雰囲気を楽しんだりするときの目の状態をいい，雰囲気や印象の良さといった，意匠的でバランスの取れたアピアランスが求められる．このアピアランスを定量的に検討することは難しいが，空間の明るさの印象である「明るさ感」については，明るさ感推定値など，さまざまな検討方法が提案されている．ただやはり，アンビエントモードのアピアランスは，測光色の全方位画像を HMD（ヘッドマウントディスプレイ）で確認するなどの方法で，目で見て検討するのが現実的である（6.3.3 項参照）．

6.7　われわれ人間は，周期的に変動する生理現象（生体リズム）を持ち，おおよそ 1 日のリズム（概日リズム）であることから，これをサーカディアンリズムと呼ぶ．サーカディアンリズムは人の健康と密接な関係があることが知られており，光はこのサーカディアンリズムを調整する効果を持つ．サーカディアンリズムは，メラトニンと呼ばれるホルモンの分泌量と密接な関係を持つといわれ，光を浴びる時間帯，光の暴露量（眼前照度 × 時間），浴びる光の波長帯がそれぞれ重要であるとされている（6.4.3 項参照）．

第 7 章

7.1　従来のオフィス照明設計では，照明器具を天井全体に均一配置していることから，机上面照度を上げれば，机上面からの反射光によって，部屋全体の天井面や壁面の輝度が上がり，部屋の明るさ感が向上した．すなわち，机上面照度が，フォーカルモードのアピアランス（紙面の視認性）とアンビエントモードのアピアランス（明るさ感）と連動していた（7.3.2 項参照）．しかしながら，これからの照明設計は，より少ないエネルギーで質の高い視環境を実現することを求められるため，不必要な照明を調光したり消灯したりした不均一な照明の下で，良好なアピアランスを作りだす設計が求められる．このような場合は，一部の机上面照度を上げても空間全体の明るさ感を向上させることは難しいため，机上面照度だけを目安に適切なアピアランスを実現することは難しい（7.4.1 項 (4)(c) 参照）．

7.2　通常の視作業を想定した視環境設計では，フォーカルモードのアピアランスは，視認性とグレアについて，視認性は机上面照度を用いて，不快グレアは代表的な視点からの UGR 値を用いて検討し，一方アンビエントモードのアピアランスは，空間の明るさ感と雰囲気について検討する．ここで，部屋中心付近の，全体を広く見渡せる視点位置の全方位輝度画像があるとすると，見渡せる範囲の机上面について，輝度より照度を推定することで視認性の評価が可能となり，その視点位置を代表的な視点とした UGR 値もチェックできる．そしてもちろん，明るさ感や雰囲気についても，空間全体を見渡してチェックできる．代表的な視点を設定できる空間の視環境設計では，一つの視点についての全方位輝度画像があれば，フォーカルとアンビエントの両者の検討が可能となる（7.4.1 項 (2) 参照）．

7.3　複数光源が設置された空間の輝度分布は，それぞれの光源だけが別々に点灯したときの輝度分布があれば，その全てを加算したものとなる．それぞれの光源を調光したときの輝度画像は，その光源だけが点灯した輝度画像に調光率を掛けることで求められるから，それぞれの光源だけが 100%点灯した輝度画像があれば，それらを組み合わせることで，あらゆる調光，消灯の組合せの輝度画像を推定することができる．これはもちろん昼光光源についても当てはまり，天空光では輝度分布関数が変わらないこと，直射日光では太陽位置が変わらないことが必要であるが，その絶対量は自由に設定できる．これを利用すれば，細かい調光率の設定は画像演算を利用して算出できるため，シミュレーション回数は大幅に節約できる（7.4.1 項 (4)(a) 参照）．

7.4　都市景観の質を保つために多くの自治体で設定されている景観ガイドラインでは，建物に利用できる外壁色やアクセント色の範囲をマンセル表色系を用いて指定しているが，マンセル表色系は物体色の表色系であるため（2.5 節参照），夜間のディスプレイやサインボードなど，光の色が問題となる場合には適用できない（2.4 節参照）．一方，測光色画像を利用すれば，物体の色と光の色の効果を区別なく扱うことができる（2.7.2 項参照）．よって測光色画像を利用する視環境評価では，昼と夜の景観の双方について，測光色コントラストを算出したり，等価アピアランス色票を算出したりすることで，利用可能な色の範囲を指定することができる（7.4.2 項参照）．

7.5　照明設備の省エネルギー効果は，1 年間利用で消費する照明エネルギー消費量 [Wh] で評価される．これを削減するには，固有エネルギー消費効率 [lm/W] の高い照明器具を利用した上で，設計や運用の工夫が必要となる．設計や運用の工夫によって削減された効果を定量的に示すには，年間に渡って電力を使って発生させた光束の消費量（年間電力光束消費量 [lm · h]）を示せばよい．年間の照明エネルギー消費量 [Wh] は，年間電力光束消費量 [lm · h] ÷ 平均固有エネルギー消費効率 [lm/W] で算出されるから，消費効率の高い照明器具を利用した効果と，設計や運用の工夫によって削減された省エネルギー効果を，分離して示すことができる（7.5.2 項参照）．

参考文献

LED照明推進協議会編：LED照明ハンドブック（改訂版），オーム社，2011
チームオプト編集委員会編：光の教科書，オプトロニクス社，2016
浦野好美，中村 洋編著：建築環境工学，森北出版，1996
乾 正雄：建築の色彩設計，鹿島出版会，1976
乾 正雄：照明と視環境，理工図書，1978
乾 正雄他：新建築学体系11，環境心理，彰国社，1982
紀谷文樹，中村芳樹他：建築環境設備学（新訂版），彰国社，2003
榊原 進：ウェーブレットビギナーズガイド，東京電機大学出版局，1995
松浦邦男：建築照明，共立出版，1971
照明学会委員会報告書：コンピュータ・グラフィックス（CG）と照明設計―新しい照明設計法の可能性―，照明学会，2006
照明学会編：オフィス照明設計技術指針，照明学会，2017
照明学会編：住宅照明設計技術指針，照明学会，2018
照明学会編：照明ハンドブック（第2版），オーム社，2003
藤井修二，中村芳樹他：建築環境のデザインと設備（第2版），市ヶ谷出版，2011
日本建築学会編：建築の色彩設計法，丸善，2005
日本建築学会編：建築環境工学用教材（第3版），丸善，1995
日本建築学会編：建築環境工学実験用教材，丸善，1982
日本建築学会編：建築設計資料集成1環境，丸善，1978
日本建築学会編：建築設計資料集成2物品，丸善，1960
日本建築学会編：光と色の環境デザイン，オーム社，2001
日本建築学会編：光の建築を読み解く，彰国社，2015
日本建築学会編：照明環境規準・同解説，日本建築学会，2016
日本建築学会編：昼光照明デザインガイド―自然光を楽しむ建築のために―，技法堂出版，2007
日本建築学会編：昼光照明規準・同解説，日本建築学会，2018
日本色彩学会編：新編色彩科学ハンドブック（第3版），東京大学出版会，1998

日本工業規格 附属書 B（JIS C 8158：2012）
日本工業規格 安全色—一般的事項（JIS Z 9103：2005）
日本工業規格 物体色の色名（JIS Z 8102：2001）
日本工業規格 色の表示方法—三属性による表示（JIS Z 8721：1993）
平手小太郎：建築光環境・視環境，数理工学社，2011
槙　究：カラーデザインのための色彩学，オーム社，2006
大山松次郎原著，小原清成編：新しい照明ノート，オーム社，1996
空気調和衛生工学会編：居住空間とガラス，技術書院，2004
松浦邦男；建築環境工学 I，朝倉書店
伊藤克三，大野治代：日本建築学会論文報告集，No.229，1975
日本照明工業会ガイド A121，2014
宮田紀元他：新建築学大系 10 環境物理，彰国社，1984
Craig A. Bernecker: Psychological Aspects of Lighting, Illuminating Engineering Society，1993
IES Lighting Handbook, 4th ed., Illuminating Engineering Society, 1966
Flynn, J. E. et al. : Interim study of procedures for investigating the effect of light on impressions and behavior., Journal of IESNA, 1973

引用文献

1）中村芳樹他：輝度分布の表現法に関する研究；日本建築学会計画系論文報告集，431, pp.17-24, 1992

2）中村芳樹：光環境における輝度の対比の定量的検討法；照明学会誌，Vol.84, No.8A, 522-528, 2000

3）加藤洋子，中村芳樹他：晴眼者を対象とした円形指標の視認閾値に関する基礎的検討―弱視者を想定した輝度コントラスト評価図を用いた視認性推定法に関する研究（その 1）―，日本建築学会環境系論文集，743, pp.21-28, 2018

4）中村芳樹：リアル・アピアランス画像を用いた視環境設計法；日本建築学会環境系論文集，677, pp.551-558, 2012

5）中村芳樹：ウェーブレットを用いた輝度画像と明るさ画像の双方向変換―輝度の対比を考慮した明るさ知覚に関する研究（その 3）―；照明学会誌，Vo.90, No.2, pp.97-101, 2006

6）たとえば，武田 仁，吉澤 望他：標準気象データと熱負荷計算プログラム LESCOM，井上書院，2005

7）たとえば，日本建築学会編：拡張アメダス気象データ，鹿児島 TLO，2005

8）吉澤 望他：現象学的見地からの光の分類：フェノメナルな光の工学的条件に関する研究（その 1），日本建築学会計画系論文集，584, pp.35-42, 2004

9）Flynn, J.E. “A study of subjective responses to low-energy and non-uniform lighting systems.” Lighting Design + Application, 7, No.2, pp.6-15, 1977

10）中村芳樹，乾 正雄：視環境の輝度分布特性に関する研究；日本建築学会計画系論文報告集，438, pp.1-8, 1992

11）Flynn, J.E. et al.：Interim study of procedures for investigating the effect of light on impressions and behavior., Journal of IESNA, pp.87-94, 1973

12）Gibson, J.J.：The Ecological Approach to Visual Perception, Houghton Mifflin Company, 1979（J.J. ギブソン著，古崎 敬他訳：生態学的視覚論，サイエンス社，1985）

13）加藤洋子，中村芳樹他：晴眼者を対象とした円形指標の見やすさ評価に関する検討―弱視者を想定した輝度コントラスト評価図を用いた視認性推定法に関する研究（その2）―，日本建築学会環境系論文集，749, pp.565-572, 2018

14）O.M. Blackwell and H.R. Blackwell：Visual Performance Data for 156 Normal Observers of Various Ages, Journal of the Illuminating Engineering Society, Vol.1, Issue 1, 1971

15）中根芳一，伊藤克三：明視照明のための標準等視力曲線に関する研究，日本建築学会論文報告集，229, pp.101-109, 1975

16）原　直也，佐藤隆二：文章の読みやすさについての多様な設計水準に対応する明視三要素条件を示す「等読みやすさ曲面」，日本建築学会環境系論文集，575, pp.15-20, 2004

17）加藤洋子，中村芳樹：輝度コントラスト評価図による減能グレアを考慮した視認性推定法，照明学会誌，Vol.103, No.2, pp.67-74, 2019

18）TOKURA Miwaok, IWATA Toshie and SHUKUYA Masanori：EXPERIMENTAL STUDY ON DISCOMFORT GLARE CAUSED BY WINDOWS PART 3：Development of a method for evaluating discomfort glare from a large light source, 日本建築学会計画系論文集，489, pp.17-25, 1996

19）Bodmann, H.M., Huaber, P. and Marsden, A.M.：A unified relationship between brightness and luminance, Proc of CIE19th session, p.99, 1980

20）上口優美，大日方　遥，中村芳樹：明るさ画像に基づく空間の明るさ感推定法の検討，日本建築学会 2016 年度大会学術講演梗概集，D, pp.549-550, 2016

21）三輪丁文，中村芳樹：輝度の時間変動を考慮した明るさ知覚の評価，日本建築学会 2013 年度大会学術講演梗概集，D, pp.483-484, 2013

22）Kozaki T. et al.：Effects of day-time exposure to different light intensities on light-induced melatonin suppression at night, J Physiol Anthropol 34, p.27, 2015

23）岩田利枝，伊藤大輔，平野祐介：不快グレアの対比効果と総量効果，日本建築学会環境系論文集，618, pp.1-7, 2007

図表典拠

■ 1 章

図 1.3　パナソニック株式会社のホームページより作成

図 1.5　吉澤望教授（東京理科大学）より提供

■ 2 章

図 2.25　槙究教授（実践女子大学）提供を改変

図 2.38　Photo by NASA（National Aeronautics and Space Administration）

図 2.39　株式会社ニコンイメージングジャパンのホームページより

図 2.40　Photo by snty-tact，2006

図 2.62　Photo by Edward H. Adelson，1995

■ 6 章

図 6.12　槙究教授（実践女子大学）提供を改変

図 6.17　写真家 R. C. James, 1966 による

図 6.22　De Valois, R. L., Morgan, H., and Snodderly, D.M. : Psychophysical studies of monkey vision III. Spatial luminance contrast sensitivity tests of macaque and human observers, Vision Research, vol.14, pp.75-81, 1974

図 6.37　本郷利憲他監修：標準生理学，第 5 版より，本間研一：概日リズムの生理学，p.830，図 13-38，医学書院，2000

表 6.2　Flynn, J. E. : A study of subjective responses to low-energy and nonuniform lighting systems., Lighting Design + Application, 7, No.2, pp.6-15, 1977，に基づき作成

表 6.4　日本工業規格 照明基準総則（JIS Z 9110：2010）表 9

表 6.5　日本工業規格 照明基準総則（JIS Z 9110：2010）表 5

表 6.7　日本建築学会編：照明環境規準・同解説（第 1 版），p.50，表 6.4，2016

表 6.8　照明学会編：オフィス照明設計技術指針，p.12，表 4.5，2017

索　　引

か　行

さ 行

た　行

な　行

は　行

ま　行

や　行

ら　行

わ　行

英数字

著者略歴

中村《なかむら》　芳樹《よしき》

1980年　大阪大学工学部建築工学科卒業
1986年　東京工業大学大学院総合理工学研究科
　　　　社会開発工学専攻修士課程修了
1986年　東京工業大学大学院総合理工学研究科 助手
1993年　東京工業大学大学院総合理工学研究科 助教授
現　在　東京工業大学環境・社会理工学院 建築学系
　　　　教授　博士（工学）

主要著書

「光の建築を読み解く」（分担執筆，彰国社，2015）
「新編色彩科学ハンドブック（第三版）」
（分担執筆，東京大学出版会，2011）
「建築の色彩設計法」（分担執筆，日本建築学会，2005）
「省エネルギー照明技術」
（共著，(財）省エネルギーセンター，2005）
「建築環境のデザインと設備」
（共著，市ヶ谷出版社，2004）
「建築環境設備学」（共著，彰国社，2003）

建築工学＝9
視環境設計入門—見え方から設計する光と色—

2020年 7月 10日 © 　初 版 発 行

著者　中 村 芳 樹　　発行者　矢 沢 和 俊
　　　　　　　　　　印刷者　馬 場 信 幸
　　　　　　　　　　製本者　小 西 恵 介

【発行】　株式会社　数理工学社
〒151–0051　東京都渋谷区千駄ヶ谷 1 丁目 3 番 25 号
編集 ☎ (03) 5474–8661 (代)　サイエンスビル

【発売】　株式会社　サイエンス社
〒151–0051　東京都渋谷区千駄ヶ谷 1 丁目 3 番 25 号
営業 ☎ (03) 5474–8500 (代)　振替 00170–7–2387
FAX ☎ (03) 5474–8900

印刷　三美印刷　　製本　ブックアート

《検印省略》

ISBN978–4–86481–066–1

PRINTED IN JAPAN